THE EDUCATION OF KARL WITTE

卡尔·威特教育经典

［德］老卡尔·威特 小卡尔·威特◎原著
李万祥◎编译

当代世界出版社
THE CONTEMPORARY WORLD PRESS

图书在版编目（CIP）数据

卡尔·威特教育经典 /（德）老卡尔·威特,（德）小卡尔·威特原著；李万祥编译. —— 北京：当代世界出版社，2017.2
ISBN 978-7-5090-1167-6

Ⅰ. ①卡⋯ Ⅱ. ①老⋯ ②小⋯ ③李⋯ Ⅲ. ①儿童教育 – 家庭教育 Ⅳ. ①G782

中国版本图书馆 CIP 数据核字（2016）第 282232 号

卡尔·威特教育经典

作　　者：	［德］老卡尔·威特　小卡尔·威特
出版发行：	当代世界出版社
地　　址：	北京市复兴路 4 号（100860）
网　　址：	http://www.worldpress.org.cn
编务电话：	（010）83908456
发行电话：	（010）83908409
	（010）83908377
	（010）83908423（邮购）
	（010）83908410（传真）
经　　销：	新华书店
印　　刷：	北京普瑞德印刷厂
开　　本：	710mm×1000mm　1/16
印　　张：	16
字　　数：	230 千字
版　　次：	2017 年 2 月第 1 版
印　　次：	2017 年 2 月第 1 次
书　　号：	ISBN 978-7-5090-1167-6
定　　价：	39.80 元

如发现印装质量问题，请与承印厂联系调换。
版权所有，翻印必究；未经许可，不得转载！

THE EDUCATION OF
KARL WITTE | 序 言

让孩子健康快乐地成长

当今的时代是知识的时代，也是人才的时代。"望子成龙"，每个家长都希望把自己的孩子培养成为一个有用的人。但是，如何培养呢？怎样的教育方法才能把一个普通的孩子培养成为一个天才呢？这让很多家长绞尽脑汁，日夜揪心烦恼。

眼前的这本《卡尔·威特教育经典》，是老卡尔·威特如何培养天生有点智障的小卡尔·威特成为天才的记录以及后来小卡尔·威特对父亲教育过程的回忆的合集。老卡尔·威特的书写于1818年，应该是世界上论述早期教育的最早文献。通过这本书，我们可以看到教育奇迹是如何诞生的。

1800年7月，卡尔·威特（Karl Witte）出生于德国哈勒洛赫。在父亲老卡尔·威特的悉心教育下，他八九岁时就掌握了德语、法语、意大利语、拉丁语、英语和希腊语等六国语言，并且掌握了动物学、植物学、物理学、化学等学科的知识。他尤其擅长数学，9岁便考入莱比锡大学；10岁进入哥廷根大学；13岁出版了《三角术》一书；年仅14岁就被授予哲学博士学位；16岁获得法学博士学位，并被任命为柏林大学的法学教授。他还具有很高的文学修养，在23岁的时候就发表《但丁的误解》一书，轰动但丁研究学界，成为该领域的权威专家。

天才，总会让人想到"江郎才尽"的故事。但是，卡尔·威特的一生并没有停止对学问的探索，他一生都在德国的著名大学任教授课，在同事和学生那里享有广泛的赞誉。他的学问生涯一直到1883年逝世时才停息。他不仅生前受到人们的爱戴，他的教育理念更是在后世受到人们的推崇和传播。

思想家卢梭说过："在儿童时期没有养成思想的习惯，将使他从此以后一生都没有思想的能力。"老卡尔·威特教育儿子的真正目的，就是要为他打开智慧的天窗，培养他健全的心智，让他具备做人做事的常识，让他学会独立思考。在书中，老卡尔·威特对小卡尔的成人化教育以及通过各种游戏来使孩子获得学习的乐趣的方法，仍然值得现今的我们借鉴。

有人说，孩子还是天真的好，让孩子过早地接触社会，无疑会给孩子天真无邪的心灵蒙上阴影。但是，这些都是一个孩子以后要去面对的。告诉他们为人处事的道理，有利于他们更好地成长，学会独立思考，在实践中学习，学习后再继续实践。

现在的人们都非常重视孩子的早期教育，但早期教育也要讲究方式方法，不能漫无目的，毫无计划，否则不但有害于孩子身心的健康发展，甚至会毁掉一个孩子的未来。有多少孩子的兴趣和学习的快乐，被沉重的书包和一天到晚连轴转的辅导班所湮灭？他们的童年快乐吗？这样童年是他们想要的吗？没有多少家长真正想过这样的问题。有谁真正尊重过孩子自己的意愿呢？鲁迅曾经说过："游戏是儿童最正当的行为，玩具是儿童的天使。"

其实，孩子应该健康快乐地成长。认真读完这本书，你就会有非常的收获。是为序。

北京师范大学教师教育研究所所长

博士生导师

朱旭东

THE EDUCATION OF
KARL WITTE | 目 录

上 篇

第 一 章　迎接天使的到来

拥有一位身心健康的妻子 // 004

不要让妻子在妊娠期与宠物为伴 // 006

在孕期和妻子共同感受孩子的存在 // 007

第 二 章　天才取决于后天教育

两种天才观 // 012

小卡尔并非天资聪慧 // 013

教育孩子不能强逼，亦不可放任 // 015

充分挖掘孩子的潜能 // 016

孩子的潜能遵循递减法则 // 018

教育从孩子出生那天就开始 // 019

第 三 章　抓住教育孩子的关键期

合理规划孩子的膳食 // 024

让孩子的身心都得到健康的发展 // 027

越早开发孩子的五官越好 // 029

对孩子的语言教育越早越好 // 032

一切以培养孩子的记忆力、想象力和创造力为目的 // 035

第 四 章　教育孩子要掌握正确的方法

从游戏中唤起孩子的兴趣 // 040
如何教孩子学外语 // 041
何时教孩子写字 // 044
培养孩子多方面的兴趣 // 045
在大自然中培养孩子的兴趣 // 047
填鸭式的教育要不得 // 049
要认真对待孩子的提问 // 051
如何教孩子学数学 // 053
学习用功不会损害神经 // 055
在亲身体验中培养孩子的学习热情 // 057
"玩"出智慧 // 058

第 五 章　培养孩子明辨是非善恶的能力

要明辨事物，不能只看到表面 // 064
要分清善恶好坏，不能盲目乐观 // 065
助人要谨慎 // 067
这个世界并不是看上去的那么美好 // 068

第 六 章　教孩子为人处世的道理

轻信容易受伤 // 072
学会善于表达自己的感激之情 // 073
让孩子明白鼓励和表扬他人的魔力 // 074
要注意坚持真理的方法 // 076
有效维护个人的合法权益 // 077
倾听是一门重要的交流艺术 // 078
相互理解是与人交往的基础 // 080
傲慢妨碍人际关系 // 082
与人交往宜有尺度 // 083

第 七 章　培养孩子全面发展是我的教育理想

培养孩子开朗乐观的性格 // 086
不能把孩子培养成所谓的学者 // 087
我只想把孩子培养成为一个全面发展的人才 // 089
要注意孩子情感的陶冶 // 091

第 八 章　教育孩子要严格有度

培养孩子的自我约束力 // 094
严格要求孩子也要合乎情理 // 095
教育孩子不能反复无常，出尔反尔 // 097
小孩撒谎时要及时纠正 // 099
要从小就培养孩子的责任心 // 100
小孩子也有自尊心 // 101

第 九 章　我教儿子如何玩

只让玩具陪伴着孩子度过童年是很可悲的 // 106
在互动游戏中成长 // 108

第 十 章　夸奖和鼓励在孩子成长过程中至关重要

夸奖是孩子自信心的源泉 // 112
孩子天赋的开发和培养离不开夸奖 // 114
失败并不可怕 // 115
有效夸奖的奥秘 // 117
夸奖应适度，不可随意 // 118

第十一章　父母对孩子的管束作用

"行为录"的作用 // 122
让孩子明白好人有好报 // 123

管教孩子，母亲有一半的功劳 // 126
　　杜绝孩子随便发脾气的坏习惯 // 128
　　管束孩子有讲究 // 131
　　改掉孩子贪吃的习惯 // 133

第十二章　培养孩子优良的学习品质

　　学有用心 // 136
　　学有效率 // 138
　　学有所精 // 139
　　学贵坚持 // 140

第十三章　使孩子具备良好的心理素质

　　做一个勇敢坚强的人 // 144
　　自己的事情自己做 // 145
　　不怕挫折，面对现实 // 147
　　取舍之间的权衡 // 148
　　保证孩子的精神卫生 // 150

第十四章　做一个幸福的孩子

　　教育史上的奇迹 // 154
　　莱比锡大学的邀请 // 155
　　奉召就读哥廷根大学 // 157
　　14岁少年获得博士学位 // 159
　　没有比品尝真理的滋味更为幸福的了 // 160

下　篇

第一章　父母开启孩子非凡的人生

　　父亲的"优生学" // 164

天才的创造需要早做准备 // 165
天赋并不决定一个孩子的命运 // 167

第 二 章　婴儿的体能训练是以后身体健康的保障

天才的培养从饮食开始 // 172
小孩的健身很必要 // 173
孩子的生活要有规律 // 175

第 三 章　让孩子快乐地学习

兴趣是孩子学习的向导 // 178
让孩子体会到读书的快乐 // 179
对孩子进行语言的潜印象教育 // 181

第 四 章　父亲培养我的人格品质

每个人都应该具备善良的品质 // 184
父亲教我诚信做人 // 186
上帝赞赏生活节俭的人 // 188
勤劳是最好的品德 // 189
要让孩子学会谦虚 // 191

第 五 章　父亲的教育法八则

两种最有效的学习环境 // 196
学习要张弛有度 // 197
学而不倦的秘诀 // 198
坚持每天学习三小时 // 200
学无止境 // 202
提高记忆力的最佳方法 // 203
学习也要有节奏 // 205
提高效率的交替学习法 // 206

第 六 章　父亲教我人生准则

凡事预则立 // 210
养成守时的观念 // 212
做人也要精益求精 // 213
自强自立 // 215

第 七 章　父亲"寓教于乐"的教育理念和实践

一场有意义的"战争" // 220
父亲不轻易让我和其他孩子一起玩 // 222
学会与人相处 // 224
父亲和我之间的游戏 // 226

第 八 章　大学学习生活中的快乐和挫折

命运待我不薄 // 228
让学习充满乐趣 // 229
我也曾经偏科过 // 231
我的初恋 // 233

第 九 章　父亲对我人生的忠告

学校教育依然不能忽视 // 236
不能没有人生导师 // 237
要行万里路 // 239
瞎子丘比特 // 241
面对死亡，热爱生命 // 243

上　篇
卡尔·威特教育全书

第一章
迎接天使的到来

[意]达·芬奇

两个躯体共享一个灵魂,母亲的愿望不断影响着她腹中的胎儿。母亲的意志、愿望、惊悸和精神上的痛楚也会严重影响胎儿,这种影响大大超过对其自身的影响!因此,教育孩子,应该首先改造孩子的母亲。

拥有一位身心健康的妻子

　　孩子按照上帝的意愿来到世上。对于孩子来说，他降临的这个世界是奇怪的、陌生的，孩子对于这个世界来说又是无力的、软弱的。作为上帝的子民，我的使命就是尽我自己最大的努力，让我的孩子变得坚强勇敢，使他顺利地成长，尽情地享受人生的乐趣。

　　从这一点来说，在孩子长大成人之前，我想应该尽量地让他具备良好的品德和强健的体格。很多父母都是在孩子长到两三岁时才去注意这些问题。如果要更好地承担起这份责任，我们就必须从还没为人父母的时候就开始注意，也就是说，我们自身就应合乎上帝的要求，保证我们自己的身体健康、合格。

　　人们轻易地相信所谓"近亲可以培养出最好的马和最好的狗"的传言，但这并不适用于人类。近亲结婚生下的孩子往往让人们焦头烂额，带给家庭和自己无尽的烦恼和悔恨！

　　有的人寻找配偶，总是根据自己的情况，怀揣着各种各样的动机。我十分厌恶这种人。当然，有人说，我的家境不好，还能有选择的余地吗？为了婚后的生活能够幸福，我必须得找一个有钱人家的姑娘；也有人说，为了以后能够平步青云、飞黄腾达，在社会上取得令人顶礼膜拜的地位，我必须娶一个出身名门的姑娘为妻，其他什么都不用考虑；又有人说，是我妻子的舞蹈迷住了我，我才向她求婚的；还有人说，我和妻子结婚是因为她美丽的容貌。

　　这些都是错误的。照我前面的话来说，为了自己和后代的幸福，我们一定要选择一个身体健康、性格善良的女人做妻子。我的看法是，只要对方没有家庭病史和令人侧目的身体缺陷，根本没有必要为了某种目的去选择自己的配偶。

我爱我的妻子，虽然她不是那种非常漂亮的女人。**我之所以选择她作为我的妻子，是因为她有一颗善良的心。**她勤劳，知书达礼，温柔贤惠，在任何情况下都能理解我、支持我。虽然我是一个清贫的牧师，不能给她丰裕的物质生活，但我从未听到过她任何的抱怨之词。

对于大多数女人来说，生一个聪明可爱的孩子是她们最大的心愿。我的妻子也是如此。我们的第一个孩子夭折了，这让妻子在很长一段时期里都陷入难以言说的沮丧哀伤之中。一直到怀上小卡尔，她才渐渐走出那个令人不愉快的阴影，重拾信心。

"我们将出生的宝宝会是什么样子的呢？""他漂亮可爱吗？""他聪明健康吗？"妻子满心期待地问我这样的一些问题。我总是肯定地对她说："我们的孩子将来一定是聪明的，他将来一定是一个健康、招人喜欢的婴儿。"虽然我和妻子一直怀着激动的心情渴盼孩子的出生，但第一个孩子夭折的阴影仍然笼罩着我们。

有一天，妻子突然对我说："这个孩子会不会也……"

话虽说了一半，可我明白妻子想说的是什么。我说不出一句话，情不自禁地皱起了眉头。

看见我这个样子，妻子颇感内疚地对我说："亲爱的卡尔，真对不起，都怪我不好。我不应该那样想的……我们的这个孩子一定会很健康的。"

"是的，我想一定是这样的，"我微笑着对妻子说，"上帝是仁慈的，他也不忍心让我们再失去第二个孩子的。"

在我们的婚姻生活中，我和妻子总是能够如此地互相安慰、体谅对方。我想，上帝赐予我这样一位贤良的妻子，这是他对我的最大恩惠。有我的妻子在身边，生活虽然清贫，但却幸福。培养孩子的过程中，困难重重。没有我的妻子，就不可能将小卡尔培养成一名优秀的人才。在我们共同的努力下，最终成功地克服了这些困难。很大程度上，这都归功于我那贤惠的妻子。

儿子出生以后，妻子全身心地爱他，照顾他，尽其所能地满足孩子的需要。不幸的是，刚出生的小卡尔并不聪明，面对这样的"笨"小孩，他的母亲需要多么大的勇气啊!

我想对上帝说,小卡尔能有今天的辉煌,与他母亲有一颗天生善良的心和艰辛的付出是分不开的。

不要让妻子在妊娠期与宠物为伴

每个父母,都希望自己的孩子从生下来就聪明伶俐,天赋不凡。当初,我和妻子也是这样想的。但是,我很清楚,世上不如人意者十之八九。为人父母的激动让我们时常兴奋不已,可我们也常常会担心这孩子到底会是怎么个样子。

在妻子怀孕之前,我们俩都十分注重自己的精神状态和身体素质。这样,我们就能生下一个健康聪明的孩子。我和妻子在衣、食、住上都非常朴素、简单。我时常认为,奢华容易让人靡靡不振,不易做到神清气爽。平时,我和妻子有空就去外边散步慢走,在田野中呼吸新鲜的空气,享受大自然的美妙,这样我们的心情就比较舒畅,胸怀也就开阔了。我和妻子的性格都温和,从来不会为了身边的琐事而烦心。在安宁快乐的日子里,我们总是心平气和,快乐而满足。

德国人都有喝酒的嗜好,而我没有。在此,我也奉劝那些嗜酒的父母,为了孩子的健康着想,必须改掉嗜酒的习惯。我和妻子准备要孩子时,一位医生朋友就告诫过我,如果酒后受孕,往往会影响胎儿的发育,智力也较为低下,尤其是妇女饮酒的后果更加严重。因此,夫妻双方至少应在受孕前3个月开始戒酒。

这期间,我们出门尽量步行,这样就可以加强锻炼,增强体质。我们对未来的孩子充满信心。妻子的性格也很开朗。没事的话,我们就去田野散步,或者去周围的山坡上爬山,我还经常陪她去摘野花。

在一次短途旅行中,我和妻子聊天。望着那一派美丽的田园风光,我感叹到:"哦,天啊,这里仿佛就是人间仙境,美妙至极!"

妻子笑着问我:"田园风光果然迷人!它美在哪里呢?"

我兴致勃勃地高谈阔论起来:"岩石是力量的象征,强壮、坚不可摧;花草是美丽的表现,秀丽、鲜艳。"

妻子无限向往地说:"无论是男孩还是女孩,我想,他(她)都应是一个健全的人。他(她)应该有岩石一般坚强的性格和强壮的体魄,并且看起来像花一样漂亮美丽。当然,我们无法控制孩子的外貌。"

"当然啦!我们的孩子肯定不会是个丑八怪的。"我笑着说。

"哦,亲爱的卡尔,他(她)应该拥有全德国最杰出的智慧。"妻子信心满满地对我说。

是的,让我们的孩子聪明、健康、拥有最杰出的智慧,这才是我们一生中所要做的最重要的事情。这些希望都成了我们后来培养小卡尔的准则和目标。

儿子出生之前,纵使一切都准备妥当,但还是有一点意想不到的不足之处,直到现在回想起来我们都很后悔。那时,我们家里养了猫和狗,以便能够缓和妻子的焦虑和排解寂寞无聊。当时,我忘记了一位医生的忠告,说寄生在猫狗的粪便及其身体上的寄生虫会严重危害胎儿的健康。当时我们都没有太重视这个问题。后来,儿子生下来不太健康,看起来笨笨的,或许就是这个原因吧。

在孕期和妻子共同感受孩子的存在

妻子怀孕后,不仅妻子应当过有规律的生活,作为丈夫的我也不例外。我们按照严格的时间作息,尽量早睡早起。我是一个爱思考的人,在求学年代,我养成了深夜祈祷的习惯,夜深人静之时更容易让我有清晰的思路。对我而言,这是人生的一大乐趣。自从妻子怀孕后,为了不影响妻子的休息,我就改掉了这种习惯,因为我知道怀孕时的女人特别需要丈夫的体贴。我所做的一切,都是为了拥有一个健康的孩子。

意大利画家达·芬奇曾经说过:"两个躯体共享一个灵魂,母亲的愿望不断影响着她腹中的胎儿。母亲的意志、愿望、惊悸和精神上的痛楚也会严重影响胎儿，这种影响大大超过对其自身的影响！"怀孕是非常辛苦的，作为丈夫，我在每一件事上都尽量给予妻子更多的关怀、理解和体贴。妻子情绪不好的时候，我就耐心地引导她和我说话，交流感情，及时沟通。

那天，我从外面布道回来，发现妻子的情绪不好，很低落，神色略显恐惧。我马上走近她，轻轻地问她："亲爱的，你怎么啦？"妻子只是哀怨无助地看着我，一句话也没有说。

我很奇怪，妻子的性格一直很开朗，有什么事能让她如此忧伤呢？我抱着她，柔声地问："是不是哪里不舒服？亲爱的，告诉我，我们一直都很幸福，今天这是怎么了？"

"卡特琳娜的儿子死了。"妻子的语调无助极了。

卡特琳娜是我们镇上的一位妇女，她的儿子刚刚一岁，身体一直很羸弱。没想到这个可怜的孩子这么快就死了。那天我去了另外一个教区，不然的话，肯定不会让妻子知道这个消息的。对于一个已经怀孕的妇女，这样的消息是最难以接受的。

得知原委后，我理解到了妻子的苦恼，连忙劝慰她说："因为卡特琳娜的孩子生下来就有病……但是，我们的孩子一定是健健康康的。"

"可是，我们第一个孩子不是夭折了吗？"说着，妻子就哭了起来。

我继续安慰她说："亲爱的，不要想太多。我们第一个孩子的夭折，我们也没有办法，因为那是上帝的安排。我天天向上帝祈祷赐予我们一个健康的孩子，我想上帝是不会辜负我们的。我们不能总是停留在过去。卡特琳娜在怀孕时成天和丈夫吵架，心情从来都不愉悦，所以她的孩子才不健康。为了我们的孩子，我希望你能快乐起来。"

"我知道，可我就是忍不住……"

"我来帮你吧，想想我们即将出生的孩子的模样，他一定是个很健康的小家伙。深呼吸，深呼吸……试试看。"我示范着，妻子也跟着我做起来。不一会儿，她的心情好多了。

那天晚上，我一直陪着妻子，跟她聊天。第二天，妻子终于恢复了往日的开朗，快快乐乐的。

在关心妻子的问题上，我自认为是个合格的丈夫。在她的饮食或其他各个方面，我都力求尽善尽美。**我尽我所能地满足妻子的要求。但是有时候为了孩子，我还是很坚持原则。**妻子有泡烫水澡的习惯。但是在她怀孕期间，我坚决制止了她的这个嗜好，因为过高的水温对她虽然很舒服，但对胎儿却有极大的害处。有一次，我不在时，妻子偷偷地又泡烫水澡。后来我知道了，就毫不客气地指责了她。

"亲爱的，你怎么又那样做？我不是和你说过吗，过高的水温对孩子有害？"

"哼，你就知道孩子。自从怀了孩子，我发现你所做的一切都是为了孩子，你不像以前那么关心我了。"

"此话怎讲？孩子是我们共同的孩子，关心他不就是关心你吗？现在泡烫水澡确实对孩子不利，等孩子出生后，你想怎么泡就怎么泡，我才不会管你呢，而且我还会主动给你烧水。"

"可是，这几天我没有出门，浑身不舒服，感觉挺难受的，"妻子辩解道，"你不是说过母亲如果不愉快就不会生出健康的孩子吗？"

后来我跟她商量，让佣人每天帮她准备好热水烫脚，我给她擦拭身子。妻子这才答应我以后再也不这样了，欣然接受了我的建议。

一般来说，妻子怀孕之后，很多丈夫总是不愿陪伴在妻子身边。妊娠期的女人脾气古怪，经常无理取闹，这令做丈夫的难以忍受。但是，我认为，越是在这个时候，作为丈夫越不能忽视妻子。要经常和妻子保持沟通，交流感情。**妻子怀孕期间，我和她朝夕相处，相互依偎。那段时间是属于我们自己的一种满满的幸福。**虽然孩子还没有出生，我们却已经很清楚地感受到他的存在了，我们期待着，我们准备着。

第二章
天才取决于后天教育

[法]爱尔维修

人刚生下来时都一样,仅仅由于环境,特别是幼小时期所处的环境不同,有的人可能成为天才或英才,有的人则变成了凡夫俗子甚至蠢才。即使是普通的孩子,只要教育得法,也会成为不平凡的人。

两种天才观

教育界一直存在着两种相对的天才观的争论。我举两个例子来看看这两种天才观的异同。

哲学家卢梭在他的教育学著作《爱弥儿》一书中讲过这样的一个例子：两只由同一只母狗所生的狗仔，同时同地地接受完全相同的训练，其结果却完全不一样：一只狗敏捷灵活，另一种狗迟钝不化。这样的差异完全是由于它们的先天禀赋不同。瑞士教育家裴斯塔洛齐有这样一段寓言：

两匹形体相似的小马，其中一匹交给愚昧的庄稼汉去喂养，另一匹交给有头脑的人去喂养。前一匹小马，由于庄稼汉的贪心，不待小马长大就用它来干活，拉马车，驮粮食，最后小马因过度劳累而日渐消瘦；相反，另一匹马则在聪明人的精心培育下，成长为一匹千里马，驰骋于赛马场上，威武彪悍。

上面两个故事，第一个强调天赋的差异，天赋不同，相同的环境的培育效果就不同，天赋决定成就大小；第二个则强调后天环境和培育的决定性作用，忽略天赋上的差异。

一直以来，在关于孩子的培养问题上，大部分人都支持卢梭派的学说，很少有人相信裴斯塔洛齐派学说。在这个问题上，爱尔维修无疑是裴斯塔洛齐派的先驱者，他认为："人刚生下来时都一样，仅仅由于环境，特别是幼小时期所处的环境不同，有的人可能成为天才或英才，有的人则变成了凡夫俗子甚至蠢才。即使是普通的孩子，只要教育得法，也会成为不平凡的人。"我虽然倾向于裴斯塔洛齐派的教育观，但是对此我持保留意见。我充分认识到，爱尔维修的说法也存在不妥之处，他过分地强调了环境对孩子的影响，从而忽略了孩子的个人天赋。有些人指责我不承认孩子禀赋的差异，完全就是诬蔑。

我有我自己的看法，我承认儿童的天赋是有差异的。我们假定天资聪慧的孩子禀赋值为 100，愚钝的孩子，其禀赋值在 10 以下，一般孩子的禀赋值在 50 左右。假使孩子们所受到的教育都是一样的话，那么他们的未来就取决于个人天赋的高低。**可惜的是，现在的孩子所受的教育非常不完善，这直接影响到他们天赋的发挥。**比方说禀赋为 80 的，可能只发挥出了一半。

这样的话，如果对孩子的培养能够使他的禀赋发挥到 80%~90%，那么还有什么可以让人忧虑的呢？这样的有效教育能够使禀赋值只有 50 的普通孩子表现出比禀赋值为 80 的孩子更为出色的成绩。当然，同样的教育环境下，前者肯定是赶不上后者的。

但是，我们也用不着悲观，与生俱来就有超高禀赋的孩子并不多见。大多数的儿童都是一般的。再说，如果按照我在上一章所说的来生育孩子，我想他们的禀赋一定不会太差，生育高禀赋的孩子的机会还是很大的。

小卡尔并非天资聪慧

我们的儿子终于诞生了。对于年过半百的我来说，能拥有一个可爱的孩子是上帝赐予我的多大的荣耀啊，我感谢上帝，更感谢这个小生命的到来。我给他取名为卡尔·威特。只是，令我和妻子都很吃惊的是，孩子并不像我们之前所想象的那么聪明，甚至，他还有些迟钝。我们既失望又苦恼，并开始怀疑：这个孩子以后能够成才吗？

之前我们满心欢喜，而现在却被这失望和苦恼重重包围。但我一直相信，孩子的成就取决于后天的教育。所以，经历过短暂的忧虑和失望之后，我和妻子就全身心地投入到小卡尔的教育之中。

小卡尔的出生愚钝引起了人们的关注。有人劝慰，有人以此对我的教育提出质疑。那段时间，我经常遇到这样的问题："卡尔·威特牧师，您不是一直认为孩子的后天教育决定其能否成才吗？现在的事实是，您的儿子先天不足，你如何将他培育成才呢？"我的回答是肯定的："我有把握，也有能力将我的孩子培养为一位优秀的人。"虽然我不知道以后小卡尔会变成什么样子，但是身为人父的我，有这个决心，也有这个信心。

小卡尔出生之后的第三天，格拉彼茨牧师来我家，发现小卡尔有些迟钝。虽然他支持我的教育观念，但那天他也表示了他的担心。

"担心什么呢？格拉彼茨牧师，请您直说。"我特意问了他。

"请原谅我这样说，我发现小卡尔并不是想象的那样聪明，我们应该面对这个现实。"他很小心地说道。

"哦，是的，我知道。但我认为这并不能决定他的未来。"

"是的，是的。先天不聪明并不意味着永远不聪明。但是，这样一来，您就要付出比原先多好几倍的努力才能将孩子培养成才啊。"他担忧道。我点头表示同意他的看法。

"恕我冒昧，我倒有个建议，你听听看。现实既然是孩子不太聪明，他成才的希望完全就在于后天的培养。这样，我的想法是从这个时候开始，您和您的妻儿都要做好某种牺牲的准备。"

"什么牺牲？"我很不理解地盯着他。

格拉彼茨牧师开始认真地给我分析："换句话说吧。既然孩子的成才完全要靠后天的培养了，您就应该严格训练他，这种训练要比其他的孩子更严格，更有效，甚至是魔鬼训练。只有这样的付出，才有可能将孩子教育成才。当然，这样做就会让孩子失去童年美好的乐趣，不能像其他孩子那样有着温馨的童年记忆，但这是为他以后的成长好，是对他的将来负责。而您和您的妻子，则有可能在这过程当中失去一些家庭的温馨，甚至夫妻间的温情。"

"你怎么能这样想呢？这样的牺牲值得吗？难道还有什么比幸福的生活本身更重要吗？"我立即否定了他的观点。

"那孩子的前途怎么办？"他问我。

"孩子的前途当然重要。但是，我们不能用这样的方法来逼迫孩子成才。

这样根本不可能使孩子健康成长。这样做的后果很严重，不仅会让孩子遗憾没有幸福的童年，而且也不能有效地学到有用的知识。这种揠苗助长的做法，没有任何好处，最后只能毁了孩子的一切，包括童年和未来。"我肯定地说。

教育孩子不能强逼，亦不可放任

教育孩子不能强逼。对于与生俱来就有非凡天资的孩子，如果施予有效且恰当的教育，那么他一定会前途无量。但在现实中，对于一个具有非凡天资的孩子的教育却是令人失望的，甚至是失败的。在父母眼里，只看到孩子的禀赋，没有对其进行全能的培养。父母们总是过分要求孩子完成这个，做好那个，根本不去考虑孩子其他方面才能的培养。这样的做法，最后只能让孩子的心理发生扭曲变形，充满了叛逆、压抑与怨恨。我们教育孩子要方法得当，不能强逼孩子去做一些我们给他规定的事情。正确地教育孩子很重要。如果教育方法不当，不要说一般的孩子，就是那些具有非凡天资的孩子的前途照样会被毁掉，给家长和孩子留下终生的遗憾。这样的例子不在少数。

英国哲学家约翰·斯图尔特·穆勒的童年很不幸福，没有一点美好的记忆。在他很小的时候，他的父亲严格要求他的学习，从来不准他有任何假期，以免扰乱了好好学习、天天向上的规律。父亲从来不给他任何自由，连一点小爱好都不允许。父亲要求他一有错误就要马上纠正。在讨论的时候，父亲往往先是和颜悦色地和他交谈，可是，一旦发现错误，父亲会立马变得凶神恶煞一般，咄咄逼人。这给穆勒幼小的心灵留下了巨大的阴影。

卡尔·冯·路德维希也是这样的一个例子。他是一个具有非凡天赋的孩子，但由于父亲急功近利，不断催逼他的学业，最终导致了他半途而废。卡尔从小就在父亲的严格管教下学习。父亲强迫他在醒着的每一分钟都得学习，并且反对一切与学习无关的兴趣，像体育、游戏、探索大自然等活动，卡尔一概不能参加。这样的做法也确实取得了一些值得炫耀的成绩。在父亲的督促下，卡尔在8岁时就开始学习大学水平的课程，仅用了三年的时间就修完大学课程并且顺利毕业。他的数学成绩相当优秀，教授们预言他将会成为一名世界级数学家。然而，这种辉煌的成绩并没有持续多久。卡尔上了一年的研究生后，就再也不想学习数学了，后来转学法律，还是不能有所收获。最后的结果是他当了一名微不足道的办事员。

教育孩子亦不能放任不管。教育孩子的另一种极端做法就是听任孩子自然发展，甚至放弃做任何事情的努力。为人父母，培养孩子，不光是要有耐心，更需要有足够的智慧，特别是对于那些先天不足、迟钝痴呆的孩子的父母来说。

我的岳母是个虔诚的天主教徒，她曾劝我不用费心思去培养小卡尔，让他顺其自然地成长。非常感激她的劝慰和善解人意，但我并没有别人想象的那么悲观。虽然小卡尔的智力不那么令人满意，但对于他的将来，我始终充满信心。因为我相信婴幼儿时期的教育足以克服所谓的天赋不足，我坚信恰当的教育能够改变一切。

我们知道，一个人如同一个瓷器，幼儿时期好比是制造瓷器的黏土。小时候的样子就是成年的雏形。一个人的品质如何，很大程度上是取决于幼年时期所受的教育如何。伟人和天才都有着这样或那样的缺点，倘若能给予他们再高明一些的教育，他们就会取得更高的成就，并且成为一个全面而完美的人。国民道德水平的高低，取决于这个国家的人民对其子女的教育水平。柏拉图在描述他心目中的"理想国"时，他认为"子女教育是社会的基础"。这确实是高见。

所以，对孩子的教育必须尽早开始，开始得越早，取得的效果就越显著，孩子越有可能成长为一个完美的人。对于小卡尔的后天培养，我就是这样想的。

充分挖掘孩子的潜能

流行的育儿思想认为孩子的教育从七八岁开始为宜，还有就是认为育儿过早不利于孩子的健康成长。但是，我坚持认为，教育孩子，一定要与孩子的智力发育同步，这是我的教育理论的核心。所以，我的教育理念在世人的眼中荒唐至极，用我的这个理念可能将孩子培养为天才吗？按当时的主流观念，显然是不可能的。

小卡尔经过一段时间的教育后，表现得优于一般的儿童，此时人们却认为他的才能是天生的，并非教育的结果。这让我无可奈何。前面我说过卡尔出生时并非天资聪慧，这里我想向诸位描述一下他出生时的某些细节。

"这简直就是一个白痴孩子"，一般人看到小卡尔第一眼的印象就是这样。生出这样的孩子，我当时心情也很糟糕，低落、伤心。但这毕竟是我生的儿子，我无力改变这个事实。小卡尔的出生并不顺利。卡尔属于早产，比预期提前了一个月，他还未得到母亲子宫充分的孕育便突然来到这个世界上了。更不幸的是，他出娘胎时被脐带缠住了脖子，差点窒息而死，后经医生的及时抢救才活了下来，这是个奇迹。但幸运存活下来的小卡尔仍然四肢抽搐，呼吸困难。当时医生忠告说："孩子幸运存活下来了，但明显先天不足，他的大脑看起来发育不健全，以后的事情我们说不好，可能会比现在更糟糕。"

确实，刚出生的日子里，我和妻子都以为小卡尔就这样了，他的未来是黯淡的。这个孩子不仅没有显示出具有任何一种天赋的迹象，反而连本能的反应都显得极为迟钝。他不能像其他婴儿那样主动地寻找母亲的乳头，只能靠母亲把奶挤出来一点一点地喂他。看着儿子的这种情形，我既伤心又着急，但我并没有放弃自己的主张。为了儿子的成长能够与同龄人同步，我决定仍然按计划进行早期教育的试验。我想，既然这孩子先天不足，天资不佳，那么就一定要尽力使孩子的禀赋发挥出八九成，甚至更多。为了达到这个目的，孩子的教育就要与他的智力发育同步进行。

这就遇到一个问题，为什么早期教育能够造就天才呢？要解释这一点，我们就应该从儿童的潜能谈起。生物学、生理学、心理学等学科的研究表明，人生来就具备一种特殊的能力，表面上是看不出来的。这种能力隐秘地潜藏在人体内，我们称这种能力为潜能，潜能就是与生俱来的禀赋。每个人身上都具有特别的禀赋，而并不是天才独有的。比如，这里有一棵树，如果按照理想生长状态来说，可以长到30米高，那么我们就说这棵树具有能够长到30米高的可能性。对于教育孩子来说是同样的道理。

然而，要达到理想状态是很不容易的，一般而言，只能实现孩子潜能的六成或者七成，多则八成、九成。当然，教育的理想就是充分挖掘孩子的潜能，最好使其发挥达到十成。如果我们充分发挥出这种潜能，就一定会做出一番不平凡的事业。可惜的是，人们的这种潜能大都未能得到应有的发挥，这就是为什么天才极少的原因。话说回来，**如何培养更多的天才呢？**重中之重，就是及早地充分挖掘孩子的潜能，合理引导孩子自由地发挥出这种禀赋的潜能。

孩子的潜能遵循递减法则

这里有个著名的例子。

据说，司格特伯爵夫妇携带他们的新生婴儿出海旅行，到达非洲海岸时遭遇了巨大的风暴，浪打船翻，除了司格特伯爵夫妇带着儿子爬上了一个海岛而得以生还外，别人都没能幸免于难。那个海岛荒无人烟，长满了热带丛林。在岛上，司格特伯爵夫妇由于感染了热带丛林里的疾病而撒手人寰，只留下了孤零零的小司格特。后来，只有几个月大的他被一群大猩猩收养，从此他就在这帮动物父母的"哺育"下渐渐成长。二十多年后的一天，一艘英国商船偶尔经过那个海岛，发现了已经成长为强壮青年的小司格特。他跟一群大猩猩成天生活在一起，行为举止跟大猩猩别无二致，像大猩猩那样灵巧地攀爬跳跃，在树枝间荡来荡去。他不会直立行走，也不会像人类一样说话。人们将他带回到英国后，轰动一时。科学家对小司格特的经历和表现非常感兴趣。他们像教婴儿那样教导小司格特，想让他学会人的各种能力，好让他重归人类社会。经过十年的艰辛努力，小司格特终于学会了一些基本能力，比如说自己穿衣服，直立行走，虽然他还是更喜欢像大猩猩一样爬行。可悲的是，他始终无法说出连贯的句子，他的表达方式更习惯于像大猩猩那样吼叫。

小司格特之所以始终不能学会运用人类的语言，就是因为人类语言学习能力的巅峰期是在人的幼儿时期。二十多岁的小司格特，已经错过了学习语言的最佳时期，他的这种能力已经完全消亡了。

通过这个例子，需要特别强调的是，儿童所具备的禀赋潜能具有递减的规律。对孩子的教育开始得越晚，儿童的潜能实现就越少，这就是儿童潜能的递减法则。即使生下来具有100度潜能的儿童，倘若没有及时教育，到5岁时就会减少到80，到10岁时就会减少到60，到15岁时就会只剩下40了。

据研究，每种动物的潜能发挥都有各自的巅峰期，而且这种巅峰期是固定不变的。当然，不同的个体动物的巅峰期又有长短之分，有些动物潜能的巅峰期持续的时间是很长的，有些动物潜能的巅峰期是很短的。不管是哪一种动物，其潜能的巅峰期开发的越早越好。譬如，小鸡有一种叫做"追从母亲的能力"，其大约是在出生后4天之内就进入了巅峰期，倘若在这期间不让它发展，那么这种能力就永远不会得到发展了。还有，小鸡具有"辨别母亲声音的能力"，它的巅峰期大致在出生后的8天之内，如果在这段时间里不让小鸡听到母亲的声音，那么这种能力也就永远枯死了。小狗的那种"把吃剩下的食物埋在土中的能力"的巅峰期也有一定的期限，如果在这段时间里把它放到一个不能埋食物的房间里，那么它的这种能力也就永远不会具备了。这些都是经过实验证明的。同理，我们人类的能力也有这样的巅峰期期限。

所以，**教育孩子的首要任务就是要尽量减少这种递减法则的影响**。按照上面例子的说明，小司格特的悲剧之所以发生，是因为在其潜能的巅峰期，没有及时地、恰当地诱导培养发展这种潜能而导致了潜能的消亡。因此，教育孩子的重中之重就是在其潜能的巅峰期要不失时机地挖掘孩子的潜能，也就是说，要尽早地开发孩子的潜能。

教育从孩子出生那天就开始

不用担心，只要通过尽早的教育，就可以解除这种在孩子潜能上的递减魔咒。生一个健壮的宝宝，这只是教育孩子的万里长征中迈出的第一步，以后的路还很长，事情更琐碎，责任更重大。因为，从孩子出生那天起，父母就必须担起教育者的重担。

根据我的经验，对孩子的教育必须从他出生的那天起就立即开始。教育家们总是反对我的这一教育理念，按照他们的说法，这么早就开始对孩子进行教育是非常不利于孩子健康成长的，这也太摧残孩子了！但，我坚定我的教育理念可以培养出天才。

那时，经常有人问我是不是真的从孩子出生就开始教育他了，我怎么会对一个白痴一般的孩子抱有如此大的希望。我的回答一直很坚定："我对我的孩子小卡尔的教育，从他一出生时就已经开始了。还有，我从来没有对他失去过信心。我坚信他一定可以成为一个天才的。"

还记得小卡尔刚生下来的那几天，全家都弥漫着苦恼和不安的气息。一直支持我的妻子也开始怀疑我的想法了。有一次，她向我诉苦说："为什么上帝如此戏弄我们？小卡尔竟然是个弱智的孩子？上帝这样对我们公平吗？你能告诉我这是为什么吗？"

我对她说："亲爱的，上帝永远是公正的，请你相信我。还记得我说过的话吗？大多数人都没有完全发挥自己的潜能。我们教育孩子的目标就是充分挖掘孩子的潜能。"

"这个我懂，可是小卡尔现在都表现得像个弱智孩子，根本就不聪明。这个残酷的现实我们无法回避啊。"妻子还是不安地说。

我继续说："诚然，我们目前无法改变这个不幸的事实，但是只要我们将他现有的潜能发挥到极致，以后就可以改变这个事实。尽管小卡尔现在没有别的孩子聪明，但是通过我们的教育，总有一天他会超过其他孩子的。即便是天资聪慧的孩子，如果得不到及时恰当的培养，他的卓越禀赋就不能很好地被开发出来，到最后他也不会成为人才的。小卡尔虽然天资并不聪慧，起点很低，但如果我们对他施予恰当的教育，充分挖掘他的潜能，只要我们一起努力，他最终会超过其他的孩子，并且超过所有人，最终他一定会成为最优秀的人才。"

不光是对我的妻子，对其他所有关心小卡尔的人我都这样告诉他们我的观念，并且表达我永不动摇的决心。因为我深信，天才的培养取决于后天教育。

对于孩子的教育来说，出生后的前3年是最为重要的时期。在这一时期，孩子的大脑接受事物的方法跟长大后是全然不同的。对于刚出生的婴儿来说，他并没有分辨人的面孔的能力，得等到三四个月之后，甚至五六个月之后，他才能分辨出母亲和别人的面孔，就开始了我们所谓的"认生"了。但我们要注意，婴儿这时记忆面孔的方式并不是通过分析面孔的特征，而是经过反复的观察，将母亲的面孔印象整个原封不动地作为一个"模式"印进了大脑之中。

我们成人完全无法想象婴儿的这种模式识别的能力。婴儿对多次重复的事物不会厌烦，对3岁以前的婴儿教育来说是"硬灌"期，也就是"模式教育"。婴儿依靠动物的直感，具有在一瞬间掌握整体的模式识别能力。他的大脑不会像成人那样进行分析判断，还是一张白纸。因此，婴儿具有一种不需要理解或领会的吸收能力。这个时期，教育孩子需要做好以下两方面：一方面是对孩子进行语言、音乐、文字和图像等的反复灌输，这样就可以很好地奠定大脑智力活动的基础模式；另一方面是不断向孩子灌输一些人生的基本准则和态度。

谚语有云："从小时候就可以看出一个人成人以后的样子。"这个时期，如果我们不生动地、反复地让正确的模式出现在婴儿的眼前，进而灌入他尚未具备自主分辨能力的大脑中的话，他也会同样吸进各种不良的坏的模式，这以后就会形成人的素质。因为，孩子在长大之后所具备的一些基本性格的素质在3岁的时候已经形成了。所有的人都毫无例外。所以，模式时期很关键，它决定了人的一生。

第三章
抓住教育孩子的关键期

合理规划孩子的膳食，让孩子的身心都健健康康地发展。父母要根据孩子的智力发育水平，早早地开发孩子的五官，对孩子的语言教育越早越好，这一切都要以培养孩子的记忆力、想象力和创造力为目的。总之，父母要抓住教育孩子的关键期。

合理规划孩子的膳食

应该如何对孩子实施教育以便尽早地开发智力，挖掘他的潜能呢？答案其实很简单。让婴儿感觉到你对他的爱和关心，就是开始教育他的第一步。有人会继续问，那么，如何让他感觉到你的爱和关心呢？其实这都是一些琐碎的细节，表现在对婴儿的日常照料过程中。比方说，按时给孩子喂奶，孩子渴了立即给他水喝，及时给孩子换尿布等。作为父母，就要无时无刻地陪伴在孩子身边，及时提供给孩子所需要的照顾，消除孩子的不愉快心情，在细微的地方充分给孩子以安全感、温馨感、愉快感。所以说，**能够敏锐地在第一时间知道孩子想要什么想干什么，做父母的第一步就算是成功迈出了**。通过这种对孩子的观察和感知，将父母和孩子紧密地联系到一起，父母和孩子之间建立起了一条成功的纽带。以后的教育和感情培养都建立在这个基础之上。

我认为孩子从婴儿长大成人的过程中，包括方方面面的内容，教育孩子就要注意各个方面的培养，而不是像人们所认为的那样，教育孩子就是教他们读书、识字、学习知识。很多的家长，甚至有些教育专家都忽视了对孩子其他方面的培养。我首先从合理规划孩子的膳食谈起。

孩子健康饮食的规律要从一出生就开始培养。在小卡尔出生后的头半个月里，我和妻子给他喂奶、喂水就都是按时定量的，这一直到了他能自己吃饭后，也是一样。我们要求他，两顿饭之间不能吃零食，只能喝水。这样做是有道理的。如果频繁进食，使得胃老得不到休息，血液经常集中在胃部，从而导致大脑不能很好地发育和工作。孩子的精力不能消耗在消化食物上。此外，频繁进食，过多摄入食物还不利于健康，容易导致胃肠疾病。

孩子小的时候，大都喜欢吃谷类食物，这是他们的最好食物。然而，我儿子却不喜欢吃谷类的食物。我认为，孩子爱吃的食物就是最好的食物。所以，等到小卡尔4个月大后，我就开始有计划地使他的膳食尽量地丰富一点，不光是母乳。在喂奶之前，我总是先给他点蜜柑汁，逐渐又添加了香蕉泥、苹果泥、胡萝卜泥、青菜粥等一些蔬菜水果。等到他的胃再长大一些以后，我开始给他喂营养汤，吃煮熟的鸡蛋、马铃薯等比较容易消化和吸收的食物。这些他都很喜欢吃。但有一点，不到两周岁的孩子不能给他肉吃。

人们总以为孩子吃得越多越好，越有益于成长。其实这种观点是错的。因为，饮食过量一定不利于大脑的发育和工作。值得注意的是，这还会容易使孩子从小就认为吃能解决一切问题。一般来说，婴儿难受除了因为生病外，就是因为饿了。这时，我们如果立即让他进食大量食物，就会使他认为吃东西、填饱肚子是排除难受之感的唯一途径。那么，在他长大之后，这种"吃"的观念就会转变为过多地依赖物质的观念。我并不是说我们做父母的要限制孩子成长所需的食物，而是提醒那些溺爱自己孩子的父母：对孩子的关心和爱要适度，尤其是在孩子的饮食方面。有人说过，不同的胃造就不同的人，胃口影响一个人是悲观还是乐观。这是有一定道理的。

记得有一次，我看到妻子正在给小卡尔喂牛奶，便走过去问道："怎么又给他喂奶？不是刚喂过吗？"妻子告诉我他一直在哭闹，以为他又饿了才给他喂牛奶的。

我不客气地从妻子手中夺过奶瓶，说："不，卡尔刚才就已经吃饱了，没必要再吃任何东西。至少这个时间还不需要。"被我夺走了奶瓶的小卡尔立即就"哇哇"大哭起来。

"你是干什么呀！"妻子急了，很不高兴。

这时，岳母大人听到了孩子的哭叫声，走进来劝我，"上帝呀！多可怜的孩子啊！你怎么能这样呢？婴儿都是要喝奶的，你为什么不让他喝。这孩子生下来就是一个不幸的孩子，现在你又这样对待他，真是可怜啊，我的小外孙！"我赶紧和她解释说不是我不想让他喝奶，只是认为他现在没有喝的必要。

　　岳母还是不理解："你口口声声说要把卡尔培养成才，可哪有不吃饭就能成才的呢？这是什么道理！看你成天张嘴不离教育孩子的，我看，都是些没用的空话。"

　　我没有再说什么，因为我不想与这样一位善良的妇女再去争辩如何教育孩子的问题。我尊重她对孩子的关心和爱。

　　事后我又仔细地跟妻子解释，说**我们应该以谨慎的态度来对待孩子的培养和教育，而不是一味地呵护和顺从**。幸好我有一个善解人意、通情达理的妻子，她知道了我的一番苦心之后，决定再也不会像这次一样过分溺爱孩子了。

　　这里附带地讲讲孩子的欲望问题。我们知道，小孩子有时候会莫名其妙地"哇哇"大哭，人们总认为小孩子哭就一定是饿了或哪里生病了等，其实，这样的理解是错误的。小孩子跟成人一样也有得到别人重视的欲望，就是刚出生不久的婴儿也有这种本能的欲望。举个例子：

　　有次，睡在摇篮中的小卡尔莫名其妙地大声啼哭起来。我叫住正要去卡尔的房间看他的妻子，并问她："卡尔刚才吃东西了吗？"妻子回答说刚吃过了。"那么，他这几天生病了吗？"妻子摇摇头。于是我建议妻子不去理会他。

　　妻子很不理解地说："为什么呢？看小卡尔哭得多伤心啊。"

　　"我想，他既不饿也没有生病，那么，他想哭那就是他自己的事，我们不必理会他。"我解释道。妻子坚持说："可能是他想我了，我去哄哄他就没事了。"

　　"当然，他肯定是想你了，"我更进一步地分析道，"但最根本的原因是由于他想提醒我们不要忽略了他。"最后妻子接受了我的建议，决定不去看小卡尔了。不一会儿，小卡尔不哭了。当我们再去看时，他正一个人乖乖地躺在摇篮里，高兴地玩着呢。

　　这样的做法，很多人都不理解。其实，**我就是想让孩子知道，啼哭和哀求并不能得到自己想要的东西或满足自己的愿望**。更重要的是，我想让小卡尔明白，在别人不重视你的时候，自己也应该为自己找到快乐。

得到他人的尊重或重视的愿望是可以理解的。但是，在我们的生活中又有多少人真正做到了这一点呢？有人通过自己的才能得到别人的尊重和重视，有人通过自己的辛勤努力来获得他人的青睐。这都是很正当的途径。但现实中总有些人，由于急切地想得到别人的重视而采取乞求施舍的态度，这种做法反而会引起他人的反感，甚至连最后的一点自尊都没有了。这是何其愚蠢的行为。虽然小卡尔还小，但是这总会在他的成长过程中留下痕迹的。

我认为，父母教育孩子，不能随便，需要谨慎地对待孩子的需要；不能没有节制，一味姑息孩子。在与孩子的相处过程中，我们要时刻观察他的行为，学会用适当的方式去培养孩子，而不能盲从。要想将孩子培养成才，我们就要从日常生活中点点滴滴的细节做起，任何一点微乎其微的地方都不能轻易放过。

让孩子的身心都得到健康的发展

儿子的身体既健康又强壮，这着实令大家都感到惊讶。因为我从婴儿期就对他进行了体能方面的训练。有些保守的人见到小卡尔强壮的身体的时候，以为他不会成为一个天才。这是一种旧观念在作祟。

人们通常认为天才都是体弱多病的，所谓"才子多病"。其实，这种旧观念没有任何科学依据。诚然，有的天才体弱多病，但并不是天才一定病弱。那些病弱的天才如果健康，一定会成为更加伟大的天才。再说了，身体健康的天才也大有人在，像韦伯斯特、布莱恩特、亨利·比卡、卡尔芬、珍妮·林德、阿德里娜·巴奇、萨拉·木哈忒、朱里亚·乌德·浩、约翰·卫斯里、路易斯、阿尔科克等。这些人不但身体健康，而且都很魁梧强壮。这倒是应了那句谚语，即"健全的精神寓于健全的身体"。健康的身体也是成就天才的一部分。**教育孩子不仅要让他的身体健康强壮，而且要使他的精神愉悦。**

心情愉悦与身体健康有着密切的关系。父母要精心布置婴儿的卧室，让它一看上去就令人心情愉悦。如果光线暗淡、色彩阴沉、气氛灰冷，时间长了，肯定会导致孩子消化不良，身体不健康。

  一般在风和日丽的日子，我们就带小卡尔去田野里享受美好的绿色，呼吸大自然的新鲜空气，感受外界的生命气息。通常情况下，我不会把他严严实实地包裹起来，避免妨碍他自己的自由活动，也不给他围围巾，把嘴和脸弄得变了形。只要天气好，我就让他在屋外睡觉，接受阳光的滋润。小卡尔的床上铺有柔软的鹅绒褥子，使得他躺在上面的时候能够手舞足蹈，自由自在地活动。其实，这些都能很好地锻炼婴儿的身体。所以，婴儿睡觉时最大的忌讳就是像布娃娃那样把他裹得紧紧的。

  我非常重视小卡尔是否能自由自在地活动，甚至还为此大发脾气。记得有一次，我和妻子去做弥撒，留女佣柯蒂太太照顾小卡尔。柯蒂太太是个非常善良的女人，她对小卡尔总是很用心。但这次却让令我火冒三丈，因为当我们回来时看见小卡尔被严严实实地裹在被子里，满脸通红地嚎啕大哭着。我急忙问柯蒂太太："这是怎么回事？柯蒂太太，小卡尔生病了吗？"

  柯蒂太太说没有，她只是怕小卡尔冻着，所以才把他裹得严严实实的，还把家里的壁炉烧得旺旺的。我听到她这样说，很是生气："哦，我的上帝，你真蠢！"柯蒂太太并不明白我为什么这样说，疑惑地望着我说："怎么？先生，我做错了吗？""天呐，你没见小卡尔不喜欢这样吗？这样他很难受。"

  说着，我解开小卡尔的被子，让他能够自由地活动。这时，柯蒂太太急忙阻止说，"这样做会让他生病的。""你别把孩子冻坏了。"妻子也连忙出言制止。我没有听她们的话，接着，我又往壁炉里多添了几把火。不一会儿，小卡尔不再哭闹了，开始高高兴兴地玩弄起自己的手指来，大家这才舒了一口气。

  大部分人都很疼爱孩子，但是真正懂得疼爱孩子的人并不多。**柯蒂太太很用心地照顾小卡尔，但却把心用错了地方。一个健康的人需要的并非束缚，而是自由。**就算这束缚看起来很舒适，对于一个需要自由的人来说，都是不利于他的健康成长的。

  为了训练小卡尔的胳膊，我经常让孩子抓住我的手指。由于婴儿刚出生时具有一种"把握反射",习惯抓取上方物体后,用力拉起自己的上身。这样,等到两个月大后,这种反射消失时,他的胳膊已经练得相当有力,这也为提前进行爬行训练创造了有利条件。在小卡尔两三周大时,我就让他在光滑的木棍上做悬垂动作。所以,小卡尔长到6周时,就跟4个月的孩子一样大了。从生物学的观点来看,个体的发育成长是人类整体的进化过程的短暂重复。因此,婴儿是可以像猿猴那样悬垂在木棍上的。当然,这个运动因人而宜,勉强不得。我们还经常给小卡尔按摩手脚。这样做好处多多,既发展了他的触觉,又促进其血液循环和肢体的灵活。

此外,我还注意让孩子养成清洁卫生的好习惯。我们每天都给小卡尔洗澡,如果孩子不愿意洗澡,那是因为水温过高或过低。只要水温合适,孩子很高兴地就接受了。从小卡尔一岁时起,我就教他学会洗脸、洗手和刷牙。早晚都要养成刷牙的习惯,并且从小时起就教他用手绢擦鼻涕。**孩子的清洁卫生很重要,尤其是个人习惯的养成更重要,这些都是以后能够具有良好的生活规律的基础。**

越早开发孩子的五官越好

我们知道,人类感知外部世界的生理基础就是听觉、视觉、味觉、嗅觉、触觉等。充分开发孩子的感觉器官,能够有效刺激孩子的大脑,促使大脑的各部分积极活动。**孩子在婴儿时期的感官开发很重要,如果不及时进行挖掘和开发,以后做起来就比较难了。所以,我趁小卡尔还小的时候,就开始训练他的五官(耳、目、口、鼻、皮肤),以便刺激大脑发育。**

在五官开发过程中,婴儿的听力比视力发展得要早,所以,首先要发展耳朵的听的能力。在训练听力时,有一位拥有悦耳歌喉的母亲是相当重要的。小卡尔很幸运,因为她的母亲就是我们当地小有名气的歌者。还在娘胎的时候,他就可以听到母亲那优美动听的民间歌谣。我虽然不会唱歌,但经常给他朗诵诗歌。通过诗歌的节奏、韵律,也可以让孩子感受音乐的美妙,进而训练他的听力。

音乐对于训练孩子的听力很重要。为了培养小卡尔的音乐才能，我专门为儿子买了能发出乐谱上7个音的小钟，分别拴上红、橙、黄等颜色的线头以便直观地区别，同时还可以锻炼孩子色觉的能力。给小卡儿展示这些不同颜色的小钟，一般都在喂奶前醒来的时候，我一边敲钟，一边将钟慢慢地左右移动，以便吸引他的注意力。6个月以后，孩子就能够准确地敲击我给他指定的小钟了。这种方法很有效果，不但让孩子识别了不同的音阶，而且训练了孩子辨别颜色的能力。

眼睛的训练对于孩子智力的开发也很重要。为了刺激小卡尔的视觉，我经常在婴儿床周围摆满了各种颜色的玩具，尤其是具有不同花色的布制小动物。同时，我还时常移动玩具来吸引他的注意。有一个有趣的例子，儿子非常喜欢看用三棱镜映在墙壁上的彩虹，每当他哭时，只要看到彩虹，就会转泪眼为笑脸。

在培养小卡尔的味觉方面，我们给他各种味道的刺激。考虑到糖和盐吃多了对身体不好，我们始终坚持给他吃清淡的食物。这样既可以保持他的感觉灵敏度，又可以避免养成多吃糖和盐的坏习惯。

满月后的小卡尔在床上能够抬起头来了，我就用手推着他的脚丫，这样做可以训练他爬行。俯卧是最适合婴儿的活动姿势，父母一定要让孩子尽早学会爬行才好。婴儿爬行，有利于促进他的颈部肌肉的发育。婴儿的头抬得越高，越有利于他自由地看周围的东西。这样，婴儿受到各种刺激的机会也增多了。接受刺激越多，越有利于孩子大脑的发育，提早变得聪明起来。

当孩子的视觉培养到一定程度，就要开始培养孩子的观察能力了。训练孩子的观察能力，我有一套行之有效的方法。丰富的色彩对培养孩子的观察能力很有帮助。若不从小就开始培养孩子对色彩的感觉，那么以后他对色彩的感觉将会非常迟钝。所以，我给小卡尔买了各种颜色的小球和木片，还有穿着鲜艳服装的布娃娃。我和小卡尔经常用这些玩具做游戏。

还有就是让孩子学会专心注意某些事物，以养成对事物的敏锐的观察力。在小卡尔还很小的时候，我就抱着他在家里四处转悠，教他识别屋中的各种物品，如桌子、椅子等，并告诉他这些物品的名字，重复地念给他听。此外，我还经常和小卡尔玩一种叫"留看"的游戏：每当路过商店的橱窗，我就会问他橱窗中所陈列的物品。当然,儿子能说出的物品越多越好。如果他记住的物品没有应该能记住的多,我就会批评他。那时候,我还在儿子房间的四周挂上了各种名画的摹本,还陈列了大量著名雕刻的仿制品。儿子当时虽然只注意画上的颜色,但过一段时间就慢慢地明白了画里的含义。

孩子都喜欢玩蜡笔。我经常跟小卡尔玩一种我们叫做"颜色竞赛"的游戏。游戏是这样的:从预备好的一张大纸上的任意一点开始,先由我用红色蜡笔画一条有长度的线条,而后,儿子也用红色蜡笔跟着画一条相同长度的平行线。然后,我换一种颜色的蜡笔在他画的红线后再画一条线段,他再跟着我画同样的线段。如此接替轮流地画下去。如果这其中小卡尔画了与我不同颜色的线段,那他就输了比赛,游戏结束。

绘画有利于孩子智力的发育和启迪。那些能在善于绘画的父母的培养下成长的孩子是非常幸福的。虽然我不精通绘画,但还是具备了一定的绘画知识的。我准备了许多美丽的花草和鸟兽的画给小卡尔看,还让他看图文并茂的儿童读物,并经常读给他听里面的内容。每次我读给他听和让他看这些美丽的图片时,他总是能安静地听着。这表明,他尽管什么都还不懂,但已经被我的声音和画的颜色所吸引,往下就有可能发展成为一种兴趣爱好。此外,我还经常把同孩子聊天的内容画出来,有空的时候就拿出来和他一起回顾我们当时的聊天内容,小卡尔经常会有不同的发现。

此外,经常带孩子外出,去感受大自然的色彩也很重要。蓝蓝的天空、绿色的树木、鲜艳的花朵、美丽的原野,还有路过的建筑物的颜色,人们服装的颜色等,这些都能很好地发展他的色彩感觉。

婴儿的注意力不容易集中,我想了个办法,就是通过鲜活的物品教会儿子各种形容词。在儿子出生后的第6周,我买了些红色气球,把它们用短绳扎到他的手腕子上,手一摆动,气球便随着手的上下摆动而摆动。隔一周时间再给他换另一种颜色。通过这一游戏,我便能轻而易举地教给他红的、绿的、圆的、轻的等形容词,而且孩子对这一学习方式也非常乐意。看到这种方法很有效果,我还让儿子手拿贴有砂纸的木片和其他种种物品,教给他粗糙、光滑等形容词。当然,这种教育方式也有一些负面效果,如婴儿往往爱把手上拿的物品往口里放。不过，父母只要多加留心，孩子就不致养成这种习惯。

此外，尽量发挥孩子的手的多种功能，对于培养孩子的观察能力具有重要意义。婴儿认识自己的手也要花费较长的时间。所以，为了让孩子尽早发现自己的手，只有让他的手有事可做才可以达到这个目的。每次当儿子醒来，小手张开的那一刻，我和妻子便赶紧让他用手去抓东西。平时，我们还经常活动儿子的手指，让他抚摸东西和自己拍手掌。我还想办法让孩子注意到我的手，观察我的手的活动，了解手的功能。有时候，我拿着小摇铃摇动，小卡尔也会主动地甩动胳膊，模仿我的动作。在小卡尔八九个月大时，我给他一支蜡笔和一张纸，我也拿着一支蜡笔和一张纸。我在纸上画画，他也在纸上乱画。他其实什么也画不出来，但是他通过观察已经开始发挥手的功能了。

我要特别强调一下，**我对小卡尔进行这样的训练，绝不是强迫他去做什么。孩子是有生命力的，自然要不断地发挥他的潜能**。我只是为了充分挖掘他的各项潜能，而不是白白地浪费掉，才努力进行各种有效的引导。因为实施了这样的教育，所以使儿子总有事干，他不会因无事可做而去咬手指头，也不会因无聊而沮丧，甚至哭泣，相反，他从一开始就向着健康的方向成长。

对孩子的语言教育越早越好

语言是人类特有的能力，既是思维的工具，也是接受知识的工具。**孩子3岁以前，是语言发展的最佳期。对孩子的语言教育越早越好，若能在孩子6岁以前掌握准确的语言，孩子的智力发展就会超出一般儿童的水平**。许多父母总是忽略了对孩子大脑的开发，过分集中于孩子身体的健康成长上。其实，婴儿从小时起就对人的声音和物品的响声非常敏感。注意到这一点，就可以趁早开发孩子的语言能力了。我主张从孩子15天大就开始给他输入词汇信息，并且在孩子刚会辨别事物时就教他说话。

在小卡尔15天大时，我们在他的眼前伸手指头，他看到后就很想捉住手指。刚开始时总是捉不到。有时候捉到了，就把手指放到嘴里吮吸，在这个时候，我就抓住机会，缓慢而清晰地说"手指、手指"这个单词。还有，就是在儿子刚刚有了辨别能力时，我们就拿很多东西给他看，慢慢地清晰地重复东西的名称。小卡尔很快就会叫出一些东西的名称了。只要儿子醒着，我们或者跟他说话，或者轻声给他唱歌，从来不放过任何给他灌输语音的机会。如果我在做事，我也会用亲切的语调告诉他我正在干什么。

据我所知，许多父母在听到孩子说出第一句话的时候都非常激动，但是之后并未对此作一番谨慎的思考。孩子能开口说话就证明孩子真正的学习已经开始，这时，给孩子什么样的信息便是最重要的事。刚开口说话的孩子，他的发音一定要清晰。所以，注意纠正孩子的发音很关键。错误的发音如果形成习惯的话，再纠正就很难了。**在生活当中有许多成年人仍旧说着不标准的词汇或发音不准确，这都是在婴幼儿时期没有得到正确培养的结果。**在孩子醒来的一个小时后再教孩子是比较有效的，因为这个时候孩子的情绪最好。要注意选择时机，同时发音时要跟孩子充分交流，我和他母亲发音时，都让孩子看着我们的脸，当然最好是能够看到嘴的动作。

许多父母都抱怨教孩子语言太不容易了，特别是要想教他标准的发音以及快速记住大量词汇的时候。其实，只要我们掌握了孩子学习语言的规律，找到合适的方法，许多问题都可迎刃而解。**我认为，从"身边的实物开始"是教孩子学习说话和掌握词汇的最好方法。**

在小卡尔稍大一些后，我和妻子经常抱着他看饭桌上的餐具和食物、身体的各个部位、各种衣服、室内的陈设等。总之，看到什么就教什么，也教他动词和形容词等，这样，使他的词汇逐渐丰富起来。孩子来到这个陌生的世界，一切对他来说都很新鲜，我们应该尽早就让他知道这个世界，越早越好。那个时候，只要我出门散步，都带着小卡尔。从家里到村口的教堂，一路上我看到什么就讲什么：高高的树，矮矮的草丛，飞动的鸟儿，粗粗的木栅栏，路灯，楼房，马车，各种花草，各种人，还有忙碌的小蚂蚁……孩子对这一切都很好奇，一出门就咿咿呀呀，指这看那地说话，在这个过程中，孩子的说话能力在逐步提高。

给孩子讲故事和读书，都是开启孩子语言天赋的有效办法。讲故事可以锻炼孩子的记忆力，启发他的想象，扩展知识。传授知识、死死板板地教，孩子不易记住。用讲故事的形式教，孩子就喜欢听，并且容易记住。讲故事不能只让孩子被动地听，应该让他复述，这样才能完全达到讲故事的效果。读书，要选择好书读给孩子听。讲故事和读书不光是讲和读，也可以采取一些其他的形式，比方说表演其中的一些故事和情节，这样就可以让孩子参与进来，效果更佳。小卡尔到五六岁时就能毫不费力地记住3万多个词汇，这即便对一个中学生来说也是一个惊人的数字。

许多父母认为孩子的语言从半截子话学起的，所以他们总是教孩子"咂咂"（乳房）、"丫丫"（脚）、"汪汪"（狗）之类的词汇。我对这种做法感到遗憾和气愤。我反对教给孩子不完整的话和方言。因为这样的语言对孩子的语言发展有害无益。孩子本来是可以学会完整规范的语言的，可是大人却不好好教，这就等于是在浪费孩子宝贵的时间。学校的教师用在纠正学生已经养成的毛病上所花的时间比起教他们新的知识所花的时间要多得多。能正确运用语言意味着能正确地思考。如果让孩子从小就使用似是而非的语言，那么孩子的大脑思维就是糊涂的，不利索的。但是，有些父母竟以孩子发出的错音、说出的错话为乐，这是极其愚蠢和错误的。

小卡尔出生以后，我就尽可能地对他说准确而漂亮的德语，不仅包括规范的语言而且还有能够更好表达的谚语、俗语。俗语与我们的生活密切联系，有其鲜活性和灵活性，教孩子俗语也是让他感受生活的一种方式。我绝对不会教给儿子不完整的话。我和妻子总是反复地教小卡尔的发音，有时也故意犯错，让他主动地纠正我们的错误，这样就更加激发了他学习标准德语的兴趣。

要想有清楚的头脑，首先必须有明确的词汇。为此，作为父母不能仅停留在孩子式的表现方法上，而是教他逐步了解和使用复杂的措词，并且要达到生动准确，绝对不能含糊的水平。这方面父母以及孩子周围的人一定要以身作则，力求达到标准发音，规范语法，准确用词。所以，我不仅对妻子，对女仆和男仆都严禁他们说方言和土话。因为儿子与仆人们的接触非常频繁，易受他们的影响。方言和土语在读音上与标准语言差别甚大，而且在语法上也不够规范、标准。小孩子很容易受到不良影响，从而给学习标准语言带来一定的障碍。所以，给孩子营造一个良好的语言环境非常重要。

我家里原来有一个为我服务了几十年的老仆人，我对他非常尊重与依赖，他一辈子都说土语，一下子很难改口说标准德语。其实，他说标准德语不仅说不好，而且总说得不伦不类。当时，小卡尔正值学习语言的关键时期，为了不给孩子造成不良影响，我很难为情地让这位老仆退休回家了。每次想起他我都很伤心难过，但小卡尔的语言成绩的突出让我觉得一切的牺牲都是值得的。

教孩子语言时，语法不是最重要的也没有必要。通过听和说才是有效的办法。小孩子都喜欢说话，总是把学到的单词反复地说着玩。我经常利用孩子的这种倾向，把小卡尔能理解的趣味故事，用简单易懂、清晰流畅的语言编辑成小短文，以便他学习记诵。这样做的效果很好，他总是很快就能够掌握。后来，我将这些短文翻译成其他语言，他也能很快记住。

一切以培养孩子的记忆力、想象力和创造力为目的

父母要尽早开发孩子的记忆力、想象力和创造力。不管是对孩子五官的开发，还是教孩子语言的能力，都是为了这个目的。孩子今后成功与否，跟这三方面都有重大的关系。但是不能机械地教，一定要灵活多变。

一位科学家说过：一切智慧的根源在于记忆。婴儿时期，每天给孩子重复输入相同的词汇，不断地刺激孩子大脑里的词汇库，可以促使孩子的记忆力迅速发展。我教小卡尔时，起初用讲故事的方法，后来就把它们编成纸牌，采用游

戏的方式教。有时我们还一起读一本有趣的书，并且要求他写出内容梗概。

小卡尔自己也很用功，很小的时候就尝试将所学的东西写成更容易记忆的韵文。小卡尔8岁那年，我用骸骨教他生理学，他趁我外出旅行之机，就用韵文写下了已记住的骨、肌肉和内脏的名称。这让我大为惊奇。历史知识的教育，我多采用演出戏剧的形式，这样记起来就容易多了，不像学校的历史课，完全照搬年代表，毫无趣味，难怪学生都不好好学。

贝鲁泰斯曾说过："想象是人生的肉，若没有想象，人生只不过是一堆骸骨。"幸福很大程度上都是想象的结果。不会想象的人是不懂得真正的幸福的。想象对于任何人都是必要的。不仅成人的生活需要想象，孩子的世界更需要想象。同样是眺望天空的星星，懂得神话的孩子的感触与不懂神话的孩子就完全不一样。因此，我反对从家庭里撵走圣诞老人和仙女，这就如同撵走伴侣和抛弃玩具一样，对孩子来说太残酷了。再说，孩子之所以懂得爱惜动植物，基本道德的习得，远大理想的树立，都是受传说和儿歌影响的。所以要从小就开发孩子的想象力。据我观察，凡是年幼时充分发展了想象力的人，当他遭到不幸时也会感到幸福；当他陷于贫困时也会感到快活。所以说，世界上最不幸的人就是不善于想象的人。

为了培养和发展小卡尔的想象力，我不仅向他讲述已有的传说和儿歌，还讲述自编的故事，进而让他自己讲述自编的故事，并鼓励他把故事写成文章。我还和儿子各交了一个想象的朋友。当只有我们两个人的时候就请出两个想象的朋友，这样成了四个人，玩起来就更有趣味。正是因为有另一想象的朋友在，儿子一个人的时候从来不感到无聊、苦恼。

在培养孩子的创造力方面，我建议培养孩子多动手、多思考、多提问的能力。父母一定要很有耐心地解答孩子提出的任何问题。如果发现孩子聚精会神地玩什么东西，一定要及时地予以夸奖，因为他没有扔掉那东西，就说明他在思考了。有时，可以和孩子一起玩，启发他用不同的方式去玩。

在小卡尔2岁时，妻子每天像上课一样讲故事给他听。为了吸引小家伙听下去，妻子像报纸上的连载小说那样，每当讲到"且听下回分解"的地方就不再讲了，而是让小卡尔自己去想象下面的故事情节。他过后总是会冥思苦想。妻子在下一次讲故事前，先听孩子说，如果儿子自己猜中了，我们就高兴地欢呼；如果儿子没猜中，他母亲就夸奖说："哎呀，我儿子编得比书里还精彩啊！"这种方法非常有利于孩子创造力的培养。

有的父母为了收拾屋子，往往不打招呼就破坏了孩子辛苦搭建起来的城市、宫殿，这对孩子来说实在是太残酷了，因为他们无情地摧毁了孩子的精神世界。再进一步说，这样做不仅毁坏了孩子的幸福和游戏的欢乐，而且还阻碍了孩子成才的可能性。**在教育孩子的过程中，父母往往不经意间就将孩子的天赋扼杀在了摇篮里，往往就因为这种轻率的举动。**

第四章
教育孩子要掌握正确的方法

教育孩子的真正目的，就是要启迪他的智慧，使他能够对身边和社会上发生的事情保持敏锐的观察和洞悉，从而明辨事理，判断善恶，分析好坏。人类的未来理想，绝不是像亚当和夏娃那样，仅仅满足于伊甸园的幸福生活，却不知道自己裸露着身体。

从游戏中唤起孩子的兴趣

一般从婴儿期就开始教育的孩子，总会显得比同龄的孩子更聪明。

不管教什么，我们都不能强迫孩子去学习，这是我主张的教育法的重要原则之一。首先，**我们做父母的必须努力唤起孩子学习的兴趣**。只有当孩子产生了兴趣，学习起来才能取得事半功倍的效果。根据动物学家的研究，游戏是动物的本能，动物训练下一代的技能都是在游戏中进行的，人类也不例外。所以，用游戏的方式进行教育是唤起孩子兴趣的最好办法。

在小卡尔满6个月时，我就在他的房间四壁大约一米高的地方贴上厚厚的白纸，白纸上贴上用红纸剪下的文字和数字。在白纸的另一块地方，有秩序地贴上简单的单词，如：猫、狗、帽子、席子、桌子、椅子等日常用语中的名词。同时，在其他地方贴上简单的阿拉伯数字和简谱图。因为婴儿的听觉比视觉要敏感一些，我决定先从让小卡尔听ABC开始教。我给他指字母ABC的同时，妻子就将这些字母唱给儿子听。6个月大的小卡尔像听耳边风似的，没有什么过多的感觉。但我们不放弃，坚持天天给他听，给他看，最后还是奏效了。字母的印象深深地印在了小卡尔的脑海里，这样他在后来学习认字时就非常轻松。

教孩子认字的时候，我也采取了同样的方法。

为了能够唤起小卡尔识字的兴趣，我花了好多心思。我给他买来很多儿童书和画册，用生动的语言讲给他听，并且用一些像"如果你能认字，这些书你都能明白"之类的带鼓励的话去激发他幼小的心灵。有时，我故意对他说："这个画上的故事非常有趣，可爸爸现在很忙，没时间讲给你听。"这样反而激发起了儿子一定要识字的想法和心愿。待到他有了这种强烈的认字欲望以后，我觉得时机已经成熟了，于是就开始教他识字。

我买来大幅的德语字母印刷体铅字和阿拉伯数字各十套，再把这些字都贴到一个小板上，准备以游戏的形式教小卡尔认字。首先，让他看画册上猫的画，同时教猫这个词的拼法，然后指着墙壁上的词，反复发猫的音给他听。接着从文字盒中选出组成这个词的所有字母，用这些字母拼写出猫这个词。我和小卡尔都把这当成是一个游戏。在小卡尔学习的过程中，我会经常鼓励他，让他适当地休息，以便有时间消化、巩固所学到的知识。

我还专门制作了配有图片的识字卡片，并且把这些卡片贴在家里的各个角落，这样，小卡尔就可以经常看到，从而加深印象。如何利用这些卡片更重要。我们常常用这些卡片和小卡尔做游戏、编故事。每次出外的时候，我们看到什么就要儿子说出该怎么念，怎么拼。这些方法很有效，儿子认识的字也就越来越多了。

如何教孩子学外语

教给孩子多种语言，有利于孩子正确地理解词义和进行思考。我并不满足于小卡尔的语言、识字教育的成功，早已决定让他尽可能早地为学习一门主要外语打下良好的基础。小卡尔在 8 岁时就已经能够读德国、法国、意大利、希腊、罗马等各国文学家的作品了，这需要正确的教育方法，以及不失时机地给予恰当的引导。

在掌握了本国语言之后，遵循先易后难的原则，我打算让小卡尔先学习相近的外国语。小卡尔 6 岁时，我就开始教他学法语，那时他已经能用德语自由地阅读了。只花了一年的时间，卡尔就能自由阅读各种法文书籍了。当然，他之所以学得这样快，首先还是因为他的德语知识非常丰富。小卡尔学完法语后，他仅仅用 6 个月的时间就学会了意大利语。这时，我认为我可以教他拉丁语了。

我的这套做法跟学校的外语教学不同。学校里一般都规定学习外国语必须首先从拉丁语学起。我觉得这样做过于勉强,只有从与德语最相近的法语开始学起才是合乎逻辑的。学拉丁语对于一个十几岁的孩子来说都是相当难的,更别说小卡尔那么小的年纪了。所以,我是做了充分的准备以后才开始教他的。

在正式开始教之前,为了刺激小卡尔学习拉丁语的兴趣,我给他讲了威吉尔的《艾丽绮斯》的内容情节、优美文法等。我对他说,如果要想成为一个卓越的学者,就一定要学好拉丁语。这样,儿子的好胜心和兴趣都被激发起来了。在他7岁时,我常常带他去参加莱比锡音乐会。有一次他看着节目单说:"爸爸,这既不是法语也不是意大利语,这是拉丁语。"我抓住机会,接着启发他:"不错,那么你想想看,它是什么意思。"小卡尔从法语和意大利语类推,基本明白了大意,我给予了肯定。他高兴地说:"爸爸,如果拉丁语这么容易,我很想早点学。"时机成熟了,小卡尔只用9个月的时间就学会了拉丁语。

之后,小卡尔用3个月的时间学会了英语,又用6个月的时间学会了希腊语。小卡尔学希腊语的整个过程基本上就是一个阅读巨著的过程。在用我做的卡片背诵了一些常见单词之后,他就开始译读。同教授其他几种语言一样,我并不系统地讲授语法,只是随时教他必要的知识。当我工作的时候,我让儿子坐在自己桌子的旁边学习。当时德国只有希腊拉丁辞典,没有希德词典。有时候虽然很忙,在保证工作的同时,我对儿子的提问都是很耐心地予以解答。

一般来说,人们都害怕学外语,更别说要学会6国语言了。为什么小卡尔8岁就能够掌握呢?我在教授孩子外语的过程中总结出了一些经验。

用"耳朵"学外语

以拉丁语为例,拉丁语是学生的一项重要基本功,要想以后做研究就离不了它。我认为有必要尽早开始给孩子打好学习拉丁语的基础。在小卡尔的摇篮时期,我就开始教他拉丁语了。

你们一定认为我的说法前后矛盾,同时也奇怪我如何能够教一个躺在摇篮里,除了吃和睡以外,什么也不懂的婴儿。其实很简单,就是让他听,因为婴儿善于用耳而不善于用眼。每当孩子睡醒以后情绪比较好的时候,我就用清晰而缓慢的语调对小卡尔朗诵威吉尔的《艾丽绮斯》,他非常喜欢,每每听着听着就安然入睡了。因为有这样好的基础，所以在以后他学习拉丁语时就感到很轻松。

学生们讨厌学习拉丁语，完全是因为学校的教育方法。那种用图表和规则教拉丁语的机械方法是应该受到批判的。学校教拉丁语的弊病是，学过拉丁语的人只会看不会说。

勤练习比死记硬背好

对成人来说，以语法为纲来学习外语是有效的，但我从来不系统地教授语法，因为即使教给孩子语法，孩子也不会懂的。孩子学习外语，必须采用"与其背不如练"的方法。因为任何一个孩子都是用这样的方法学会了本国语言。

教语言时，我总是先教些诗歌，因为通俗易懂的诗歌最易于记忆。这样，通过记诵诗歌使孩子熟悉这种语言的感觉。掌握了一些基本的东西后，我就要求儿子运用到日常生活中来。会话、阅读都是很重要的手段。遇上不懂的单词时，我就让他自己去查辞典。后来查辞典的次数越来越少，就表明他已经掌握了那种语言。

我还鼓励儿子通过信件的方式结交外国的小朋友。这一方面刺激了他对这些国家的兴趣，另一方面也让他更加兴致勃勃地研究起他们的地理和风俗习惯。就在通信的一来一往中，儿子的外国语长进了不少。

同一个故事，用不同的语言去读

我注意到小卡尔很乐意反复多次地听相同的一个故事，于是，我在教儿子外语时，就让他读同一个故事的不同语言版本。这一方法行之有效，他将各种语言融会贯通，学习起来又轻松又快捷。

搞清楚一个词的来龙去脉

弄清词源对于学好外语是很有益的。为此，我让小卡尔从小就弄清词源，并做了好几本笔记。比如为了记住某一个拉丁语单词，我就让他去查阅由此产生出了哪些现代词，并把结果记在笔记本上。这样，他不仅学会了那个拉丁语单词，而且记住了由此派生的其他现代词汇，同时还对语言的发展规律也有了直观的认识，可谓是一箭多雕呀。

游戏的方法最有效

我要着重提醒父母们，孩子学习语言的能力是惊人的，关键在于我们是否运用了最有效的教学方法。我认为最有效的办法是在学习中与孩子做各种游戏。在小卡尔刚学会说英语时，我就把"您早"这句话用13国语言教他，他很快就学会了。每天早起，我让他对着代表13个国家的13个玩具娃娃，用各国的语言说"您早"。我还和他做各种语言游戏，比如讲故事、说歌谣、猜谜语、比赛组词造句、编动作说谚语、编故事等。这些游戏对学习外语都很有帮助。

何时教孩子写字

有了拼音的基础就可以开始教孩子写字了。孩子具有模仿的天性，他们做什么都要模仿大人。我抓住小卡尔模仿我用笔的时机，开始教他写字。

小卡尔第一次表现出想学写字的欲望时是3岁多的时候。有一天，我正在书房里写一份关于教区工作的报告，小卡尔也来到了书房里。他安静地背对着我，趴在一张小凳子上专心地摆弄着什么。原来，他手里拿着一根小木棍在一张废纸上"写字"！我问他："宝贝，你想学写字吗？"

"当然想啦！"小卡尔兴奋地回答道。

"来，爸爸教你写字。"我说道。

说着，我便给了小卡尔一支木炭笔，并教他写自己的名字。开始时，小卡尔显得笨手笨脚的，根本无法正确握笔，也不能写好笔画。在我的耐心讲解和鼓励下，他终于能够歪歪斜斜地写出自己的名字了。后来自己觉得写的不错了，他就拿给他的母亲看。虽然不太好，母亲还是大大地赞扬了他一番。母亲的赞扬坚定了他练习写字的决心。

那几天，小卡尔学习写字的情绪很高，闹着要我教他更多的字，并要求我给他钢笔，因为我用的是钢笔。为了使他保持学习的热情，我满足了他的要求，给了他一支钢笔。钢笔比铅笔用起来麻烦多了。小卡尔时常将墨水弄得满手、满脸都是，有时甚至还会打翻墨水瓶。但我不在乎，继续耐心地教他写字。经过一段时间的努力，他终于能够灵活使用钢笔了，而且他的字迹也很清晰流畅。

从小卡尔刚会写一些简单的句子开始，我就要求他写日记，一天一记。从4岁开始，他就养成了记日记的习惯。不能出去玩的时候，他就拿出日记本，津津有味地读着，很享受过去的记忆。

说到这里，我想说几句题外话。**其实在抚育孩子时，父母自己更应当记日记。父母可以记下和孩子在一起的美好时光，同时可以记录孩子成长和发育的每一个重要时刻。**比如，教了孩子一个什么新词，孩子开始使用一个什么新词，孩子对什么感兴趣，孩子的表现如何，我们对孩子进行了哪些奖罚，孩子做出了哪些聪明的事情，孩子学到了哪些知识等，这些都是要记录的内容。这样便于有效地进行教育，做到有的放矢。记日记还可使父母保持热心和坚韧不拔的精神，并督促父母落实他们自己教育孩子的计划。有些父母嫌麻烦，其实，这一点也不麻烦。相反，记录孩子的成长过程是一件非常有趣的事情。通过对孩子一天天的成长记录，也能更好地让自己品味到这种天伦之乐。再说，这也是留给孩子的一笔财富，让他们在教育下一代的时候有所借鉴。

培养孩子多方面的兴趣

大家不要以为小卡尔的生活是单调乏味的，除了学习，还是学习。事实并非如此。小卡尔的生活是丰富多彩的，因为我一直注意培养他多方面的兴趣。

第一次读到的书决定了一个人对书籍的品味，而且，一个人在幼年时期读的书往往能左右这个人的一生。在卡尔拥有了一定的词汇储备后，我便引导他养成读书的习惯，并且让他感到读书是一件愉快有趣的事。鉴于小卡尔的阅读能力，我尽量选择一些对他来说不是很难并且有意义的书籍。我想尽办法引导小卡尔去喜欢读书。孩子们最喜欢听人讲故事，尤其是年龄较小的孩子。给孩子讲故事不仅能丰富孩子的知识，而且能够引导孩子去看更多的书。在给孩子讲故事的时候，我总是做到栩栩如生，绘声绘色。小卡尔听得如痴如醉，常常也禁不住跟着我手舞足蹈起来。但每当我讲到最有趣的地方时，我就打住，引导他自己去翻书，去体会读书的乐趣。

小卡尔还有音乐方面的兴趣。让孩子接触音乐是很重要的。记得歌德说过："为了不失去神给予我们对美的感觉，必须天天听点音乐，天天朗诵一点诗，天天看点画。"有人说，喜欢唱歌的人比不会唱歌的人活得时间长。这是有一定道理的。唱歌的人的心情总是快活的。如果孩子总是不开心，那就让他接受音乐的熏陶，教他唱歌吧。

不是每个人都能够成为音乐家、歌唱家。但是，一个完全不懂音乐的人则绝不是幸福的，最起码我们要会欣赏音乐。没有任何艺术的生活，就如同荒野一样。有的人认为，教孩子学音乐是在浪费时间，因为他不想让孩子成为音乐家。这种看法是错误的。**为了使孩子的一生幸福，生活内容丰富多彩，父母有义务使他们具有文学、音乐等艺术方面的修养。**

我从小就开始培养小卡尔的音乐观念。前面已经说过，在儿子出生后不久，我就买来能发出不同音阶的小钟敲给他听，并让妻子唱给他听。到儿子学会 ABC 的读法后，我便用做游戏的办法教他乐谱的读法。具体的玩法是，把东西藏起来让他找，我用吉他的声音来提示他，他离东西的远近，高音表示远了，低音表示近了。这样就使游戏变得更加充满欢乐色彩，同时也训练了孩子的听力。

一般来说，小孩子对节奏都很感兴趣，我就从这方面开始训练。我从孩子一出生就在他耳边拍手打出节拍让他听。后来，又买来小鼓和木琴，教他按照拍子敲打。我指着墙上的乐谱，让他按乐谱拨响琴弦。过了一段时间，小卡尔已经能用吉他单音弹奏简单的曲调了。趁热打铁，我继续鼓励他练习一些和声及技巧。后来我为他专门聘请了一名吉他教师。

在学习和欣赏的过程中，小卡尔很快便熟练掌握了小提琴和吉他这两种乐器的演奏方法。后来他又学会了钢琴。这位教师常常和小卡尔一起演奏吉他与小提琴的合奏曲目。师生两人的配合非常完美，很多时候都够得上专业水准了。不仅如此，小卡尔还在教师的帮助下尝试自己编曲，虽然那不是真正的作曲，但对一个小孩子来说就意义非凡了。我至今还保留着小卡尔自己创作的那些曲子，每当看到它们时，我总会想起童年时的那个快乐可爱的小卡尔。

我要强调的是，我们应该培养孩子对音乐的感觉，引导他去发现音乐中的神秘之美。而不是像现在许多音乐教师那样只注重教技巧，让孩子像个机器一样练习。

在大自然中培养孩子的兴趣

人们总是带有偏见，认为小卡尔的生活除了坐在书桌前面，其他的什么也不会。小卡尔会外语，懂得很多知识，也会演奏乐器，除此之外，他还会干什么呢？他就是一个学究式的早熟孩子。事实并非如此。人们并不了解小卡尔的生活。

其实，小卡尔坐在书桌前的时间比任何一个孩子都少，他大部分时间都是在玩耍和进行体育锻炼。他健康快乐又活泼可爱。小卡尔的知识是多方面的，除了学习几门外语之外，他还轻松顺利地学习了植物学、动物学、物理学、化学、数学等。

小卡尔三四岁的时候，我每天早晨在饭前都带他出去散步。这种散步不只是随便的溜达。我会想尽一切办法和他谈一些有趣的话题。他的思维很活跃，想象力也特别丰富，能够接上我的话茬，天南海北地聊天。我们一会儿到了印度和中国，一会儿逆尼罗河而上去发现宝藏，一会儿到白皑皑的北极探险，一会儿又在郁郁葱葱的锡兰森林中玩耍。有时候，我们还追溯到几千年以前，与斯巴达人一起攻打特罗伊城；或是坐上奥德修斯的船，漂泊在不知道名字的海洋上；或是跟随亚历山大的军队远征西洋。在散步中，小卡尔学到了许多地理与历史知识。

我们时常在长满各种植物的山间小道上行走。这个时候，我就会顺手掐起一朵野花，叫小卡尔一起来研究它。我一边解剖花朵，一边向他讲解花瓣、花蕊、花粉等植物学方面的知识。有时逮住一只蚱蜢，我们父子俩就一起研究起来，蚱蜢的身体结构是怎样的，它的习性如何，它的繁殖能力等都是我跟他讨论的问题。我认为，通过大自然中活生生的花花草草和小动物等来对孩子进行教育，比学校里那些机械枯燥的动植物课程要有趣得多了。

我们要相信，自然界的任何生物都可以随时随地成为教育孩子的素材，自然界中的一切都可以是孩子学习的对象。大自然是世界上最好的"老师"，从它那里我们能够学到丰富的知识。可惜的是，大多数的父母和孩子并没有意识到大自然的妙处，没有向这位"老师"虚心地请教。

一到节假日，我就会带着小卡尔到田野里去玩。一朵花，一棵草，一块岩石都是我们观察的对象。我们还爬到树上监视小鸟的窝，注意树枝上小虫的活动等。通过这些自然界的实物，我向儿子讲述各种有意思的故事。这些故事往往融汇了天文学、动物学、矿物学、物理学、化学、地质学、植物学等各个科学领域。小卡尔非常喜欢植物，采集了很多标本，他还学会了使用显微镜观察各种实物。同时，他写了大量的与之相关的极其有趣的散文。

有一天，我捉了一只青虫让小卡尔观察。他一见到这个蠕动的家伙，就显得非常害怕。他说这是一种可怕而令人恶心的动物。但是，当我给他仔细地讲述了青虫的生长规律之后，他得知美丽的蝴蝶正是由这种丑陋的昆虫变化而来时就开始接受这只青虫了。通过这件事，他还写了一篇名为《美丽从哪里来》的童话故事。在故事中，他描述了一只小青虫在没有变成蝴蝶之前受到的冷嘲热讽。可当它变成美丽的蝴蝶之后，所有的动物都表示尊重和羡慕。更重要的是，在故事写完之后，他还若有所思地对我说："人和小动物的遭遇是一样的。一个人在一无所有的时候就会被别人瞧不起，遭受他人的冷眼；一旦他取得成功，别人又会纷纷地表示赞扬和尊重。"

看到小卡尔能写出这样的文章,并且能说出这样的话,我感到非常的高兴和自豪。因为在这个过程中,他不仅学到了自然常识,而且能够通过它来观察人类社会,体悟人生。

孩子的不良行为让许多父母很是发愁。**在我看来,孩子不良行为的形成原因是孩子无处释放他的旺盛精力。这种精力的浪费其实非常可惜。我的建议是让孩子去大自然中玩耍,接触大自然。**这样,既能使孩子的身体健壮,而且他们的精神也能积极向上。尤其对于城市里的孩子来说,远离大自然,很少呼吸新鲜空气,使得孩子们情绪低落或性格孤僻。接近大自然对孩子来说是大有裨益的。

所以,我在教育孩子的时候,就尽量让他多与大自然亲近。平时在家时,我就安排他设计园艺,种植花草和马铃薯等。小卡尔很乐意去做这些事,每天按时给它们浇水、锄草,记录它们的生长情况。我每年夏天都会带他到附近的森林里住上一阵子。孩子能从森林里学到比教科书上多得多的知识。晴天的时候,我就和小卡尔一起在林中嬉戏,观察各种动植物。我还教给他歌颂自然的诗。想想看,在户外,呼吸着新鲜的空气,立足于青青的大草地上,朗诵着古人的诗,那是件多么令人愉悦的事情呀。

小卡尔还亲自喂养了两只金丝雀,并分别给它们起了名字。他和金丝雀玩各种游戏:它们能随着小提琴鸣叫,又能站在手掌上舞蹈;小卡尔弹吉他时,它们就站在他的肩上;它们还能服从小卡尔的命令做出闭眼和翻书页的动作。另外,小卡尔还饲养了小狗和小猫。饲养这些动物时,不但培养了他专注的精神,而且还培养了他高度的责任心和慈爱之心。

填鸭式的教育要不得

教育孩子,我绝不使用那种填鸭式的教育,而且我对这种教育方式极为反感。一股脑儿地给孩子灌输知识,孩子的感知系统会疲劳,不能够真正理解所接受的那些大量抽象的原理与公式。这样的教育方式,不仅会让孩子精神萎靡不振，而且还学不到任何知识。通过这样的教育方式培养出来的孩子，只是一个死板、机械的知识接收器。我不能把小卡尔培养成这样的人。

我教育孩子时注重的是首先唤起孩子的兴趣，然后再根据他的兴趣制订恰当的教育计划。从这一点上来说，我几乎很少对儿子进行系统性的教育。我不会告诉他这是植物学的问题，那是动物学的问题等，也不会照本宣科地给他教授基本知识。孩子有他自己的学习习惯，我们不能强逼他们学习。在散步时，只要小卡尔对某种事物感兴趣，我就教给他与之相关的知识。因此，在以后读到相关专业领域的书籍时，他会很容易理解那里面所讲的内容。

比如，对孩子地理知识的教育，一定要让他身临其境地考察一番才好，这样首先有一个直观的感觉。我经常带小卡尔去村子周边散步，让他注意观察周边地形的变化、地貌的差异、河流的走向和森林的分布等。我们几乎走完了方圆几百里的区域，以便能够有一个全面的了解。小卡尔很喜欢这种既可以去外边玩耍，又可以学到许多知识的活动。每次出去都是兴高采烈的，晚上回到家后，就迫不及待地把一天的见闻讲给他的母亲听，用词都相当的准确，对地理方位的把握也很精准。后来经过我们一段时间的实地勘察，以及更大范围的开拓视野之后，小卡尔就可以画出周边的缩略图了。经过进一步的修改和实地勘察，五岁的小卡尔终于绘制了他人生中的第一幅地图，它是那么精准。我们把它镶上镜框挂在了客厅，看到它的人都无不交口称赞。这以后，小卡尔便养成了绘制地图的习惯。

在这样的教育方式下，小卡尔学得很快，在学会了一些动物学、植物学和地理学的基本知识后，又逐渐地扩展到数学、化学和物理学等领域。在接触天文学方面的知识之前，我让小卡尔看了很多关于天文的神话书，还带他去天文台，用望远镜观测天体。此外，我还让他结交了一些天文学者。在朋友们的鼓励下，小卡尔对天文学越来越感兴趣。

住在海梅泽堡的塞肯得罗夫伯爵对小卡尔的帮助很大。塞肯得罗夫伯爵既是个贵族，又是个了不起的学者，拥有一颗高尚的心灵。塞肯得罗夫伯爵爱才如命，他纯粹是因为仰慕我儿子的神奇才华才帮助他的。他把小卡尔叫到自己家里，用自己的望远镜亲自教他。伯爵是一个爱好学问的人，他家里有天文学、物理学和化学等方面的各种器械，藏书也相当丰富。他慷慨地让小卡尔使用这些器械，并且让他阅读各种书籍。

对于流星、慧星等自然现象，孩子们总是充满好奇和幻想的，小卡尔也不例外。有一次，小卡尔从伯爵那儿回来时兴奋地对我说："爸爸，今天我看到流星雨了！"他说流星雨太漂亮了，有点像节日里的焰火，但比任何一种焰火都要壮丽。这让我想起了自己以前看到流星雨时的激动。我又听小卡尔描述所看到的太阳、月亮以及各种恒星和行星。小卡尔天真地问我："大自然是多么美妙神奇啊，为什么呢？"我告诉他，因为那是上帝的杰作，人类在自然面前永远是渺小的。我们所掌握的知识都是来自大自然，所以我们要向大自然学习。小卡尔听后更加坚定了向大自然学习的决心。

要认真对待孩子的提问

人们一般都错误地认为孩子小时候只知道玩耍，所以都不重视小孩子的教育。其实，从两三岁起，小孩子的理性思维就开始发育了。生活中，小孩子经常向大人们问问题就是最为明显的特征。这些问题千奇百怪，各式各样，这是小孩子开始思考世界的萌芽。有些父母对孩子的问题很不耐烦，也不认真地回答他们的提问，大多都是随随便便地敷衍过去，并不给予细心的解释；或者是权威武断地命令孩子，让孩子无条件接受自己的观点。这样的做法都是错误的。这不仅错过了孩子接受知识的良好时机，更为重要的是，这样的做法压抑了孩子理性精神的萌芽。在这一点上，为人父母的我们要时刻反省自己，保持和孩子平等的沟通和交流。

我的一位表兄的孩子经常缠着父亲问这问那的，作为父亲的他并没有把孩子的奇思异想放在眼里，总是随便说点什么应付他。面对一些孩子提出的疑问时，他总是说："你问这么多干什么？快去玩你的吧，别来烦我。"

有一次，孩子问他："爸爸，为什么太阳和月亮都是从东边升起而从西边落下去呢？"父亲说："问这个干什么？它们本来就是这样的。"孩子又问，他就不耐烦了，对孩子吼道："没有什么原因，它们就是那样的。你没事管这么多做什么？"孩子很想知道这背后的原因，可是父亲的态度让他再也不敢问了。从此以后，这个孩子不再向父亲问问题了，只是常常独自一人坐在椅子上发呆。

生活中发生这样的事情，其实是很悲哀的。

如果，我们的教育是一种催眠术式的教育，它给孩子们实施所谓消极的幻觉暗示，让他们对事物都熟视无睹，那将多么可怕。所以，我们的教育要避免使孩子陷入到这种消极的幻觉状态中。

教育孩子的真正目的，就是要启迪他的智慧，使他能够对身边和社会上发生的事情保持敏锐的观察和洞悉，从而明辨事理，判断善恶，分析好坏。人类的未来理想，绝不是像亚当和夏娃那样，仅仅满足于伊甸园的幸福生活，却不知道自己裸露着身体。

要做到这一点，就必须重视孩子最初对世界的探索，积极回应他们的每一个问题。同时，父母还应该注意一个问题，那就是不能以权威来压抑孩子的天性。

孩子既不能受清规戒律的束缚，也不应受到权威的压抑。受到权威的压抑，孩子的辨别能力就会萎缩。如果没有辨别能力，也就谈不上有独特见解和首创精神。不仅如此，它还会形成孩子病态地接受暗示的心理。久而久之，在权威压抑环境中成长的孩子，他们在精神上就会产生种种缺陷。所以说，为了培养孩子的辨别能力，不论在教育中还是在行为指导上，都不能用不准反驳的权威去压抑他们。

要知道，父母是人而不是神。父母们常犯的错误，就是当孩子问出一个他们答不上来的问题时，为了保住面子，随便给出一个错误的答案，甚至以大声呵斥孩子来掩饰自己的尴尬。我从不这样做。

当儿子提出问题时，我会先给予鼓励，并耐心地作答，绝不欺骗儿子。在教育上，我觉得再没有比教给幼儿错误的东西更可恶的了，这个错误可能会影响孩子的一生，因为最初的印象往往是最深刻的。所以，在对儿子的教育中，我坚持竭力排斥那些不合理的和似是而非的知识。在给儿子解答问题时，我考虑的不是我的说明难不难懂，而是充分考虑到孩子在现有的知识与思维能力下，是否能完全加以接受。因为父母如果随便给一个过于深奥的答案，孩子不能理解，结果仍然解不开心中的疑团，他们会一直不停地追问下去，很多父母就是这样被问烦的。

我从不认为由于我比儿子懂得多，就有资格在他面前充当权威。当儿子问到我自己也不懂的问题时，我会向他承认。比如，有一次儿子问到我天文学方面的问题，我就干脆老实地回答说："这个爸爸也不懂。"于是我们两个人就一起翻书，或者去图书馆查阅资料，一起把那个问题弄懂。并且我还向儿子表示感谢："如果不是你今天提问，爸爸至今也没弄懂这个问题呢。所以你以后要多多提问，我们一起来学习知识。"在这样的鼓励下，儿子的问题果然源源不绝。

等到儿子再大一点，懂得的知识更多一点时，他再提出问题，我不再立刻给出答案，而是让他先思考一下，让他自己去找出答案来。如果儿子给出的答案和我的不同，我也并不会一口否定，而是帮他分析，找出错误。有时候我会说："其实你的答案也有道理，也许是爸爸错了，我们去看看书上是怎么说的吧。"

在整个教育的过程中，我都坚持将自己放在与儿子平等的地位上，从而也给儿子灌输了不迷信权威、追求真理的精神。

如何教孩子学数学

在培养小卡尔的过程中，我发现他对数学最为感兴趣。数学不像是植物学、动物学、地理学，可以到大自然和游戏中去具体地感知，它是一门依靠自己的思维能力的纯抽象的学科。孩子们都爱玩好动，对于抽象的学科难免不感兴趣。

小卡尔刚开始也不喜欢数学。很早的时候，通过买卖的游戏，小卡尔就学会了数数。但是要教他乘法口诀时，他却怎么也产生不了兴趣。就算我把口诀编成了歌词，唱给他听，他都不想学。我开始担心了。5岁的小卡尔通晓3国语言，具备动物学、植物学、地理学等方面的知识，历史、神话和文学方面的修养可以与中学生比肩，但是，他对数学不感兴趣，是不是他开始偏科了呢？为此，我很是苦恼。我可不想把孩子培养成一个偏才，我的目的是培养孩子全面发展，让他在成才的同时感受到真正的幸福。片面发展的人不是一个幸福的人。既然孩子不想学，那我也就不会去强逼他死记硬背乘法口诀了。否则，这容易给孩子的成长造成不良的影响。

这个苦恼直到遇到罗森布鲁姆教授才最终得到解除。罗森布鲁姆教授是一位数学教授，也是格拉彼茨牧师的朋友，他教数学很有一套。那次，我去看望格拉彼茨牧师的时候，在他家里有幸遇到了罗森布鲁姆教授。我向他诉说了培养孩子的苦恼后，他一针见血地指出："**孩子对数学不感兴趣，不是因为孩子偏科，而是因为你的教法不对，你不能有趣地教孩子学数学**。您自己很喜欢语言学、文学、历史和音乐，教起来就很有趣味，教授动物学、植物学和地理学你也很有一套，所以孩子很乐意去学。可是，由于你自己不喜欢数学，所以就不能有趣味地教，孩子自然也就不能很好地学习了。"后来这位教授教给我一些教数学的方法。

教授的建议是首先让孩子对数学产生兴趣。例如，各自抓一把豆子或是纽扣，数数看谁的多；或者吃完葡萄等水果之后，数数它们的种子有多少；或者在厨房剥豌豆时，数数不同豆荚里的豌豆的数量。玩过一段时间后，我们就把豆和钮扣分成每两个为一组，然后分成两组或是三组，或者以三个为一组，分成三组或四组。这样分组之后，我们再数数总数是多少，记下结果。然后把它们做成乘法口诀表。这样一来，小卡尔很容易就掌握了乘法口诀。

此外，我和小卡尔经常一起玩掷骰子的游戏。刚开始的时候是拿两个骰子来玩，计算每次抛出的点数之和。玩过几把之后，总计看谁的数字大。这样的游戏，对小卡尔来说都很有吸引力，他非常喜欢这类游戏。之后我再逐渐增加骰子的数量。罗森布鲁姆教授让我注意每次玩游戏不要超过一刻钟，因为所有数学游戏都很费脑力，每次超过一刻钟就会感到疲劳。

教孩子数学时我还注重使他灵活应用数学知识。为此，我经常和他玩商店买卖的游戏。"商品"各按其长短、数量、重量计算，价格是实际的价格，我们购买所用的货币也是真的。我和妻子到小卡尔经营的"商店"买东西，我们一手交钱，小卡尔一手交货，并找零。用货币交付，儿子也按价格表进行运算，并找给我们零钱。

罗森布鲁姆教授的办法很有效果，不久，小卡尔就对数学产生了浓厚的兴趣。从算术开始，到代数、几何，一路学习下来，小卡尔变得一发不可收拾，他已经深深地爱上了数学。

学习用功不会损害神经

传统的教育观点认为过度的学习会损害孩子的神经，不利于孩子健康发育成长。那些旧教育的卫道士们诬蔑我的教育观念，认为我的教育观念于孩子的教育百害而无一利。前面的章节我反复地强调孩子学习兴趣的重要性，就是为了证明有兴趣的学习并不会对孩子的发育产生不良的影响，更是为了用具有说服力的事实来说明这对孩子的身心健康并非有害，反而有益。

在我看来，学习用功过度就会损害神经的观念是一种迷信。多年的教育经验告诉我，只要有兴趣地、积极主动地学习，再用功也不会损害神经。我们今天实行的教育，对学生来说是强制性的、毫无趣味可言的。在错失教育孩子的最佳时机之后，盲目地、填鸭式地给孩子灌输乱七八糟的知识，这导致孩子厌学并不奇怪。这种旧的教育方法才有害孩子的健康发展！

现行的教育给孩子的发展造成了怎样的伤害呢？我想举米斯卡维诺教育孩子的例子来说明。他是一个极力反对我的教育观念的人。作为一名小学教师，他在小卡尔未出世时就嘲笑和诬蔑我的教育观点，认为我这是异想天开。我和他的思维方式全然不同，我不必去为这个辩解。我认为，如果没有独立的见解、没有创新的精神，一味地遵循旧的观念，那么一切的努力都是白费心机。让我们来看看米斯卡维诺是怎样教育孩子的吧。

有一次，米斯卡维诺邀请我参观他儿子的书房，他显得很得意。进入书房，那里面的景象让我惊呆了。书桌上满是书本，四周堆满了历史、地理学、生物学、物理学，还有关于本国语、各种外语的书籍等，孩子坐在那里读书仿佛是一只被关在笼里的小鸟。米斯卡维诺得意洋洋地夸耀说："从刚懂事起到现在，我的儿子从来没有离开过书房。"不到5岁的孩子，每天的学习时间是10个小时，真是可怜！他在父亲的强行逼迫下，拼命地去啃那些深奥的书本。本来学习多方面的知识是很好的出发点，但是如此的教育方式则太不科学了。这个孩子脸色苍白，面无血色，眼睛中流露出空洞而迷茫的神色。我问了一些问题，不出我所料，孩子的回答很糟糕，他的思维混乱，没有头绪，显然是照本宣科、死记硬背下来的答案。

很明显，这个孩子在某些方面已经不健康了。这点任何一个理智的明眼人都看得出来。小卡尔上大学后，我还听说这个孩子的智力仍然没有得到良好的发展。米斯卡维诺的努力显然是失败的。是否对孩子的发育有害，其实并不取决于孩子学习用功的强度如何，而是取决于是否感兴趣。对于米斯卡维诺的儿子来说，学习是一种压力、是一种任务，学习于他而言便成了一种痛苦和负担。对于小卡尔来说，学习就是玩，是一种很有趣味的游戏，所以用功学习也就不觉得累了，反而是更加带劲。如此的不同结果，就是情理之中的事情了。

幼年时期的良好基础是以后学习成长的阶梯。我认为，只要从两三岁起就培养孩子对各种知识的兴趣，孩子便能够积极主动地学习。假以时日，到他们10岁左右，就可以拥有不亚于优秀大学毕业生的能力。这样的学习并不会耽误身体的健康发育，精神上也不会出问题。这些都是我的实践之谈，绝不是胡诌。

其实，这样的教育方式也是很经济的。现行的教育，在学生和老师身上花费了太多的时间和金钱。如果孩子在10岁左右就能够有一个大学毕业生的能力的话，这难道不是非常经济吗？而现实是，我们的孩子在小学初中就学习了8年，毕业后却不能很好地完成一般的读写。当然，经济账不是首要考虑的，我惋惜的是这样的教育无情地摧毁了孩子身上的潜能。

在亲身体验中培养孩子的学习热情

局限于书本知识，会让一个人变得鼠目寸光，没有创新性的见解。如果仅仅停留在书本，不将知识与生活联系起来，那么就不可能充分掌握学到的知识。书呆子式的人物在这个世界上不可能有所作为。所以，**我尽可能地让孩子在生活中学习知识。**除了教孩子书本上的知识以外，我还利用一切机会来丰富儿子的知识。生活中的趣闻轶事和所见所感都是知识的来源。卡尔的幼年学习，总是伴随着各种各样的亲身体验。从某个方面讲，正是在这种亲身体验、接触实物的过程中，小卡尔对学习总是保持着极大的热情。

有一次，小卡尔读了伽利略"两个铁球同时落地"的故事，就表示质疑地问我："爸爸，两个不同重量的铁球真的是同时落地的吗？这怎么可能呢？应该是重的先落地才对啊？"这就是小卡尔与众不同的地方，他从来都不轻信书本，跟一般的小孩盲从书本不同，他具有独立思考的能力。我准备和他一起做实验来验证这个结论的真伪。人们会以为我太宠孩子了，伽利略的原理不用说都是实验证明了的，没有必要再和小孩子一起做。我却不以为然。做完实验后，小卡尔很好奇为什么会这样，于是他铁了心钻研"两个铁球同时落地"的原理。物理学枯燥乏味，可小卡尔却看得津津有味。

在小卡尔长到2岁以后，我去哪里都带上他，让他接触外面的不同的人和事。**通过接触身份各异的各阶层人士，很好地培养了小卡尔的社交能力。这使得他以后没有社交恐惧感，不怕与人交谈。**因为我见过一些非常有学问的人，但是因为缺乏经验，在社交场合上总是显得惊慌失措，有失大体。小卡尔出名后，他必须参加一些正式场合，与贵族、王公大臣，甚至国王打交道，他的表现都非常得体，给别人留下了非常好的第一印象。

见人是一方面，见物是另一方面。几乎附近所有的动物园、博物馆、美术馆、植物园、工厂、矿山、保育院和医院等我都带小卡尔去过。一般是，小卡尔先通过阅读了解，再去实地参观，直接感知和书本知识相结合。参观的时候，小家伙的问题就特别的多，我总是耐心地解释，不会随随便便地错过这个教育的好时机的。参观结束回来，我还让孩子详细叙述所见所闻，有时就让他去向母亲汇报一下。在这个要求之下，每次参观，小卡尔都是很认真、很仔细地准备、听讲、观察，能学到记住的东西就有很多。

3岁以后，我就带小卡尔四处旅游，饱览各地风土人情，领略不同的乡风民俗。等到5岁的时候，小卡尔已经到过了德国几乎所有的大城市。那个时候，6岁的小卡尔俨然是洛赫附近见识最为广博的孩子，有些大人的见识都不及他。他们经常来找小卡尔问地理历史方面的问题，或是地方的逸闻趣事。后来，小卡尔写了一本自己的游记，人们看了都很感兴趣。

对于带孩子去旅游这件事，有些人并不赞同，认为这是浪费，这是徒劳，还幸灾乐祸地说我这样铺张浪费导致了后来连小卡尔上大学的钱都没有攒下来。但是我要说，虽然我只是一个收入微薄的穷牧师，但为了满足儿子的求知欲望和追求真理的精神，培养他学习的热情，我认为这一切都是值得的，就算节衣缩食，我也从不后悔，决不吝惜体力和金钱。为了让孩子知道魔术的秘密，我不惜重金请来魔术师展示；孩子对大海心神向往，我就带他到地中海，并讲述世界地理。

教育孩子，我一直深信"百闻不如一见"的道理。根据我的经验，行万里路远远胜于读万卷书，现实世界就是一本巨大的书，它教给我们的要比我们从纸质书本上学到的更多、更精彩、更有用。

"玩"出智慧

通过对小卡尔的教育，我发现对于孩子来说，玩不仅仅是兴趣，更重要的是在玩的过程中可以很好地开发孩子的智力。

和孩子玩这些智力游戏，一定要从他的角度考虑，不能急于求成。如果做一些超出孩子能力范围的事情，往往是得不偿失的。如果孩子在游戏中表现出某种超强的能力，父母应该及时增加游戏难度，继续稳步向前发展。如果孩子表现欠佳，父母也不用着急，只要想办法给予他更多的鼓励和关心，积极开发他的兴趣,让孩子在游戏的成功中体会到快乐,并且不断进步就可以了。

我给小卡尔设计的游戏一般都是比较浅显易懂的,语言明白简单,游戏设定中经常选择儿子熟悉的事物,从而使得游戏玩起来更具体、更生动,也就更加有利于孩子去把握知识。有时候,我还让他自己设计一些小实验,尝试从中发现一些东西。

我们应该根据孩子的年龄特征和个人能力来设计智力游戏,游戏的难度要适中,不能太简单也不能太难,否则就达不到游戏的训练目的。一般来说,先采用具体实物跟动作相联系的方法,然后随着孩子年龄的增长逐步加深内容,提高难度,这就需要孩子自己经过一定的努力才能完成,更有利于他智力的发展。这个过程中,我从不主张拿一些怪异的、生僻的问题来考孩子,因为那样做没有任何意义。

前面说过,我从小就通过各种游戏来培养小卡尔的观察力、注意力、记忆力。**在这些游戏当中,我尽量把知识融入孩子的游戏之中,这样孩子就更容易学习知识。**

我认为,在孩子成长的过程中,不管是从智力上来说,还是从心理上来说,观察力都具有重要的意义。观察力的好坏,直接影响到孩子智力的发育发展。为了培养儿子敏锐的观察力,我时常和他玩一个名叫"什么不见了"或"什么又来了"的游戏。我先让卡尔看清楚桌子上或盘子里放的东西,尽力记住它们。然后,让他闭眼,我来取走其中一件物品或是往里面再放入新的物品。等他睁眼后,让他说什么不见了,或者多了什么。记得有一次,我在他闭上眼后既没有取走也没有添加任何物品,而只是调换了物品的位置。这下倒迷惑了他,他知道我做了手脚,但又很奇怪到底我增加了什么或减少了什么。当我告诉他真相后,他很生气,认为是我欺骗了他。我告诉他这样做并不违背游戏的宗旨,没有观察到变化就是输了,可他还是很不服气。之后,小卡尔变得聪明了,他不仅记住物品的数量和外观,还观察物品之间的位置和次序。如此训练,大大地提高了他的观察能力,培养了他对于外界事物的敏锐感受。令人惊讶的是,只要看一眼天空中飞过的一群鸟,他就能够准确地说出总共有多少只。

此外,我还经常带他去参加各种活动,让他体验外部世界,通过感官和肢体来接触更多的人和事物，让他养成善于观察的习惯。重要的是，我在游戏中加强对孩子语言的引导，从而鼓励他学会用语言分析自己的感知，这有效地提高了他的观察力。

孩子都很喜欢玩游戏，只要游戏的趣味性强，内容丰富，孩子就会一心一意地完成，但如果没有多大趣味，活动枯燥乏味，那么孩子的注意力就不容易集中。注意力的集中和分散，对孩子的发展至关重要。漫不经心、注意力不集中的孩子以后很难取得大的成就。所以，我非常重视培养小卡尔的注意力，为此，我尽我所能地让游戏变得生动有趣，以便集中他的注意力。

游戏过程中，孩子记忆力的培养也很重要。记忆在孩子心理发展过程中有着举足轻重的作用。孩子是通过记忆去感知过去经验的，这样就在大脑中留下一些印象，从而促进心理的成熟。记忆力的差异主要表现在准确性、持久性、记忆速度、准备性和灵活性上。记忆还对孩子的个性、情感、意志等的培养和发展具有重要意义。

为了培养小卡尔的记忆力，我费了好大一番工夫。不但游戏的材料很丰富，而且游戏的内容也是相当具体、生动和形象。通过这些材料，小卡尔能够想起过去的事物，重复几次后，他就能准确完整地记住一切了。此外，因为形象与语言的关系在孩子的头脑中十分密切，我就时常运用语言描述行为和实物以便唤醒他的记忆。

在和孩子的游戏过程中，除了培养他的观察力、注意力、记忆力以外，培养他的想象力和创造力也是非常重要的。当一个孩子开始懂得玩耍时，他的创造力和想象力就已经开始形成了。

一般情况下，都是小卡尔自己选择他喜欢的主题、材料。游戏以模仿为基础，也可以发散思维，驰骋想象力，进行有意义的创造活动。游戏中，我让儿子充分发挥自己的主动性，自己构思主题、安排情节、分配角色、制订规则，自己实施完成。这有效地提高了孩子的创造能力和解决问题的能力。有时，我会和他一起想办法，出主意，相互协作。这样对孩子的合作协调能力也有很大的促进作用。

小卡尔很喜欢玩一种叫"搭房子"的游戏。在游戏中，他渐渐认识到了前后左右的空间维度，逐渐形成了高矮、长短、厚薄、轻重、大小等观念。动手之前，孩子先要在脑子里面有个大致的形象，有时，我还利用现成的模型、图画加深他头脑中的建筑形象。所以，这也有利于发展孩子的形象思维。在这个过程中，不但锻炼了孩子的手和脑，还让他学会了有计划、有步骤地进行设计，这既让孩子有了成就感，也给他的生活增添了无穷的乐趣。

我坚持认为，应该从小就培养孩子的各种能力。有些人以为像创造力这样的能力是孩子长大了以后才会逐渐具有的一种能力，这完全就是一个谬论。

第五章
培养孩子明辨是非善恶的能力

教育孩子，我们不能隐瞒社会上那些肮脏的、丑陋的事情，更不能让他们活在虚幻的美好世界里，否则就是欺骗，就是自欺欺人，这将直接导致孩子麻木不仁，世界上没有比这更加残酷的了。

要明辨事物，不能只看到表面

时下最为流行的观点是，教育孩子要把学习知识放在首位，学习知识就是儿童教育的全部。这种观点不仅是肤浅的，而且是片面的。我认为，**光靠学习知识是远远不够的。即使一个孩子通过学习掌握了大量的知识，但如果他并没有具备分辨事物的能力，那么这些知识毫无用处。**

我一直有个观点，即如果一个孩子没有敏锐的辨别事物的能力，那么他再怎么用功，读的书再多，也只不过是一个知识的储备库。换句话说，这只是将知识储存在大脑里，就算很丰富，也只是一堆无法利用的废物。

我有个相识多年的朋友，他是一个非常有名的历史学专家。但在我看来，这位德高望重的历史学家并不真的懂历史。因为他只知道储备历史知识，关于历史事件和年代他谈起来如数家珍，但除此之外什么都不明白。"不明白"的意思就是说他根本没有对历史作出判断和反思的能力。这样的历史学家有何用呢？他的价值在哪里呢？

对于小卡尔，我在教授他知识的同时，总是把培养他的辨别能力放在首位。因为我很清楚不这样做的后果。

记得有次我邀请一位主教顺道来我家做客，4岁的小卡尔一见到这位主教就喜欢上了他，缠着他问这问那的，主教也很随和地跟他聊天。晚饭后，我邀请主教留宿一晚，女佣已经为主教收拾好客房了。或许主教是嫌弃我们简陋的客房，他皱了一下眉头，有点为难地说："这里很不错。不过，我还是回城里的市长家住吧。"说着，主教就走向门口。小卡尔这时叫住了他，说："先生，我们很欢迎您留下来住啊。"主教对他笑了笑，坚持要走。

主教走后，小卡尔很不理解，我解释说可能是他嫌我们这里简陋才离开的。小卡尔天真地说："可是，你不是说牧师都是安贫乐道的吗？"我摸着小卡尔的头，笑着说："孩子，不是每个牧师都能做到这一点的。我和他虽然都是牧师，但是我们并不相同。我们是'同行不同道'啊。"

小卡尔还是迷惑不解地望着我。我继续解释道，这世界上的人各不相同，有善恶之分，那些不同的人时刻都在我们身边出现，要做出正确的区分是不容易的，就比如我的职业，并不是每个牧师都能够按照上帝的旨意行事的。

小卡尔很认真地说："爸爸，我懂了。这就是您说的'同行不同道'。真正的牧师是像您这样的，而不是像那位主教那样的。"

听到小卡尔这样说，我并没有表态，只是微微一笑。我明白，在小卡尔那颗幼小的心灵上，已经长出了辨别事物能力的萌芽。

要分清善恶好坏，不能盲目乐观

乐观主义者们认为，今天的社会是一个美好和谐的理想社会，没有饥饿，没有战争，父母们带着孩子在草地上野餐，享受周末的慵懒和自由，犹如童话般美丽幸福。但是，我们不能盲目乐观。任何人都不能对生活中存在的缺憾和瑕疵熟视无睹。

叔本华说过："只要真正看看世上的痛苦和悲惨，谁都会感到寒心的。"虽然人们谴责他的厌世主义，但是他依然是一位了不起的哲学家。我在这里并不是宣传厌世主义，也不是像人们说的那样让小孩子生活在阴影之下。其实，我是想让孩子明白，世界上除去他们看到的美丽阳光外还有丑陋的阴影。我并非是想让小卡尔变成阴暗之人，而是要让他不仅学会正视这些阴暗的东西，并且要勇敢地面对生活中的阴暗面。

有一次，我们和邻居约好了一块去纽曼河附近野餐。我们这里的风俗是春天来临时都会不约而同地去纽曼河边散步游玩。平时总是忙于工作，很少有时间带小卡尔出去野餐。听到这个消息，小卡尔高兴坏了。就在我们刚刚坐好，准备开始野餐时，走来一个胖乎乎的中年男人，他边走边打招呼。这人叫米斯泰勒，是我们这一带很"有名"的人，可以说是臭名昭著。小卡尔懂事地给这位满脸堆笑的客人让座，米斯泰勒笑眯眯地说了一声"谢谢"。他正要坐下来时，邻居伍德里莱先生大声喝道："滚开，你这个讨厌的家伙！"大家都惊呆了，尤其是小卡尔。

这时，米斯泰勒只好悻悻地离开了，边走边笑着说："干吗那么凶呀！我只是坐坐而已。"米斯泰勒走后，我发现小卡尔不高兴了，生气地瞪着伍德里莱先生。我笑着说："卡尔，你是不是觉得伍德里莱先生不对呀？"小卡尔没好气地说："当然啦！他为什么这样对待客人？"

伍德里莱先生说："他算哪门子的客人？这种人令我恶心！"

我便给小卡尔讲米斯泰勒的事，他是个游手好闲、不务正业的懒汉，整日无所事事，四处混吃混喝，向人借的钱从来不还。小卡尔听了以后，半信半疑地说："可我看他不像那种人，他人挺好的，总比某些人强。"说着，小卡尔还瞟了一眼伍德里莱先生。伍德里莱先生知道小卡尔对他的做法感到不满，也说："卡尔，你还小，好多事情你不懂。我虽然看起来凶狠狠的，但并不是坏人。"小卡尔并没有搭理他，一副不以为然的样子。

这个时候，我就耐下性子给小卡尔解释其中的道理："卡尔，这个世界并不像表面上看起来的那么美好。人是很复杂的，有的人外表很漂亮，态度很和蔼，但他不一定就是好人；有的人面露凶相，性格粗犷，态度恶劣，但他不一定就是坏人。你应该学会怎样辨别人的善恶好坏。"

"爸爸，您不是说这世界上的大多数人都是好人吗？"小卡尔不理解。

我笑着说："嗯，是这样的。但是，你不要忘了，阳光之下总会有阴影，千万不能忽视这个阴影啊。"

小卡尔不说话了，低着头，吃着东西。过了一会儿，他忽然说道："我懂了！虽然今天春光无限，风和日丽，但是也有令人讨厌的阴影，就是刚才来的那个人！"

助人要谨慎

我们一般都认为，助人为乐是一种美德。但是，对于哪些人值得我们去帮，哪些人不值得我们去帮这个问题就比较难回答了。然而，仁慈的上帝知道应该如何回答。什么是仁慈，什么是善，大部人并不清楚。

生活中发生的善事还少吗？有的人倾其所有帮助别人，但却没有得到应有的回报，他的善心被别人利用了。原因很简单，他们没有分析辨别受惠者是否值得帮忙。盲目地帮助别人的人善良有余，分辨不足。

小卡尔拥有一颗善良的心，他懂得理解别人、体贴别人、关心别人。对于我，他非常理解我的工作；对于母亲，他感恩她为他的成长所做的一切；对于佣人们，他也倍加关心，经常帮助他们做些家务。

有段时间我发现一向节约的小卡尔用钱特别快，我知道这里面一定有原因。我找了一个恰当的时机问他："卡尔，你最近买过新文具吗？"小卡尔回答道："没有。"我相信小卡尔的话，因为他是一个诚实的孩子，从来不会撒谎。我也就不再追问了，毕竟这是他支配个人财钱的自由。但到晚饭时他还是告诉了我事情的真相。原来他把大部分零花钱借给了一名叫柯兰迪的男孩。这个柯兰迪是一个农夫的儿子，比卡尔大3岁。小卡尔说他们家很穷，经常吃了上顿没下顿的，于是就帮助他们。小卡尔告诉我柯兰迪借钱之后没有改善家里的生活，也没有买学习用品，却是拿去赌博了，他许诺说等赢钱了一定还给他。

这本应是件好事，可是并不简单。据我所知，这个农夫酗酒，懒惰成性。他的儿子柯兰迪受家境影响，也渐渐变成了一个无所事事、慵懒的孩子，没有一点上进心。这样的孩子不值得小卡尔去帮助他。但小卡尔听了我的劝告，他还辩解说："柯兰迪去赌钱也是迫于无奈，这都是为了帮衬家用啊。我相信他的诺言。我知道赌博不好，但我理解他的做法。"

小卡尔还不知道他自己错在哪里了，我继续和他讲道："第一，赌博不好，性质相当恶劣，柯兰迪用你借给他的钱去赌，那么你就是变相地参与了赌博；第二，柯兰迪会还钱的诺言是假的，这只是他骗你钱的借口，再说，他永远也不会赢钱；第三，拿借来的钱去赌博的人根本就不值得帮助，因为这种想通过赌博来赚钱的人是没有前途的。"

小卡尔说是我经常告诉他要助人为乐的。我说："助人为乐是值得赞扬的，但是我们要知道，帮助人可以有很多种帮法，并不一定要资助钱财，更何况那些人是不值得我们去帮助的。此外，**我们要看清身边的人，了解他们与你交往的目的。把握别人的意图在人际交往中非常重要**，长大后你就会明白了。"

这种处世道理对于小卡尔来说不容易理解，但是自此以后他再也不借钱给柯兰迪了。等到小卡尔长大成人，经历丰富了许多之后，也就很自然地理解了。他在念大学时写的家书中说过他的一条为人处世的原则，即"不向他人借钱，也不借钱给他人"。

有人以为对小孩子讲成人的道理会玷污他们幼小纯洁的心灵，其实，并不是这样的。我认为，教孩子分清黑白，辨别事理，要比那些只是洁身自好而愚蠢至极的人好得多。

这个世界并不是看上去的那么美好

尽管让孩子保持一颗纯洁的心灵很重要，但我还是主张要让孩子了解生活的现实，这样才能更好更早地把孩子引向"善"。很少有人告诉孩子，什么是真正的善，更没有人教孩子去分辨善恶。但是，如果不知道恶，如何才能行善呢？

教育孩子，我们不能隐瞒社会上那些肮脏、丑陋的事情，更不能让他们活在虚幻的美好世界里。否则就是欺骗，就是自欺欺人，这将直接导致孩子麻木不仁，这对于他们是非常残酷的事情。

小孩子都喜欢那些看起来和蔼可亲、满脸堆笑的人，但是现实中，那些拐卖儿童的人贩子不就是这副嘴脸吗？要向孩子戳穿这些假象，让他们明白世界那丑恶的另一面，对于单纯的孩子来说是很残酷的。他们不会理解，为什么一个看起来挺"好"的人就成了大坏蛋呢？反之，要让他们相信一个面相丑陋的人是好人也不容易。不管怎样，必须让孩子知道事情的真相，这既是为人父母的责任，也是所有教育机构的责任。

有一天，我和小卡尔在集市上买好多东西后正准备离开时，他很出神地看着路边几个年轻人，说他们很有风度。我看了一眼之后，问他为什么这样说，他告诉我因为他们穿着华丽，还戴着礼帽，很有绅士风度。小卡尔很容易就被这些人的外表吸引了，小孩子的弱点就在这里，很单纯。据我所知，那几个人根本算不上绅士，更不是什么有教养的人，只不过是集市上的小混混而已。这种情况下，好多父母不会去过多地解释，只是带孩子离开而已。但我觉得，有必要让小卡尔看清他们的真面目。

我对卡尔说："要不我们跟上他们，看看他们在做些什么，他们是不是所谓的绅士吧。"跟着走了几步，那几个年轻人就原形毕露了，开始偷货摊上的东西，不管是苹果，还是肥皂，他们尽其所能地作为。小卡尔小声对我说："爸爸，原来他们是小偷。"我笑了笑，对他说："怎么样，这下你看清楚了吧。"小卡尔纳闷了："为什么啊？他们看上去都好像很有钱的样子。"

我开导他说："这就是我经常教育你要善于分辨善恶、区分好坏的原因啊。孩子，你要记住，很多时候你看到的不一定就是真的，一定要懂得分辨。"小卡尔摇摇头表示不理解地说："人怎么这么复杂啊？"

要让孩子了解这个世界的真相，对他来说，实在是件很残酷的事情。但是，我认为这是必要的，也是必须的，这是有益于孩子将来成长的。

第六章
教孩子为人处世的道理

培养孩子的成人化素质是教育孩子的一个重要前提。虽然孩子还小，但是总有一天会长大，他们最终还是要面对社会，面对生活。在我看来，如果一个孩子不懂得与人交往相处，就算他很聪明，那也是"孤家寡人"一般的神童，这种孩子在将来也不会有所作为。局限于自己的知识范围，而不懂得与人交流，他的知识就不能很好地发挥施展出来，只会是闭门造车的书呆子。

轻信容易受伤

  我们的传统教育观点是,好孩子就是指听话的孩子,老老实实,循规蹈矩。这样的好孩子长大后,才能够遵守社会规范,成就一番作为。但是,我认为这样的教育观点并不能令人满意。其实,教育孩子老实不老实并不重要,重要的是要把孩子培养成一个聪明的人。**听话老实不一定就能够处理好复杂的社会关系,不一定就能够符合社会的规范和需要。**

  我们不能像有些父母那样,告诉孩子这是一个美好的世界,并且让孩子坚信这一点。这是在给孩子灌迷魂汤,表面上是对孩子好,其实并不利于孩子身心的健康发展。让孩子从小就尽信身边的一切人和事,没有分辨地接受一切,这样教育出来的孩子是不能够成就一番事业的。我坚信,轻信让孩子变得愚蠢,轻信让孩子变得无能。

  一次我离家去外地办事,一个星期后才回来。那天回家时,小卡尔一听到马车的声响就知道是我回来了,早早地在门口等我。他兴奋极了,这次的短暂分离让他十分想念我。他见我下车,就冲上来要扑到我的怀里,可是我躲开了。他重重地摔在了地上。妻子在一旁说我太过分了。当时,4岁的小卡尔并没有哭,爬起来不解地看了看我,扭头就要往屋里跑。我叫住他,笑着对他说:"孩子,爸爸和你开玩笑呢,只是想让你明白一个道理。"小卡尔生气地说:"有什么玩笑好开?这是什么道理?"我对他说:"我是想告诉你,不要轻信任何人,就连你的父亲也不能例外。"小卡儿不解。我继续说:"我知道,爸爸是你最信任的人。但是等到你长大了以后,平日里对你好的人并不会在任何时候都对你好，关心你，就像我刚才那样，也会出现例外的。"

4岁的小卡尔并不理解我这样的行为，但是在他心里，这件事情一定印象深刻。这个印象，在以后的日子里，我想是给他带来了不少的收获的，否则，他不会像现在这样在哪方面都那么优秀。他成长了，变成了一个聪明的人。

学会善于表达自己的感激之情

我是一个不拘小节的人，作为牧师没有多少钱财，所以，我们生活上一直不是很富裕。我一直有一种难以言表的心情。追求财富，过衣食无忧的日子，是每个人的愿望。尽管我也努力去做好，但是生活总有缺憾。我想让我的孩子在将来的生活中能够过得更好，从他出生之时起我就发誓要让他的生活没有遗憾。作为上帝的使者，对我来说，现在的生活已经够了。但是，这对于小卡尔来说还不够，他需要得到的更多。

我年轻时不拘小节，不理会礼节习俗，这让我深有感触。虽然我也获得了别人的尊重，但如果我多注意一些，也许会获得更多的。16岁那年，我得到过一个伯爵的帮助，我心里非常感激，但是从来没有表达出来，我想没有这个必要把对人家的感激挂在嘴边。后来我们之间产生了隔阂，原因是伯爵夫人那边不高兴了。我从来都没有给他们送过礼物，甚至连句感激的话都没有说过。失去了伯爵的帮助，我的代价是可想而知的。但最重要的是我失去了一个重视我、关心我的朋友。

小卡尔在这方面很像我，从来都是不拘小节。但是我告诉自己，他不能这样。我决定改变他。

梅泽堡公立中学的校长福兰兹先生很看重小卡尔的才华，并且把他推荐给各界贵胄，这对小卡尔以后的发展奠定了一定的基础。对于福兰兹先生的厚爱，我一直心存感激。可由于平时私交甚少，我一直没有登门道谢。有次，正好有事去梅泽堡，我便带着小卡尔去拜访他。去之前我问小卡尔买点什么礼物，他问道："为什么要带礼物呢？"我告诉他："带礼物是表示对别人的尊敬，也是表达对人的感激之情的一种方式。"小卡尔不屑地说："爸爸，这样做太形式了，太俗了。把对别人的感激留在心里才好啊。"小卡尔说在阅读中他知道那些成就大事的人都是不拘小节的人，没有本事的人才去送礼。小卡尔有这样的想法很自然，因为好多书中都是这样讲的。但是书本毕竟是书本，距离现实很远。我要教小卡尔与人相处的道理。于是我给他讲了我年轻时的经历。小卡尔听到那个伯爵的事后，还嚷嚷着对那个伯爵很有意见，说他是个小气的人。

小孩子是很难明白这个道理的。我耐心地进一步教导他："伯爵是个很和蔼的好人，不能说他小气的。这个事情之所以有这样的结局，都是因为我的缘故，我没有顾及他人的感受。今天的事情也一样，就算伯爵不介意，可是他的家人就不一定了啊。人心难测，我们要谨慎处理与他人的关系，否则，将来会吃亏的。"

虽然小卡尔不太明白，但是我们还是准备了一份礼物去拜访福兰兹。福兰兹先生收到礼物后，很高兴地夸小卡尔细心、周到。小卡尔回来后问我："福兰兹先生那么高兴，难道他真的很在乎给他送礼物吗？"我告诉他："先生在乎的不是你送的礼物，而是你对他的感激之情。"

现在的家长教育孩子，往往注意培养孩子的纯洁心灵，却忽略了社会教育，这是不全面的。**在我看来，应该让孩子尽早接触社会，接触不同的人，让他们了解人与人之间的相互关系，这与其他方面的教育一样重要，不能置之不顾。**

让孩子明白鼓励和表扬他人的魔力

及时得到他人的承认和鼓励，往往有利于更好地完成一件事情。我经常表扬小卡尔，目的就是为了让他更好地成才。同时，我也教他学会鼓励和表扬他人，这样就可以得到他人的帮助，完成更多更好的事情。

有个孩子叫爱伦维茨，他是小卡尔经常一起玩耍的伙伴之一。他比小卡尔大些，但有些方面却不如小卡尔。这不是说他是一个笨小孩，而是说他的家庭教育没有小卡尔充分罢了。有次小卡尔想搭建一座大城堡，就请他过来一起帮忙。可是他总是笨手笨脚，反而经常帮倒忙。为此，小卡尔非常气恼。他不小心把一根柱子给弄垮了，这时候小卡尔终于发火了，嚷道："笨死了！我刚刚塔好的柱子，就这样被你毁掉了。"爱伦维茨很难过，不好意思再往城堡上添砖加瓦了。这下小卡尔只好放弃了当天的施工任务。在饭桌上，我告诉小卡尔这样做很不好，责备他人只会让你失去他人的帮助，变成孤家寡人，你应该鼓励爱伦维茨，一起完成这项工程。小卡尔不解地问道："难道鼓励就可以解决他笨手笨脚的问题吗？"我告诉他："爱伦维茨之所以笨手笨脚，就是因为没有自信心，你再对他发火，不满意他的表现，他哪会有自信心呢？你要适当地给予他鼓励和表扬，他一定会做得很好的。不信，你就试试看。"

第二天，小卡尔为昨天的事情向爱伦维茨道了歉，并表示再也不对他发火了。两人又一起开始搭建城堡了。这次，小卡尔听取了我的建议，对爱伦维茨的工作表示了肯定，还不时地夸奖他，效果相当好。爱伦维茨出色地完成了任务。小卡尔事后对我说，表扬的力量真是不可小觑啊。我告诉小卡尔，人人都需要得到别人的肯定和表扬，这正是我们不遗余力地干活所期望得到的。在以后的生活中，你也要**不失时机地表扬和鼓励他人，这既是对他人工作的尊重，也有利于你更好地完成自己的事情**。一句简单的话就可以改变事情的结局，何乐而不为呢？

这件事情以后，小卡尔学会了尊重他人，鼓励他人，再也不随便指责别人了，同时，他也得到了他人的尊重和帮助。

要注意坚持真理的方法

好多父母都想让孩子成为一个好人，成为能够坚持真理的人。但是他们不知道，坚持真理也是需要有智慧的。**拥有一个机智灵活的头脑，是我们坚持真理的前提。**让孩子明白这个道理要比教会他们任何真理更重要，对他们的人生必将大有益处。

我们这一带有个叫里德因奇的博学之士，颇有才华，尤其喜欢给孩子讲故事。有一次他来我们家做客，孩子们都很高兴，因为又能听到他讲有趣的故事和独到的见解了。小卡尔叫邻居家的小朋友一起来听。里德因奇终于开始讲了，孩子们围在餐桌四周，静静地听着。从历史到地理，再到文艺，他侃侃而谈着，就连坐在一旁的我也听得津津有味。但在谈及音乐的时候，他犯了一个常识性的错误。他说："德国是一个诞生音乐家的圣地，大师级的人物更是不胜枚举。巴赫、贝多芬、莫扎特，还有帕格尼尼等人，他们都是伟大的音乐家。"

我们知道帕格尼尼是意大利人，我想这是他的口误罢了。可等他话音刚落，小卡尔就指出了这个错误。他大声地说："里德因奇先生，帕格尼尼是意大利人。"

听卡尔这样说，里德因奇的脸色变得很难看。我使眼色让小卡尔不要再说了。但是，他很认真地又接着说："帕格尼尼是一个伟大的音乐家，这是正确的，但是他不是德国人。一听他的这个名字就知道了。"里德因奇很是尴尬，小卡尔的直接一点也没给他台阶下。他气愤地说："看来，我在这里简直就是浪费口水，完全是多余的。"说着就推门而去。这个饱学之士的脾气就是这么古怪，任我在后面如何劝阻也是无济于事。

事后，小卡尔不理解地问我："爸爸，是我说错了吗？"我说："孩子，你没有错,但是你的表达方式欠妥当。你当众指出他的错误,这样太不给他面子了。你没看见他的脸一阵青一阵紫的啊?"小卡尔还是不解地说:"但是我说的是事实啊,这并不是嘲笑他啊。"我说:"你啊,不了解他是一个什么样的人。里德因奇先生是个高傲的人,你让他当众出丑了。"小卡尔说:"难道为了给他面子,就可以不顾事实真理吗?"我告诉他你应该注意一下你的表达方式,如果在私下里指出他的错误,他就不会恼怒了,说不定他会很感激你的。小卡尔问我为什么,我继续说道:"那是因为你既坚持了真理,又考虑到了他的颜面。要知道,坚持真理是需要智慧的。"

有效维护个人的合法权益

培养孩子的成人化素质是教育孩子的一个重要前提。虽然孩子还小,但是总有一天会长大,他们最终还是要面对社会,面对生活。

一天,在吃晚饭时,小卡尔兴奋地告诉我他这几天都在做一件值得称赞的事情。原来他是在帮一个农夫收麦子。我并没有表扬他,因为我知道,这个他帮助的农夫是个狡猾的人。虽然上帝教导我们要乐于助人,但是我们要知道什么样的人可以帮助,什么样的人不可以帮助,而且必要的时候,要懂得去争取个人应得的利益,而不是白白地浪费自己的体力和时间。我抽空去看了一下,原来和小卡尔一起的还有几个小孩。只有小孩子在田里忙活,而那个农夫却在一边乘凉,睡大觉。据小卡尔说,那个农夫问他们愿不愿意做一件好事,就是帮他收麦子。孩子们一方面觉得好玩,另一方面觉得是在做好事,就很高兴地答应了。单纯的孩子就这样被那位狡猾而卑鄙的人骗了去,落入他可耻的圈套。

对于这种事情,我没有直接去揭发那个人的丑恶嘴脸,而是先告诉了小卡尔这其中的阴谋,让他认识到这是一种非常可耻的行为。然后,我就教给了他一个保护并争取自己合法权益的方法。

第二天,孩子们像往常一样去麦田帮忙。时近中午,突然乌云密布,暴雨将袭。这时他们正在装车，如果这些麦子淋湿的话，那可是一笔不小的损失。那个农夫着急了，他催促着孩子们快点干。可是这次孩子们不听他的话了，他的计划落空了。孩子们都放下手中的农具，冷冷地看着他，没有一丝要帮助他的意思。"怎么了？赶紧干活啊？"农夫急道。这时，小卡尔以成年人的口吻对他说："只要您付清我们这几天的工钱，我们就乐意帮你。"农夫吃惊地说："帮人还要求给工钱吗？这可是一种美德啊。""是，助人为乐是一种美德，但是并不是帮助你这种人。"小卡尔又对小伙伴们说："看来他是不想付我们工钱了，我们走吧。"这时，大雨将至，那个农夫没办法，只好答应付清他们应有的报酬。

有人会说我带坏孩子了，这是趁人之危。可是，我不这样认为。表面上看，这是趁人之危。实际上，**这是合理地利用条件来保护自己的合法权益。我想，任何一个小孩子都应该学会这些方法，这对他们的将来一定会有好处。**上帝永远是公正的，他不会轻易地放过任何居心不良的人。

倾听是一门重要的交流艺术

在我看来，如果一个孩子不懂得与人交往相处，就算他很聪明，那也是"孤家寡人"一般的神童，这种孩子在将来也不会有所作为。局限于自己的知识范围，而不懂得与人交流，他的知识就不能很好地发挥施展出来，只会是闭门造车的书呆子。

在教育小卡尔如何与人相处的过程中，我给他提出了一些要必须做到的要求，像友爱、大方、开朗、公道、自尊、礼貌等，将这些作为他与人交流相处的原则和准则。善于与人交往，一切就会变得顺利，反之，一切就会变得碍手碍脚。从另一个层面上来说，能够与人交往的人是一个快乐的人，不会与他人相处的人是不幸的，是孤独的。

父母和孩子之间的积极沟通，不仅是交流感情的需要，更是教育孩子的重要途径。其实，这种行为本身就是一种教育。孩子从中可以学到言谈处世的方式，当面临所处的境遇时他就能够从容应对。

家庭生活中难免有磕磕绊绊，不遂人意者十之八九。家人之间产生心理上的障碍和隔阂在所难免。但家庭具有一种积极的力量，我们要合理利用它来化解所遇到的问题。妻子会埋怨琐碎的家务，丈夫忙碌于工作累得半死，孩子又吵闹调皮，父母难免会很烦，这样下去是不利于孩子的教育的，父母也会感到压抑，对生活不抱希望。但是，夫妻间吵架、相互责怪又有什么益处呢？很显然，这样做是不明智的，对孩子也会造成心理上的负担和裂痕。有什么问题，大家实实在在地说出来，坐在一起商量，比方说以召开家庭会议等的形式来动员家人一起解决问题，别把个人恩怨憋在心里。一家人之间不应该有隔阂。夫妻之间，家长与孩子之间，只要把事情说清楚了，充分交流，不和谐的氛围就会消失，家庭会更加和睦。这就是家庭生活中的民主。我将这种家庭生活方式称作是一种自助式的家庭教育方式。从 3 岁起，我就让小卡尔参加类似于家庭会议的家庭生活，虽然不懂，但是他开始注意发生的事情，以及观察我们之间是如何交流商讨的。

我在教育孩子的过程中，总结出一套跟孩子沟通的经验，其中有一种我称之为"倾听的艺术"。每天睡觉前，我和妻子都会空出一段时间，以便听小卡尔讲述当天发生的事情。他在跟我们说的时候，自然而然地就对一些事情做出自己的判断，哪些事情做得好，哪些事情做得不好。这也是孩子自己反思的过程，我们也会对孩子的个性有更好的了解。**孩子敞开心扉，与父母诚挚交流，征求他们的意见，更有利于孩子的成长。但我们首先要做到的是，一定要给孩子提供一个共同交流的平台，认真倾听孩子的心声。**当然，在这个过程中，如果发现孩子对事情的看法有不当之处的时候，我们做父母的一定要及时地抓住机会，纠正孩子的错误，给他讲道理，指导他正确地认识事物。

晚餐时间是我们家最美好的时刻。在饭桌上，我们经常讨论一些家庭问题。这个时间是属于我们家庭的重要交流时间，不允许任何人打搅我们。家里人坐在一起，每个人都有机会说出自己的想法。这时候与小卡尔交流的效果感觉要比平时好得多。小卡尔喜欢在这个时候引起我们的注意，也有一种得到尊重的满足感。

除了在家里，我们还选择一定的时间带孩子外出野炊，一起在田野、山林中分享大自然的乐趣，过得轻松自在。这样的环境下，跟孩子交流就更加自然舒畅。

倾听孩子说话，不仅能让孩子感觉到你的关心和对他的尊重，而且也能有效地促使孩子认识自我，了解自我。**孩子有了充分表达意见和看法的信心之后，他以后进入学校，进入社会，都会勇敢地、自信地应对各种事情。**

当然，与孩子沟通的方式有很多。根据不同的时间、地点和场合，可以采取不同的方式。有时候，孩子情绪波动时就需要父母的安慰，这时就不能简单地听他说话了。可以给孩子一个拥抱，抚摸他的头发，借此让他感觉到父母对他温暖的关心。或者，也可以采用书面的形式，把鼓励或安慰的话写在纸上，这也显得更加真实可信，更有力量。这些都是为了能够与孩子更好地沟通服务的，这样做的目的，也是为了培养孩子与他人交往的能力。

相互理解是与人交往的基础

家庭成员之间的沟通至关重要。家庭成员之间的疏离和冷漠、孩子心理上的缺陷等家庭问题的产生，都是因为家庭成员之间的沟通不畅所致。**比方说孩子撒谎的问题，因为孩子感觉到自己与父母之间存在不平等，父母不想倾听他们说话，不理解他们做的事情，而且还会责备他们做错事，所以孩子就会用说谎来掩盖真相。**

我认为，要保证家庭成员之间的有效沟通，就应该重视关心、理解、接纳、依赖和尊重等因素。关心要付诸实际行动；理解要求父母与孩子都能够换位思考，设身处地地为对方想一想；接纳就是包容，要考虑到个人不同的个性，懂得欣赏对方；依赖就是信任，既自信又相信对方；尊重就是要尊重对方，尤其是孩子的意见和选择。积极健康的家庭氛围有利于孩子的成长。

有段时间，我的小侄子维尔纳曾在我家住了一段时间。小卡尔比他大一岁，是哥哥。我们都很喜欢他，妻子对维尔纳也很照顾。小卡尔感觉到母亲把爱全部给了这个比自己小一岁的弟弟，母亲偏心，所以他心里很不平衡。妻子倒没有改变，只是希望小卡尔能够在与这个弟弟的相处过程中学会调整自己，学会照顾别人。面对小卡尔的不满，妻子对小卡尔的要求是，你要作为一个哥哥来照顾好弟弟，不能伤害他。小卡尔知道了自己的角色后，果然不再嫉妒弟弟了，两兄弟之间显得更加亲密了。妻子的提醒是对的，她让小卡尔认识到了自己在家庭中的责任和位置。

面对问题，有时候我也让小卡尔自己想办法来解决，让他做一个决策者，学会应对问题。通过这个角色的转换，我们之间的感情更深了，相互之间的理解也会有所增进。这样，不管面对什么问题，我们都能够泰然自若，游刃有余。

有一次，我同意他们小兄弟两人去野外玩耍，但规定必须按时回来。可是他们玩得忘了时间，回来晚了。我当时并没有说什么。等到他们又提出相同的要求时，我才说了那次他们的不守时，然后说："当时我们非常着急，你母亲都哭了。你们看，该怎么办呢？"这样，就是让孩子主动参与到问题的解决中来，对于我们的要求他们也就会更自觉地遵守。这次事情以后，小卡尔再也没有不守时过。

我认为，在父母与孩子之间的协商过程中，要让孩子明白理解、信任、承诺、准时等观念。共同协商问题时，孩子比较容易为他人着想，容易理解他人。如果像上面的情况，我没有跟他协商，而是劈头盖脸地一顿呵斥，那么孩子就很难理解到我的良苦用心了。甚至，他有可能反向发展，叛逆心理会更强烈。

在一次家庭会议上，小卡尔提出了一个周末野炊的计划供我们探讨。他认真地选定了时间、地点，还提出了具体的食品方案。我和妻子听他说完后，加了些补充意见，以便让活动更加成功顺利。家庭会议在我们家已经成为联系我们感情和生活的纽带，每次节日庆祝、宴请、游玩等都是我们集体商讨的结果。对于儿子在家庭会议上的想法，如果有不妥之处，我会采取巧妙的方式向他提出来，而不是急于批评他。

重要的是，与他人的沟通是建立在相互理解的基础上的。没有相互理解，人就变得固执己见，刚愎自用，沉溺于自己的小小世界里不能自拔，不可能发现别人的长处，自己也不能有长足地发展。如果孩子步入社会后，还不能理解别人，不能与他人建立良好的人际关系，那么就算他能力非凡，实力超群，但是没有他人的帮衬和协作，也很难顺利地成就大事，反而给自己的发展留下不可小觑的障碍。所以，理解是与他人交往的最基本的素质之一。

傲慢妨碍人际关系

教孩子与他人相处是一个循序渐进的过程，需要一步一步地进行。我们都知道，**能够与他人和谐相处，就是因为没有距离感。有些人总与他人不能顺利沟通、和谐相处，就是因为有了这样的距离的存在。**

人难免都有虚荣心，小卡尔也有。当得到越来越多的人的肯定之后，小有名气的他开始慢慢有了变化。那次做弥撒，好多人都热情地跟小卡尔打招呼，可是他却没有给予相同的回应，反应冷淡。他既不微笑，也不问好，只是简单地点点头，一副不以为然的样子。亲友们见他如此，都很诧异，有些人还不理解地看着我。我感到很尴尬，也很难受。

当时我没说什么。回到家后，我问儿子："你今天怎么那么冷淡地回应人们对你的热情招呼？"儿子说："没有啊，我都点头示意了啊。"我告诉他这样做是不对的，这是在给自己设置障碍。儿子不屑地说："哪有那么严重，我长大了，也该学会稳重了。再说了，我和他们之间没有什么共同语言，说些什么呢？"我听到这话感到特别心寒。小卡尔以为自己是个小名人了，就不把周围的人们当回事。但我没有多说什么，对于这样的心态，讲大道理的效果不大，只有让他吃点苦头他才会知道自己的错误。

有一天，我发现小卡尔很沮丧的样子，没有了平时的高傲姿态，一个人孤独地坐在椅子上发呆。我过去问他怎么了，他说："我去找小朋友们玩，他们都不理我。""为什么呢？""我也不知道啊，他们一见到我就都躲开了。"平时小卡尔在小朋友们面前就很高傲，经常炫耀自己的的才能，小朋友们都很讨厌他这样，渐渐地就不再与他交往了。他已经为自己的傲慢付出了代价，于是我趁机给他讲了对人傲慢是不好的态度的道理。

我这样开导他说："儿子，你一直很不错，你有值得骄傲的优秀成绩。但是，不要忘了，成绩优秀并不是一个优秀的人所要具备的唯一能力。没有朋友的关系和支持，你就做不了大事。之前你对周围的人反应冷淡，以为自己长大了，要成熟稳重一些。其实，这样做是很愚蠢的。因为，你这样做，无疑是在给自己的发展设置障碍。要知道，真正有作为的人必须学会妥善处理好与他人的关系，否则，你举步维艰。"

听完我的教导，小卡尔明白了许多，他问我该怎么办，我告诉他："很简单，抛弃你的傲慢，与人为善，和睦相处。这样你就会得到他人的尊重，而且会有越来越多的朋友。"从此以后，小卡尔再也没有把自己当成"神童"、"天才"来看待，而是以谦虚的态度对待每一个人。与此同时，他也获得了他人的尊重。

与人交往宜有尺度

人类社会极其复杂，对于生活，不同的人有不同的想法。孩子终究有一天要面对生活中的各种问题，如果不学会如何与人相处，建立合理健康的人际关系，那么他将会举步维艰。那种认为太早教孩子为人处世之道有损于孩子天真童心的观点是不对的。

也有人指责我的教育方法，说我把孩子教得圆滑世故。其实这根本就不是我的本意。在我看来，人际关系并不是像人们所说的那么肮脏，因为他们没有正确理解人际关系的真正含义。有这样看法的人应该是要受到谴责的。我认为，正常的人际关系原本并不是什么坏东西。我们应该正确地引导孩子，让孩子对人际关系有个正确的理解，这对于他将来的发展大有裨益。

在卡尔进入哥廷根大学之后，他的生活环境发生了很大的变化，接触到的人和事物也越来越多。这种情况下，如何应对和处理各种人际关系就显得很重要。有一次，他的哲学老师来我们的临时住所做家访。小卡尔热情地招呼老师，跟他一点儿都不见外。但是，老师的反应却极为冷淡。我也一反平时玩笑的姿态，一本正经地跟老师谈话。

老师走后，小卡尔不解地问："爸爸，我发现你今天与往日有些不同。"我说："没有啊，我没有不同。"小卡尔继续说："你平时都挺随和的，今天就很客气。"我告诉他："你没发现你的老师也很客气吗？"小卡尔说他不理解，我接着说："他并不是不喜欢我们，而是因为跟我们不太熟悉，所以显得客气，我也一样啊。"小卡尔说："真奇怪！在老家的时候，大家都热情相处，没有熟与不熟的问题。到了这里怎么就变了呢？"

为了让小卡尔理解人与人之间的微妙关系，我耐心地给他解释说："孩子，我们之前是在村子里生活，人们都很朴实，没有太多的想法。可是现在我们来到城里就不一样了，城里的人与村子里的人是不一样的。环境改变了，我们接触的人也更复杂了。热情好客是对的，但是我们要认识到，与你交往的那些人的目的和意图是什么，学会察言观色，这样才能正确把握人们的想法。所以，**在不熟悉或不了解的人面前，我们就要把握好交往的尺度，做什么事情不能太直接，这样对你抑或是对他人都有好处。**"

虽然小卡尔还不能完全明白这些话的道理，但我想他一定在思考这些问题了。在小卡尔后来的生活中，他一直是个很随和的人，能够与别人和谐相处，别人也喜欢跟他交往。他恰当地掌握了交往的分寸和尺度，这不仅赢得了人们的尊重，也有利于他成就辉煌的人生。

第七章
培养孩子全面发展是我的教育理想

生活中没有艺术就像是生活在荒野中一样，为了孩子一生的幸福，为了孩子的生活多姿多彩，父母有责任培养他们在文学和音乐等艺术方面的修养。我的教育理想就是将孩子培养成为一个精神全面发展的人才。我非常重视孩子在德、智、体、美等方面的发展。

培养孩子开朗乐观的性格

　　从某种意义上来说，性格就是能力。性格开朗直爽的人，让人容易接受，他的交际范围就很广，人生的路也就有多种可能性；性格孤僻的人，交际范围相对来说就比较狭窄，不善于跟人合作，做事情经常半途而废，人生的发展前景并不十分广阔。这样看来，性格可以说是决定一个人成功与否的关键。为什么人的性格会有如此的差异呢？我认为这些不同的性格并非是与生俱来的，而是后天成长过程中逐渐形成的。

　　我相信，一个人幼年时期所奠定的基础决定了一个人性格的形成。也就是说，刚开始几年的家庭环境、生活习惯、父母的态度都与孩子未来性格的形成有着密切的关系，甚至有时候会起到决定性的作用。我在教小卡尔学习知识之外，更是把培养优良性格放在对其教育中很重要的位置。对小卡尔各种能力和美德的培养，是从日常生活的点滴开始的。

　　我一直仔细观察、记录着小卡尔的成长经历，在不伤害他自尊心的前提下，试图努力把握他的内心世界，了解他的想法，以便在他不快乐和遇到困难的时候，有效地帮助他，让他恢复快乐，找回生活的自信。我希望我的孩子能够成为一个健康、开朗的人。

　　有一天，我看见小卡尔独自一人坐在院子里发呆，表情有些忧伤。这看上去有些反常，他平常都是一个开朗的人。我就过去蹲在他面前问他怎么了。他抬头看了看我，叹了口气又低下头去。我继续问他，可是他依旧不说话。我想，肯定发生了对他来说很重要的事情。于是，我对他说："孩子，你知道爸爸最爱你了，有什么事情你跟爸爸说，不要瞒我。我希望你快快乐乐地成长，不要有烦恼。"我努力地开导他。小卡尔终于开口了："爸爸，我觉得我不是男子汉。""为什么？""今天有个农夫的孩子嘲笑我不够强壮，他还给我炫耀他的肌肉，说像他那样的才是男子汉。"小卡尔很伤心地说着。

其实，小卡尔身体一直很健康，只是不强壮而已。我知道了他伤心的原因之后，就讲一些男子汉的道理给他听。"孩子，男子汉并不只是身体强壮。真正的男子汉是需要智慧的，敢于承担生活中的一切困难和荣誉，有胆识，有魄力，"我停了停，继续说，"你想想看，你自己这么小就懂得了那么多的知识和道理，长大后就会变得很有智慧。你也是个勇敢的孩子，有健康的身体。那个农夫的孩子每天都要干活，又比你大，他肌肉发达是很正常的。等你慢慢长大，坚持锻炼的话，你也会变得很强壮的。作为一个男子汉要有独立的头脑，像那个农夫的孩子所说的话根本不用去理会，一个男子汉是不会被别人的评论干扰的。"

小卡尔受到了我这一番话的鼓舞，也不再忧伤了，又重新回到了原来的开朗状态，因为他明白了其中的道理，不再因为身体不强壮而自卑了。

我认为，此时如果**不给孩子把道理讲清楚，不疏通他思想上的淤塞**，这个问题就会有可能长久地埋藏在孩子心里，久而久之郁结在心，非常不利于孩子**的健康成长，他的性格就会变得越发孤僻**。孩子是否具有良好的性格，很大程度上决定了他能否有一番作为，成为一个全面的人才。

不能把孩子培养成所谓的学者

我从来都不想把儿子培养成所谓的学者。所谓的学者，凭着自己懂得的一点专业知识，走到哪里都像高人一等似的，一味地卖弄炫耀，然而跨出自身专业以外，他们就变成了白痴。有时候，这些所谓的学者连一般的常识都不具备，只对自己的专业感兴趣。这种不食人间烟火的人，对时事缺乏判断，看法拙劣，经常让人捧腹。他们还嘲笑那些具备常识、爱好广泛的青年，贬低交际广泛、热爱生活的人。囿于自己的专业，说些一般人听不懂的学术词汇，装腔作势，写的句子令人头晕眼花，这样的学者能有什么成就？

有个大学教授经常对学生们说："你们只要学会希腊语和拉丁语就可以了，像科学和母语，很简单，花点喝茶的工夫就可以了。"这些学者们具有一种深深的偏见。我怎么能把小卡尔培养成这样的人呢？

我在培养小卡尔的求知欲望和辨别能力的同时，还培养他对文学、音乐等方面的鉴赏力，就是为了避免让他成为这样的学者。我把培养完美全面的人才作为教育孩子的准则。这是一个循序渐进的漫长过程。这中间会有种种不如意的地方，有时候也会事与愿违。孩子毕竟是一个活生生的人，他有自己的特性，他有犯错误的权利，我能够原谅和理解。

小卡尔的学业小有所成以后，受到很多人的肯定和赞扬，这助长了他的虚荣心。有段时间他的自我感觉非常良好，常常以一个貌似学者的口吻跟人说话。这不就是我所说的那种学者的萌芽吗？我很讨厌这样，尽管这样，他还是得到了某些人的肯定。我开始担心起来。有一天我看见他正在一群小伙伴面前卖弄才华，我听了听，完全不知所云，杂七杂八地胡乱引用，没有核心观点。我打断了他的"演讲"。我问他："卡尔，你说的这是什么话？怎么现在都不会说话了呢？"小卡尔不明白我的意思，诧异地望着我。我转头对旁边的孩子们说："你们听懂卡尔刚才说的话了吗？"孩子们其实也不知道卡尔在讲什么。小卡尔羞愧难当。之后，我告诉他，**要用简单的语言和表达方式来说明你的意思，用别人听不懂的话表达思想是白痴的做法。**

小卡尔很聪明，他知道了这个错误之后，及时吸取了教训。在他以后的日子里，他时常提醒自己，不能变成那种迂腐透顶又喜欢卖弄学问的学者。

通过这件事，我想说的是，教育的目的是要将孩子培养成为一个完美全面的人，这是父母和施教者需要谨记的责任。一个完美全面的人，应该有一颗仁爱之心，胸怀广阔，具有奉献精神；一个完美全面的人，应该能够看到自身的弱点和缺点，并且能够不断完善自己。

前文中已经说过，我很注意培养小卡尔明辨是非善恶的能力。没有辨别能力，知识就变得苍白。如果学校不能培养孩子的辨别能力，那只能成为一群白痴的聚集地。这样的学校就是一个买卖知识的杂货店，虽然作为店员的老师们尽职尽责，但是没有丝毫的创造力。我也注意给小卡尔灌输创造力的重要性的观念，让他知道，一个人就算懂世界上所有的语言，看遍了全天下所有的书，如果没有创造力，那也是毫无价值的。很多学校培养的都是"平均"的人才，学生们没有自己的思想，见解平庸。在教育小卡尔的问题上，我考虑在他先天的个性基础上，培养他的创造力。这样，他才能成为个性鲜明的人，成年之后，他才会具有自己的观点和思想。

教育孩子不能设置太多的条条框框。听说好多有才华的孩子一旦触犯了那些限制就会受到家长和老师的责难，表现得稍稍与众不同就挨骂。这样的孩子长大了会有什么出息呢？我们知道，雅典时代希腊文明的伟大成就是自由教育的结果，拜占庭时代希腊文明的贫乏，正是因为有太多清规戒律的存在。

我只想把孩子培养成为一个全面发展的人才

生活中没有艺术就像是生活在荒野中一样，为了孩子一生的幸福，为了孩子的生活多姿多彩，父母有责任培养他们的文学和音乐等艺术方面的修养。我认为，能够沉浸在艺术的殿堂，尽情享受艺术的乐趣，这是人生的幸福。我的教育理想就是将孩子培养成为一个精神全面发展的人才。我非常重视孩子在德、智、体、美等方面的发展。

光有渊博的知识，但却弱不禁风是不行的；四肢发达，头脑简单，没有知识和美德作为后盾是单薄无力的。这样的人或者粗暴，或者呆滞，他们对社会的贡献是有限的。由于无知、愚昧而变得凶狠残暴的人也不在少数。

我一直非常重视儿子在各方面的发展。在儿童时代，小卡尔就是一个健康快乐、精神饱满的孩子，不仅学识丰富，而且身体健康，品德优良。这些都是我所希望看到的，他自己也做得很好。除了这些，我还注意培养孩子多方面的爱好。

在小卡尔还在襁褓时期，妻子就唱歌给他听，一边唱着还一边有节奏地轻拍他的身体。妻子说，那时候，小卡尔都是听到歌声才肯吃奶的。不管哭闹得多厉害，只要听到妈妈的歌声，他就乖乖的了。有时候，小卡尔还跟着哼哼地学。如果在他面前跳舞，他就更高兴了。在小卡尔只有10个月大的时候，他似乎表现出了艺术方面的感觉。有一天妻子发现当自己哼歌给他听的时候，他竟然舞动起自己胖乎乎的小手来，仿佛是在跳舞。我想，这虽然是一种简单的模仿行为，但已经具有了进一步发展的潜能，我们需要及时鼓励，增强孩子的兴趣和信心。

我有时候教他认识杨柳在池塘中的倒影、阳光下的阴影，他还会很好奇地观察自己的手影，小胖手一翻一翻的，自己看得不亦乐乎。有些知识虽然看似无用，却扩大了孩子的视野，扩展了想象力，有助于丰富孩子的感情。我们知道，艺术在某种意义上就是情感的抒发。

从孩子降临开始，我就开始精心安排小卡尔的教育了。首先是从我们的房子开始做起。我在屋里绝不放置没有情趣和扎眼的东西，墙纸是令人心旷神怡的颜色，还在墙上挂上与之相配的裱框画。那些别人送的与家里色调不协调的礼物我都不会摆出来。在衣着上，我们一家人都很讲究，虽然不奢华，但要求朴素整洁。我还在屋子四周修葺了雅致的小花园，栽培了一些四季常开的花儿。

有一次，我发现小卡尔蹲在地上用树枝画画。我仔细一看，还画得有模有样的。那是太阳，这是小树，构图很完整。我摸摸他的头，问他是否喜欢画画，儿子高兴地说他非常喜欢。我问他为什么要画画，他说："我不知道。反正我觉得这里的田野很美，就有想把它画下来的冲动。"小卡尔还告诉我他在画画的时候发现天上的云彩会动。画画很好地锻炼了他的观察力。后来，我给他买了专门的画画用的工具，来尽量满足他的爱好。孩子画的画我至今还保存着，因为它们都是孩子成长的见证，也是他孩提时代创造力的表现。

孩子对于文学的爱好，我在他很小的时候就开始培养了。我在前面一章讲过给襁褓中的小卡尔读了各种文学作品，这为他以后对文学的爱好奠定了一定的基础。在很小的时候，小卡尔的文学积累已经很丰富了，那些名人名诗，他张口就来。他还非常喜欢荷马、维吉尔的作品,很早就开始学着写诗了。

有的人以为我教孩子画画、文学和音乐都是想在人前炫耀,他们根本就不了解我的良苦用心。我从来没想过把孩子培养成为一个专才,也不想给人炫耀他的才能。**我希望我的孩子能够成长为一个全面发展的人,让他的一生充满情趣和幸福,这比什么都重要。仅此而已。**

要注意孩子情感的陶冶

我不想把孩子培养成学识渊博但却不近人情、冷漠无情的人。如果一个人没有情感,就如同一台冷冰冰的机器,无论其才能如何,他只是机器上的一个零件。动物都是有感情的,更何况人呢?陶冶孩子的情感与他将来的幸福密切相关。

有的父母只注意给孩子提供优越的生活条件,而缺乏对孩子爱心的培养,使得孩子从小便以自我为中心,日益冷漠,不会关心他人。我认为,拥有一颗责任心和爱心对孩子来说相当重要,家庭和父母应该担当起这个任务。

许多父母通过参加宗教活动和养小动物的方式来培育孩子的爱心,陶冶他们的情感,这样还可以培养孩子的责任心。这些做法是值得称赞的并且很有效。我也有意识地通过养小动物来启迪小卡尔的爱心,教导他要关爱弱者。

有一次,家里来了好多人,大家和3岁的小卡尔开心地聊着天。这时,我家养的一只小狗跑了进来,小卡尔一把拽住小狗的尾巴,把它拉到自己身边。我看到后,也伸手揪住小卡尔的头发不放。他吓坏了,拽着狗尾巴的手松开了。我也松开了手,问他:"你喜欢被人突然拽住头发吗?"小卡尔摇摇头说:"不喜欢。"说着脸就红了。我说:"如果这样,那么对狗来说也是这样的。"对于孩子的有些错误,我总是会严厉地指出来。

我这样严厉地教育孩子,无非是想让他在做什么事情的时候,都要考虑到他人的感受。后来小卡尔长大了,他也成为一个心地善良、感情丰富的人,最终也得到了他人的喜爱和尊重。

第八章
教育孩子要严格有度

对孩子严格教育是对的，但是如果以严格为借口过分苛求孩子，就会给孩子造成一定的伤害。这是非常令人心痛的。我主张在平等的基础上，在尊重孩子的前提下来教育孩子。孩子虽小，他也是有自尊心的。

家庭是孩子健康成长的摇篮。但是，我们也不能一味地溺爱孩子，放纵孩子。孩子应该在家庭的关怀下茁壮成长，牢固树立做人的自信和自尊，而不是因为不当的教育而变成一个懦弱无为、不敢担当的废人。

培养孩子的自我约束力

我不相信所谓"小时宽松，大时严格"的教育孩子的观念。从小卡尔一岁起，我就严格要求他。身为父亲，我应该让孩子知道什么该做，什么不该做。成年人对小孩子的影响是很深的，如果不趁孩子还小的时候严格要求他，过度宽松的话，那么等到他长大以后再来教导则已经为时已晚了。

我记得有一次带小卡尔去另一个教区的牧师家里拜访，留宿了几日。第二天吃早饭时，小卡尔不小心洒了一些牛奶。按照家规，洒了东西就要受到惩罚，他只能吃面包和喝水。该牧师家里人都非常喜欢小卡尔，为他特意调制了一种牛奶，还有好吃的点心。小卡尔忍了忍，决定不喝牛奶。我装作什么都没有看见。牧师家里人看到此情景后，多次劝小卡尔喝牛奶，可他就是不喝。他还不好意思地说："真对不起，因为我洒了牛奶，就不能再喝了。"牧师家人很奇怪，转而责怪我家教太严了，同时不停地劝小卡尔喝牛奶。为了澄清事实，我让儿子出去玩会儿，然后我跟牧师家说明了情况。他们一听，就说这样对一个6岁的小孩子来说太苛刻了。我尽力解释说："小卡尔不是因为惧怕我而不喝牛奶，而是发自内心地认为自己犯了错才忍住不喝的。"他们还是不相信。

我决定验证给他们看。于是我就出去了，让他们再劝小卡尔喝牛奶，看他喝不喝。结果证明我的话是正确的，儿子忍住了他们的诱惑。等我进来之后，小卡尔流着泪向我汇报了他们如何诱惑他喝牛奶的情况。我冷静地对他说："孩子，你的良心已经受到了惩罚。为了不辜负大家的厚爱，你还是喝点牛奶,吃点点心吧。"6岁的小卡尔能有如此强的自制力让牧师家很惊异。

人们说我家教太严,我不否认。相对于一般孩子的行为而言,这样的教育方式确实有些严格了。但是,这种严格的教育并没有给儿子带来痛苦,因为这已经形成了一种习惯。

父亲是孩子学习的一个榜样,也是孩子最初的启蒙教师。作为父亲首先要严格要求自己,然后才能要求孩子。我坚定我的信仰,我信仰上帝。我对孩子的严格要求在不自觉中已经变成了他对自己的严格要求。我经常教导他,除了上帝和自己,没有人能够管束你。在小卡尔很小的时候,他的好多行为就已经形成一种自觉的习惯了。比如,小卡尔从来不撒谎,不是因为他害怕我惩罚他,而是因为他自己认为撒谎的行为是不对的。

小卡尔对自己的严格要求完全出自一种源于内心的力量。我作为他的父亲,就是想让一切善良的、美好的、崇高的品德都在他的身上成为一种习惯,化入自己的生命当中。**让孩子拥有一颗美好的心灵,这是我的责任和义务。我不想看到他因为在小时候没有得到良好的引导而在长大后陷入迷途,失去人生的方向。**

严格要求孩子也要合乎情理

我是一个性格温和的人,但是对于孩子,我一直严格要求。因为我知道,如果纵容孩子就会使他变成一块不可雕琢的朽木。我的严格要求绝不是强逼孩子服从我,听我的号令,而是发乎情、止乎礼的。一个只会盲从的人将永远是个懦夫,他不会有什么成就的。教育孩子的时候,很难区分严格和专制。一味地强制和专断必然会对孩子幼小的心灵造成伤害。我给孩子讲道理,说情理,就是为了让他有自己的判断,不盲从。通过以理服人的方式来教育孩子,一般他们都很乐于接受的。

当然,我们教育孩子要在尊重他的基础上,动之以情,晓之以理。关于这一点我在后面还会讲到。我反对不顾孩子的颜面在别人面前贬低他,或是当着众人的面指责他、骂他。我在告诉孩子做一件应该做的事情之前，总会给他讲明道理，告诉他做这件事情的必要性，然后让他自己决定，而并非逼着他去完成他不愿意的任务。

有一次小卡尔在外面玩模仿古代骑士的游戏，把棍子当成剑与想象的强盗搏斗。我在一旁看他扮作英雄的模样，很有意思。这样的游戏有助于孩子想象力的培养，还锻炼了他的身体。所以，我很赞成孩子玩这样的游戏。突然，他在激战中不小心"砍"到了邻居家花园中的一枝花，只见花瓣和枝叶飘落了一地。我冷静地观察他的行为。他看了看邻居家没人出来，也没人看见，正准备溜之大吉的时候，我叫住了他。儿子一惊，低着头慢慢地不情愿地走过来。"你犯了一个错误，孩子。""爸爸，我知道。"我问他："那你觉得该怎么做呢？"小卡尔不好意思地低下了头，小声说："不知道。"我严肃地说："你应该主动找人家认错。""可是我不是故意的。"小卡尔还想为自己的行为辩解，他不知道道歉是为了什么。

我告诉他说："孩子，你要知道，人犯了错误，并不是都是有意犯错的。但事已至此，你就应该勇敢地承认自己的错误，为自己的行为负责。虽然邻居家没有人发现你，但是你的行为已经对他们造成了损失，你应该马上去道歉。人不能因为犯了错就逃之夭夭。你扮演的古代骑士可不是个胆小怕事、不敢担当的人。"小卡尔点了点头，就像一个真正的骑士那样，敲开了邻居家的门。第二天，邻居告诉我你有一个诚实的孩子，也没有提是什么事情，当然，我是知道的。

小卡尔很崇拜英雄骑士。我用骑士精神来激励他，从而让他感觉不到道歉是什么难为情的事情，同时，也让他明白不管有意无意所犯的错误，自己都要勇敢地承担责任。我并没有对孩子大声责骂，那样的话容易伤到孩子的自尊心，并且可能不好收场。那种用暴君式专制对待孩子的做法，后果极为严重，不仅不能让孩子正确认识自己，反而会让孩子对所有人都心存怨恨。

我听说过这样一件真实的事。

有个孩子经常带家里喂养的一只羊上山玩耍，他非常喜欢这只羊。和这只羊在一起的时候，是他最为快乐的时光，这只羊是他最为亲密的朋友。小孩经常给这只羊讲述他的故事和幻想，和羊一起在山坡上晒太阳。有一天，他在放羊的时候，躺在山坡上睡着了，醒来发现羊不见了。孩子四处寻找，哪儿都没有羊的踪迹。他很伤心地哭了，因为他认为再也见不到自己的好伙伴了。

天快黑了，他跑回家把这件事情告诉了父亲，想让他赶紧去找羊。父亲二话没说就是劈头盖脸的一顿毒打。父亲狠狠地把他扔出家门，大声喝道："找不到羊就永远不要回来！"孩子难过极了。为什么父亲要大打出手，只是因为我不小心弄丢了羊？羊不见了，我也很难过啊，为了羊，父亲竟然就将我赶出了家门，我还不如一只羊重要吗？他在山坡上奔跑着。心灰意冷时，他发现那只羊在一块草地上正悠闲地吃着草。越想越气的孩子，举起一块大石头，砸向了小羊。"因为你，我挨了父亲的毒打，还被赶出家门……"孩子一边砸，一边哭喊着。后来，人们发现了那只血肉模糊的羊的尸体，那个小孩最终也没有回家。

可以想见，当时小孩的心里是多么痛苦啊。父母的残暴和专制在孩子身上将留下永远的阴影，不可磨灭。一个善良的孩子，在这种阴影下竟然变成了凶狠残暴的恶魔。这个教训不得不让我们警醒啊。

教育孩子不能反复无常，出尔反尔

我们教育孩子，要分清是非、一以贯之。有些事情，行就行，不行就不行。不能说今天不可以的事情，明天就可以了；今天可以的事情，明天又被严令禁止了。这样的情况反复出现，会让孩子觉得无所适从。与孩子之间要讲信用，认真对待孩子的事情，这样就会对孩子产生良好的影响。

身为父母，我们和孩子说过的事情，不能出尔反尔，反复无常。这样容易让孩子对父母失去信任，认为父母所谓的"禁律"是可以变化的，从而也让孩子学会了这一招。**父母自己都草率不认真，如何去教育孩子呢？父母不能坚持自己的原则是教育孩子的最大禁忌。**

我教育孩子很严格，前面已经说过了，这里我想再多说几句。从小卡尔两岁起，我就注意在细节处培养他的生活习惯。即便是在餐桌上，也有严格的规定。比如，盛入自己盘子中的饭菜一定要吃完；不管水果或点心多么诱人，一定要先吃完盘子里的饭菜等。这对孩子来说，就是一种很好的磨练。这些生活习惯坚持久了，就变成了孩子自身的教养了。

我这样严格要求小卡尔，就是想让他知道做人要把握分寸，办事要有原则。比如诚实、守信、守时等，都是一个优秀的人必备的品质。对于父母一方来说，我们也要说话算数，遵守和孩子的约定，认真对待。

有一次，我们在外边散步，看见邻居史密斯太太在大声责骂自己的女儿，原因是女儿把裙子弄脏了。她一见女儿伤心地哭了，又立马给她一块小点心。我觉得很有意思，就问邻居："您为什么骂女儿啊？""她总是把裙子弄得脏兮兮的。""那你为什么又给她一块点心呢？是为了表扬她弄脏了裙子还是作为她受到责骂的补偿？"史密斯太太不知道说什么了。其实，史密斯太太的做法，会让她女儿弄不清楚，到底是该怎么做才好。这样的做法是很糊涂的。

我对小卡尔的赏罚一向是非常分明的，但绝不会停留在物质的层面上。我要让孩子体会到奋斗和创造的不易和喜悦。前面我还说过严格教育孩子要动之以情，晓之以理。不管小卡尔得到了奖赏还是惩罚，我都会说明原因，让他心服口服。这样他才能够形成认真对待任何事物的习惯，避免马马虎虎，草率行事。

我曾经规定儿子早上必须按时起床，不然我们就认为这是他主动放弃自己的早餐。这样做是为了让他知道必须对自己的行为负责。有一次他睡过头了，去吃早餐时发现桌子上空空如也，早餐已经结束了。他想为自己辩解，我很遗憾地告诉他："我也想把面包和牛奶给你留着，但是我们有过约定，我不能随便违反。这是你自己的问题。"让不让吃早餐不是重点，重要的是，这样做能够让他懂得，要遵守约定，守信用，不能随随便便就破例、打破规矩。

小孩撒谎时要及时纠正

我们发现，孩子一般在很小的时候就学会了撒谎。不管是善意的还是恶意的，撒谎总是有一定的原因的。要把孩子培养成一个诚实和正直的人，就必须从小抓起，严格教育。

孩子撒谎很多时候都是善意的。因为做了错事，孩子撒谎是为了逃脱父母的责骂。如果遇到这种情况，父母不了解孩子的内心世界，不知道孩子为什么撒谎的话，往往就会误会孩子，并且对孩子造成不良的影响。面对这种情况，我们应该多跟孩子沟通，学会用他们的思维方式去思考，然后在明白真相之后，采取合理的方式教育他们。好多父母以为孩子还小，不懂道理，就小看他们，千万不要这样认为。

有一次，我和妻子外出，只有母亲和小卡尔在家。当母亲发现桌布湿了，又看见小卡尔的杯子空了，就问他是不是他弄的，他摇头否认，母亲也就没再追究。晚上回来，母亲告诉了我这件事情。我想了想，虽然我不在场，但还是要跟儿子谈谈。我叫他过来，问他是不是有这回事，他还是摇头否认。我板着脸说："孩子，我希望你跟我说实话。不管是不是你干的，都要告诉我事实。虽然我和你妈妈都不在，但是上帝会看见的。你要知道，我和你妈妈，还有上帝都不喜欢一个撒谎的孩子。"小卡尔低着头，承认是自己不小心弄的。我也就没有再责怪他。

父母们以为小孩子撒谎没什么危害，甚至有时候还觉得挺可爱的，我可不这么认为。打翻水杯虽然事小，但是撒谎一旦形成习惯，就不好纠正了，这会变成他们罪恶的源泉。撒谎的危害极为严重。它腐蚀了人与人之间的关系，让不信任和不尊重的毒芽不断生长，直接损害了人们的信任美德。与撒谎的人生活在一起是不幸的。

我及时教导孩子不能撒谎，在他长大后又讲了一些更深刻的道理给他听。在以后很长的日子中，无论他做错了什么，他都会很勇敢地承认。时至今日，我再也没听见过有人说小卡尔撒谎。小卡尔是个诚实的孩子，我想，否认打翻水杯是他这一辈子唯一的一次撒谎。

要从小就培养孩子的责任心

我们还要注意培养孩子的责任心。很多人认为小孩子哪有什么责任心，责任心是成年人才具有的。这是完全错误的观点。很多的父母在教育孩子的问题上，很少关注孩子责任心的培养，认为孩子就是孩子。然而，等到孩子长大了，他们又开始教育。孩子从小就是一身坏毛病而没有及时纠正，已然千疮百孔，长大了就更难教育了。到那个时候，后悔都来不及。

因为，如果一个孩子没有责任感，没有价值感，在社会生活中找不到自己的地位和价值，就会迷茫，失去创造成就的动力。这样，孩子更容易沉溺于物质性的轻浮事物中不能自拔。

在小卡尔的教育中，我一直都努力使他认识到自己生活的意义，看到自己的言行对他人的影响，让他自始至终都感到自己是有用的，从而生发责任感和价值感。随着年龄和阅历的增长，这种责任感和价值感就会不断加强。在家庭中培养出来的责任感是孩子未来责任感的基础。如果连在家里都没有这样的责任感，何谈孩子对社会的责任感和使命感呢？

在家庭生活中，我和妻子有意识地让孩子担当一些角色，比方说做一些扫地、浇花等力所能及的家务劳动。这样既可让他感到自己的行为对别人的影响，又可以使他有信心战胜自己的弱点，加强其他方面的能力。

我们还和卡尔平等地谈话，交流意见，这也是培养孩子责任心的一种方式。不管是家务事，还是个人的喜怒哀乐，我们都乐意听孩子说出来，这使得孩子向我们敞开心扉，信任我们。我们倾听孩子的谈话，也让他意识到自己的责任。父母不能忽略孩子的心理成长，应该多多跟孩子交流。不要以为成人的事情和孩子的事情是八竿子打不着的，风马牛不相及，小孩子也有一定的理解力，他们有他们观察世界的方式。

每当我听到儿子问妻子："妈妈，怎么了？不高兴吗？"我都感到非常高兴。

这是孩子关心父母的表现。很多母亲就不理解孩子，总是以"没什么不高兴的"、"大人的事情小孩子不懂"等的话来敷衍孩子，殊不知这样做会让孩子以为父母的事情和家里的事情跟自己无关，只要我要吃的有吃的，要喝的有喝的就可以了。如果孩子形成了这样的印象，就意味着孩子失去了本来可以培养好的责任感。

有一位16岁的少年曾找我倾诉过他的苦恼。据他说，父亲由于酗酒经常打骂家人，有一次他实在是忍无可忍了，问父亲为什么要这样，父亲怒喝道："你有什么资格问我？你早该出去赚钱养家了。"他很吃惊，因为他从来没有想过这个问题，父母也从来没有提出过这个问题。小时候，他只知道和其他的小孩子玩耍，玩累了就回家吃饭睡觉，从来没有考虑过家里的事情。他想，如果父母能早点教导他，他会把家里人照顾得很好。他觉得自己就像一个负罪的人。这是一个多么善良的孩子啊！由于早期教育的不善，导致他浪费了大量的光阴。后来，他经常找我诉说，我也尽量帮他，指点他学习和做人的道理。现在的他，已经成家立业了，还挽救了一个濒于破败的家庭，一家人生活得很幸福。

小孩子也有自尊心

对孩子严格教育是对的，但是如果以严格为借口过分苛求孩子，就会给孩子造成一定的伤害。这是非常令人心痛的。我主张在平等的基础上，在尊重孩子的前提下来教育孩子。孩子虽小，但他们也是有自尊心的。严格要求孩子是为了他的前途着想，但是严格也要有个度，无论什么情况下，我们都要尊重孩子，不能伤到孩子的自尊心。否则，孩子就会慢慢变得懦弱和无能了。

我认识一个父亲，他对孩子是关爱备至，事无巨细都为孩子着想。一切为了孩子，这无可厚非。但是在给孩子提供优越的学习和生活条件以外，他忽略了对孩子自尊心的培养。他一直认为孩子不懂事，什么事情都帮孩子做主，既不鼓励孩子自己处理，也不信任孩子。他不许孩子做这个，也不许孩子做那个，有时还对孩子进行实时监控。在这样的高压下，孩子渐渐失去了自信，完全没了自尊心。我们不能什么都不让孩子做，有些家长怕孩子摔倒而不让他尽兴地玩耍，怕用功用坏了神经而不让孩子读书学习。这些做法很愚蠢，这么做只会让孩子变成一个什么都不会的废人。

不管是在学习上，还是在生活中，我都把小卡尔当做一个成年人来看待，尽量做到不伤害他的自尊心。以吃饭为例，好多家庭要求孩子吃饭时不能说话，不能打翻盘子，不要把食物弄得乱七八糟。一旦孩子犯了错误，就横加指责，这样不但让孩子没了食欲，也让他抬不起头，丧失了自尊。我们家的餐桌上是没有什么"规矩"的，一家人可以坐在一起无拘无束地聊天。不像有的人家要求吃饭温文尔雅，绅士风度。吃饭乃人生一大乐事，何必要用各种各样的规矩来束缚呢？

妻子从小就教小卡尔如何给自己系扣子，尽管小家伙不会，但妻子还是耐心地教他。这样做不仅锻炼了孩子手部的动作，还培养了他帮助他人的品德。那时，妻子还教他自己穿衣服，穿鞋子，这些都是对孩子的教育。

有的父母故意板着脸，让孩子怕自己，根本不把孩子当成一个平等的人来看。**在孩子面前，他们仿佛就是君主，孩子就是奴仆，什么事情都是唯他们是从。长久这样下去，孩子就变成了一个碌碌无为的懦夫，在社会上也难有立足之地。**在我们家，孩子和我们是朋友，是平等的关系。

为了让孩子听话，很多家长习惯用一些可怕的故事来吓唬孩子。这样的做法让孩子满脑子都是恐怖故事，很容易导致精神错乱。用恶魔和幽灵等没有的东西来吓唬孩子是非常有害的。父母应当做的是，让孩子知道这个世界上没有什么神仙鬼怪，幽灵恶魔。因为孩子相信父母，所以他们就会勇敢地一个人睡在黑暗的屋子里，一个人大晚上去上厕所。但是，由于人们没有意识到这个错误，往往使得孩子一出生便变得胆小怕事，畏首畏尾。卡尔小时候，我给他讲的都是一些英雄传说，在讲神话故事时我总会强调那是虚构的，这样既让他学到了坚强、勇敢等优良品质，还让他知道了辨别真假。

我们不能嘲笑孩子提出的问题，也不能对他们置之不理，而要主动亲切地予以回答。我们也不应该戏弄孩子。如果长期戏弄孩子，他就会变得厚颜无耻，粗暴冷酷。因为小时候被人戏弄而长大后锒铛入狱的人不在少数。

对于小卡尔，我从不欺骗他，孩子欺骗他人就是从自己受骗中学到的。如果孩子发现父母欺骗了他，他就会不再相信他们了，失掉孩子的信任，后果不堪设想。有一位父亲曾经很自豪地对我说："我的儿子将来准是一个政治家。"我问他为什么，他告诉我他的儿子前天偷吃了他母亲放在碗柜里的菜后，把剩下的汤汤水水抹在了猫的嘴巴上。天呐，这是怎样的父亲，真是无可救药了。那个孩子的欺骗伎俩肯定是从他那里学来的。

家庭是孩子健康成长的摇篮。但是，我们也不能一味地溺爱孩子、放纵孩子。**孩子应该在家庭的关怀下茁壮成长，牢固树立做人的自信和自尊，而不是因为不当的教育而变成一个懦弱无为、不敢担当的废人。**

第九章
我教儿子如何玩

我认为，让玩具陪伴孩子度过童年是很可悲的。孩子的幼年教育很重要，很多人不知道这点，而是让孩子将这宝贵的时间消耗在与玩具打交道上。好多人没有好好利用这段时间有效地开发孩子的智力，从这个意义上说，这样做是对孩子的一种无形摧残，是一种犯罪。

只让玩具陪伴着孩子度过童年是很可悲的

许多父母都会给孩子买各种各样的玩具。他们这样做的原因有两个：一是孩子在玩具店里要求而不得已才买；二是为了给孩子打发时间。我认为，父母们的这些做法都是不正确的，尤其是那些买了玩具给孩子后不再过问的父母，那更是错上加错，这种做法对孩子来说是很不负责任的。

我认为孩子在玩具中学不到什么知识，所以，我很少给小卡尔买玩具。别的孩子用来玩玩具的时间，我全部用来教小卡尔读书或是观察事物，小卡尔自己也喜欢这样。他从小就在书本和自然中寻找乐趣，根本就没有必要也没有时间去玩玩具。

我认为，让玩具陪伴孩子度过童年是很可悲的。**孩子的幼年教育很重要，很多人不知道这点，而是让孩子将这宝贵的时间消耗在与玩具打交道上。**好多人没有好好利用这段时间有效地开发孩子的智力，从这个意义上说，这样做是对孩子的一种无形摧残，是一种犯罪。另外，用玩具充斥童年的孩子还容易养成种种恶习，比如孩子心情不好时，就会摔玩具，从而养成破坏东西的习惯。小时候就破坏性很强的孩子长大以后则有可能危害社会。同时，这类孩子还容易养成傲慢的性格，以自我为中心，没有理智，长大后会存在与人沟通方面的问题。

我们这里有一个女孩，生长在一个非常富足的家庭。这个小女孩生得漂亮聪明，人见人爱，家里人都将她奉为掌上明珠，宠爱有加。据说，她有成百个做工精美、价格不菲的洋娃娃。去她家拜访的人总会送给她最好的礼物。

可以说，小女孩生活在一个玩具的世界里。她的父亲不理会我的忠告，并不趁早教育女儿，反而嘲笑我说："威特牧师，听说您要培养一个天才，有空带过来让我瞧瞧吧……可要小心别把自己的宝贝儿子培养成一个书呆子啊。"我对这样的父亲一向无话可说，也不想多说什么。

我时常听人们说那个小女孩由于玩具太多就不懂得爱惜，动不动就把可爱的洋娃娃丢进水沟里。有时，她心情不好，还会用小刀之类的利器把这些玩具割成一块一块的，把玩具摔到地上使劲地踩来踩去。如果家人对她稍有不顺，她就威胁说要用刀杀死谁。有一次，由于仆人做的菜不合她的口味，她便记恨在心。第二天乘仆人做饭时，她竟然用一把小刀戳伤了仆人的手。仆人大叫起来，鲜血直流。可这个小女孩却肆无忌惮地说："都是由于你的手太笨了，才做出那么难吃的菜来。"听到这件事情，我很痛心。一个可爱的小女孩竟会变得那么残忍！为什么呢？这都是她不负责任的父母的错误。他们不知道这样的性格会对孩子的将来产生多么糟糕的影响。真心地希望他们能够反省自己的做法，从而学会更好地教育孩子。

我不给小卡尔买过多的玩具，并不意味着他的童年就很无趣。在前面很多处我都说过，我通过各种方法让孩子在玩的过程中，既兴趣盎然又开发了他的想象力，同时还学到了更多的知识。

我专门给小卡尔在院子里修了一个游戏场，在上面铺上很厚的砂子，周围再栽上各种花草树木。在这样的一个环境里，玩起来既干净又舒畅。小卡尔经常在那里修建城堡，或者挖洞穴，或者观虫捉鸟。这些都很好地培养了他对大自然的感情。我一直主张让孩子接受大自然的教育是最为重要的教育，孩子从大自然那里获得的乐趣比玩花钱买来的玩具要多得多。

我曾经给小卡尔买过一套炊事玩具。那时，小卡尔虽然很小，但是大人做什么，他也想做什么，尤其做饭的时候老想着要干点什么。有的父母不关注孩子的这些兴趣，甚至很厌烦。这样做实际是湮灭了孩子的天性。**我们要适当地引导孩子的喜好，增长他的积极性。因为对于孩子的这种喜好，如果能引导得好，就能**

使他的知识极大地增长，并且能够培养他热爱劳动的习惯和亲自动手的能力。

在互动游戏中成长

我此生最大的幸福就是有一个好妻子。她善良聪慧，能干而有责任心。在对孩子的教育中，她也倾注了自己的一切。小卡尔能有这样的母亲，也是他最大的幸福。我给小卡尔买了炊事玩具后，妻子并不像其他的母亲一样，把玩具交给孩子后就不管不问了，而是利用玩具去进一步开发孩子相关方面的能力。妻子还逐渐地养成了一边做饭，一边耐心地解答小卡尔提问的习惯。

妻子和小卡尔之间经常玩一些角色游戏，比如让小卡尔扮演主妇，妻子扮演大厨，让小卡尔吩咐做什么和不做什么等。妻子经常给我讲她和儿子之间的趣事。

她对我说："有时让小卡尔当妈妈，我当孩子，这样换位以后非常有意思。小卡尔一旦变成妈妈，就给我下各种各样的命令，我则故意不听他的话，不按他说的去做。如果小卡尔不及时指出来，就该我重新做妈妈了。只要他发现了，总是能够正确指出并且给我一大堆意见。一旦被发现，我就说：'原谅我吧，今后一定听话。'在我撒谎耍赖的时候，小卡尔就会学我斥责他的口气来教训我。"

"还有的时候，让小卡尔当老师，我当学生。如果我故意把他讲对的地方说是讲错了的话，他就会批评我。"

他们母子之间有很多类似这样的演剧式的游戏，有时还演出某个历史故事来深化游戏的内涵。他们母子俩有时候还一起玩"旅行游戏"，把周游过的地方联系起来。这样小卡尔又学到了地理和历史方面的知识。

我也常和小卡尔一起玩游戏。父子之间的游戏就跟母子之间的游戏不一样了，不再是主妇或厨师，而是将军和士兵。我和儿子经常轮流扮演不同的角色，或是以服从命令为天职的士兵，或是发号施令的将军。小卡尔总是能够根据自己的体验，把角色扮演得活灵活现，充满了想象力和创造力，他还会扮演不同年龄、性别、身份和职业的人。

这样的一些游戏，对孩子来说好处多多：**满足孩子的好奇心和求知的欲望；训练孩子的创造力和独立自主性；丰富孩子的内心世界；提高孩子的语言能力和组织能力等。**

孩子们都喜欢书上的故事和童话，它们是孩子的智慧源泉。我经常和儿子一起表演选择好的故事，有时还让妻子也参加进来，一家人一起玩非常有趣，我也乐在其中。通过玩这种游戏，孩子对故事的理解更加深刻，同时孩子的创造力得以进一步开发。**在游戏中，通过扮演不同的角色，用不同的声调或动作演绎不同的故事，对孩子各方面能力的培养，尤其是心灵美的启迪上起到了非常重要的作用。**

这些游戏都是经过选择的，一般都是内容健康、语言优美、角色可爱易演的，因为小孩子的理解力和记忆力有限。选择的故事中会有很多对话，这样可以很好地提高孩子的语言能力。表演之前，我总会详细说明各个环节，讲明各种角色和故事情节。当然，这并不是照本宣科。我也鼓励孩子不要拘泥于故事本身，可以大胆想象，自由发挥。不能表演的动作，如爬山、过海之类的，我教他用语言和象征性的动作加以表现。这些都很好地调动了孩子的积极性。此外，我还制作了各种各样的道具，来满足演出的需要。

我前面说过小卡尔喜欢玩一种建筑游戏，就是用形状各异的木块搭建不同的建筑物，或是一座城堡，或是一个庭院，或是桥梁塔楼。这样的建筑游戏对孩子智力的开发很有帮助。而且，这样的游戏也培养了孩子的毅力。

记得有一次小卡尔费了很大的工夫才搭建起一座完美的城堡，房屋、门、城墙等样样俱全。正在他想叫我过来看的时候，由于太激动了，他的衣角在一处塔楼上扫过，整个建筑顷刻间坍塌了。面对这一堆"废墟"，他很伤心。小卡尔见我走过来，带着哭腔对我说："爸爸，我不小心毁掉了它，多可惜啊……"我问清楚情况后，告诉他："孩子，是你不小心弄坏的，就没有理由抱怨。不要难过，你可以再做一次的，而且会比第一次更好。"小卡尔想了想，又信心十足地做了起来。我都不知道他能完成到什么样子，说起来容易做起来难。第二次做这样的工程，是需要很大的耐心和顽强的毅力的。我相信小卡尔可以做得到。经过一番努力，他最终完成了。当我看到眼前他的杰作时，都不敢相信他能够做得如此完美！他还自豪地对我说："爸爸，我认为这一次比上次那个做得要好。我对它做了不少的修改，进度也快了许多。"我很欣慰地看到孩子在不断的努力中积累了重要的人生经验。

除了这些，我还教小卡尔玩模拟人生的各种游戏。我想趁孩子还小的时候教给他更多做人的道理，培养他各方面的能力。和孩子玩游戏，不能胡来，我们应该尽量让孩子多多动脑子想问题，他才不会感到无聊，也不会哭闹。

虽然小卡尔的玩具不多，但是他能利用这些非常有限的玩具，愉快玩耍。不论冬天有多么漫长，他都能够快乐地度过，从来不会感到寂寞和无聊。

第十章
夸奖和鼓励在孩子成长过程中至关重要

不管孩子做什么事情,只要他没有违反社会规范和原则,不是损人利己,伤害他人,我都支持他去做,让他尝试。只要孩子有了不怕失败的勇气,加上我们正确的引导,就一定会有所成就的。父母对孩子的什么行为表示关注,那么这种行为就会形成一个孩子的习惯。基于此,我认为父母应该多加关注孩子好的行为,并给予及时恰当的奖励;对其不良行为应该漠然处之,让它没有被加深印象的机会。

夸奖是孩子自信心的源泉

"你是非常聪明、非常棒的孩子。""你一定行的,我相信你。"这两句话是我在教育小卡尔时说得最多的两句话。在他遇到困难和挫折的时候,我总是用这最美的语言来帮助他摆脱困境,提升自信。人生在世,难免有挫折,尤其在孩子成长的过程中。孩子在失落受挫时需要大人的关心、引导和支持。这个时候,只有让孩子重拾信心,才能在未来的人生路上勇于面对一切艰难险阻,排除万难,为自己的幸福而生活。

孩子在成长的路上,需要夸奖,需要鼓励。孩子面对人生的信心和勇气,来源于父母及时有效的夸奖。"夸"不只是表明了父母的信心,更重要的是坚定了孩子的信心。孩子树立了自信心之后,父母才能将其培养成为优秀的人才。如果从一开始我就对小卡尔缺乏足够的信心,那么无法想象现在的他会是什么样子。

我记得当初小卡尔开始学习写作的时候,对自己的能力并不自信。他给我看他的第一篇文章时,眼中充满了不安和紧张,仿佛是在接受审判的样子。那确实是一篇很糟糕的文章,有很多问题。我知道我不能说一声"不好"或是"差劲"来答复他。我应该怎样去评价呢?我看出了孩子的不自信,于是在沉默一会儿之后,我说:"儿子,你写的很不错,比爸爸当初的第一篇文章强多了。"我看到,小卡尔那失落的眼神瞬间变得光彩熠熠。小卡尔把他第二篇文章拿给我看时,他的写作水平与第一篇已然有天壤之别了。

自信是信心的基础。自信就是自己相信自己,连自己都不相信的人何谈对其他人、其他事的信心?**有效的夸奖可以培养孩子的自信。**一个人如果缺乏自信，必然一事无成。反之，如果一人对自己信心满满，怀着百倍的信心去做事，那么不管做什么事情都会百折不挠，终有成就。

我认为最重要的教育方法就是要鼓励孩子相信自己。今天看来，小卡尔取得了令人瞩目的成就，他是一个自信的人。但是，这种自信不是天生的。实际上，在刚开始的时候，小卡尔并不是一个很有自信的孩子。

小卡尔大约5岁的时候，就在唱歌方面表现出一些才华。我当时想把他推荐给负责唱诗班的威勒先生。威勒先生还是成员们的音乐教师和指挥，他很乐意接受小卡尔。按照惯例，当我去征求小卡尔意见的时候，他面露难色。他认为参加这样的活动会影响自己的学习。话虽如此，但是我知道这背后的真正原因是他对自己没有信心罢了。这是后来他和我谈话中流露出来的。

在我的再三劝导下，小卡尔还是接受了。考核那天到场的人很多。当威勒先生弹了一阵风琴之后，小卡尔还是没有能够唱出一句来，他很紧张。我把他叫到一旁，问他怎么了，他说怕自己唱不好。我当时就说："你还没唱呢，怎么就说自己唱不好？"我接着鼓励他，"威勒先生把你的考核安排在星期日，是为了让大家都来听听。因为他早就知道你唱歌很棒。这样做也是为了让唱诗班成员的孩子们不能小瞧了你这个新来的。威勒先生跟我说过好多次了，他说如果你参加了唱诗班，那唱诗班的歌唱水平就会有很大的提高的。"听到我这样说，小卡尔一下子就有了精神，再次站在风琴前，当时他唱得实在是太棒了。这就是鼓励的作用。

在教育小卡尔的过程中，我时常反省，有没有伤害到他的自尊心。孩子的自信心是和自尊心紧密联系的。有很多的父母，他们自己妄自尊大，对孩子不闻不问，不尊重孩子。**孩子虽小，但也是有自尊的，尽管他们不知道什么叫自尊。他们能十分敏锐地感受到父母对他们的情绪：他们用微笑和撒娇回应父母的抚爱和夸奖，以发怒和任性回报父母的嘲弄和漠视。**对于不公正的待遇或者是体罚，孩子总会以自己的独特的方式来回应，或是哭闹，或是任性，或是干坏事。

以上面参加唱诗班的事情为例，如果我看到小卡尔的表现不尽人意就否定他、骂他，这样很容易就伤害了他的自尊心，他也就不会再去唱歌了，也对自己不再有信心了。这无疑就会抹杀了他的这一才能。其实，孩子表现得好，父母本该夸他；就算表现不好，在找差距的同时，还是要以鼓励为主。善于夸奖，可以给孩子增添无限的信心。"夸"让被夸者产生一种美好的心境，留下美好的回忆，这样就能够激励自己在人生路上不断前进。

我认为，只要孩子有地方做的好就应该毫不吝啬地夸奖他；即使做的不对，也不能极尽挖苦之能事。孩子做错了事情，只要他承认错误并且虚心改正，作为父母就该既往不咎。在孩子的成长过程中会遇到很多的失败和挫折，父母一定要在孩子身后给他支持和鼓励，树立孩子的信心，帮助他克服困难，在人生的道路上一帆风顺。

孩子天赋的开发和培养离不开夸奖

孩子的天赋是多方面的，父母要善于发现并为孩子提供良好的环境，经常给予适当的奖励和夸奖。孩子的潜能能否得到最大程度的发挥，关键就在父母的培养上。通过小卡尔的培养，我深有体会。

孩子一出生便开始学习了，并逐渐有了个人才能的优劣之分。如何让孩子扬长避短、优先发展，是每个父母不可推卸的责任。音乐、绘画、语言等各个方面，都有可能是孩子的天赋所在。以语言方面为例，小卡尔在9岁时就能熟练地掌握并翻译法语、拉丁语、意大利语、英语以及希腊语，这在很大程度上都是因为我从他年幼时候就夸奖他的缘故。

在开发孩子潜能的过程中，我一向主张把想象力放在首位，这比强制灌输知识要重要得多。学习知识不是教育孩子的目的，而是培养孩子各种能力和素质的一个手段。人的想象力没有一个具体的什么目标之类的东西，只是存在于具体的行为活动之中，尤其是小孩子。每当小卡尔扮演古代骑士或模仿飞鸟飞行，我都把这看作是一种想象力活动的表现，不失时机地予以夸赞，无形中有效地促进了孩子想象力的养成。

此外，小孩子都喜欢听父母讲故事，他们天性如此。有时候重复听了好多遍，还是不厌其烦。在每次听的过程中，小孩子们总会在父母讲述的时候查漏补缺，有时候甚至歪曲故事。这是孩子的想象力在发挥作用，我们一定要及时鼓励、夸赞他，千万不能照本宣科，打击孩子的积极性。我们在听孩子讲述他们虚构的故事时，也要不断鼓励他讲下去，并且适当地进行引导。通过长期不断的鼓励和引导，我发现小卡尔的想象力越来越丰富，并且很成熟了。在孩子想象力的培养上，绝对不能够用各种成人的偏见限制孩子的想象力和创造力。

有一次，一位老朋友来我家作客，见小卡尔在画一个蓝色的大苹果，就说要我教教孩子苹果应该是什么颜色的。我很惊讶地对他说："我为什么一定要告诉他苹果要用红色来画呢？他自己当然知道苹果是红色的。我看他画得很棒，也许以后真有蓝色的苹果也不一定啊。"

其实孩子的创造力就是在这样的氛围下培养起来的，如果不给予夸奖和鼓励，动不动就以我们大人的思维去规定孩子，很容易就把孩子的创造力抹杀在摇篮里。有时，看见小卡尔趴在地上仔细地观察蚂蚁搬饭粒，我是不会去打搅他的，因为他对此很好奇。然后他就会找机会告诉我他发现了蚂蚁是如何搬运饭粒，我常夸赞他观察得仔细。孩子的好奇心与创造力密切相关，我从小就引导小卡尔观察大自然和身边的人和事。这时孩子总会问各种无边无际的问题，我们一定要耐心解答，及时夸奖。

夸奖，有助于加强孩子的想象力，促进孩子的好奇心，提升孩子的创造力。夸奖，把孩子带入了知识的海洋，读书、搞实验、做技术，都给孩子带来了无穷无尽的乐趣。

失败并不可怕

人生在世，失败在所难免。有人因为害怕失败，做事畏首畏尾，优柔寡断。

如何去面对失败，不仅是成人的问题，小孩子也是如此。如何面对失败，敢于面对失败，是小孩子长大后能否获得幸福的关键。有些孩子做事遇到挫折失败后，便会在心里留下阴影，有时本来能够做好的事情都无法完成。**这时，父母一定要站出来，给予孩子适当的鼓励和支持，引导孩子向好的方向发展。千万不能责怪孩子**，说他"太笨"、"太蠢"之类的话，这样做的后果很严重，无异于火上浇油，雪上加霜，对孩子的成长无疑是有害的。

我认为，在孩子失败或挫折的时候，父母应该宽容对待，帮助孩子找回自信。夸奖在一定程度上讲，就是宽容，也就是说允许孩子在有些时候可以犯错误，失败一次两次并没有什么关系。

为了锻炼小卡尔的身体，除了平时的锻炼外，我还经常帮他组织一些集体活动。有一次，我为一帮孩子举办射箭比赛。虽然孩子们都是第一次当箭手，但其中不乏有天赋者。小卡尔的表现与他平时的聪明很不一致。他显得有些笨手笨脚，力度和准度都成问题。见小朋友们都射得那么准，好强的他开始心灰意冷了。趁孩子们还玩得高兴的时候，我把小卡尔叫到一旁，问他怎么了，小卡尔说："我觉得自己真笨！"我安慰他说："每个人都有各自的长处和短处，这很正常，虽然你射的不如他们好，但我相信经过多次练习，你一定会掌握射箭技巧的。"小卡尔不自信地说："我都尝试过好多次了啊，可还是没有长进。我很笨。我害怕。"我知道他害怕面对自己的失败，不敢面对。我就继续鼓励开导他说："孩子，我觉得并不是因为你在这方面不行，完全是心理在作怪呢。因为你在其他方面都比别人强，所以在射箭上也不甘心落后。你很好强，在这样的心理压力之下，怎么能射好呢？"小卡尔惊奇地看着我，仿佛我猜透了他的心思。我继续说："其实，胜败都无所谓了，放开一点，不就是一场游戏吗？"小卡尔终于松了口气，返回赛场。这一次，他射得很准，三射三中。

小卡尔前后的反差如此之大，正是因为我的鼓励和支持帮助他找回了自信，也放松了心态，所以才有了后来那三射三中。由此可见，允许孩子失败不是消极地承认失败，而是积极地面对失败，以便走向成功，正所谓失败是成功之母。

我认为，失败并不可怕，可怕的是害怕失败的心理。这种心理如果不予以及时消除，时间一久，孩子就会对任何事物都漠不关心，没有兴趣。这样对孩子的成长极为不利，容易导致自闭、抑郁、孤僻。如果这样了，何谈孩子快乐健康的美好人生？

不管孩子做什么事情，只要他没有违反社会规范和原则，不是损人利己、伤害他人，我都支持他去做，让他尝试。只要孩子有了不怕失败的勇气，加上我们正确的引导，就一定会有所成就的。

有效夸奖的奥秘

父母的夸奖对孩子的成长来说至关重要。对孩子的良好行为要及时夸赞，对孩子做的不好的地方也不要责怪。在教育孩子的过程中我发现，良好的行为在不断的重复夸奖中就会变成一种习惯。很多父母不能意识到这一点，他们以为孩子良好的行为素质是与生俱来的，理所当然的，所以当孩子表现良好时从来不表示关注，默不作声。**如果孩子好的行为不及时得到夸奖，经过若干次之后就会消失，从而丧失了培养孩子的良好时机。**

相反的是，现实中父母总是关注孩子的不良行为，例如打架、偷窃、撒谎等。父母对孩子这些行为的反应通常是训斥、责骂，甚至大打出手。只要这些行为能够引起父母的注意，按照小孩子的心理，他们就不会停止这样的行为，因为他们不想做那些父母毫不理会的事情。孩子恶作剧的原因就是要引起父母的重视。对孩子的不良行为你越是重视，他就越是会继续做下去。

通过这样的分析，我们看出，**父母对孩子的什么行为表示关注，那么这种行为就会形成一个孩子的习惯。**基于此，我认为父母应该多加关注孩子好的行为，并给予及时恰当的奖励；对其不良行为应该漠然处之，让它没有被加深印象的机会。

夸奖对于孩子来说，年龄越小，其效果越好。随着年龄的增长，当孩子进入反叛的年龄，夸奖的作用就不那么明显了。要把夸奖做得恰到好处，父母一定要明确区分孩子的情感和行为。孩子的情感世界我们无法得知，他自己也很难控制；但是孩子的行为是外在的，是可以控制的。因此，尽管不能对孩子的情感施加影响，但至少我们可以适时地影响孩子的行为，引导他向良好的方向发展。从这个意义上来说，对孩子的夸奖就是对孩子行为的夸奖，而不是他的情感。注意，这里说的行为是孩子的具体行为，而不是什么抽象意义上的行为，说不清道不明的。这一点非常重要。具体行为如"他打人家小孩了"、"他在墙上乱涂乱画了"等；说不清楚的行为如"这孩子总是做些让人头疼的事情"、"这孩子老爱欺负别人"等。

我对小卡尔的夸奖一般都有两种形式：情感形式和物质形式。而且我发现，情感形式比物质形式更有效。情感形式如口头表扬、亲吻、拥抱等，作为父母不要吝啬这些口头和身体上的表达。物质形式是一种补充形式，如给孩子一块点心等。物质形式不在于多少。小卡尔每次得到奖励都很高兴，从来不在乎多少。当小卡尔还很小的时候，我会采用情感形式的夸奖多一些。

当孩子创造性地完成了一件事情，我都会及时奖励他。一点良好的行为经过夸奖多次养成习惯之后，我就不会每次都夸奖了，而是偶尔为之。当儿子良好行为成为习惯时，他不仅知道这样我会高兴，他自己也开始感到满足和高兴了。

在此，我再次强烈建议父母们，不要因为孩子犯了一次错误或做错了一件事情就训斥和打骂他们，而要善于发现孩子的长处和优点，尤其是那些好强、精力旺盛、不愿受到别人指责的孩子。父母应该善于发现孩子的优点，及时予以适当的夸赞，这样孩子也会听话。

夸奖应适度，不可随意

我并不是随意地夸奖小卡尔的。我夸奖孩子的良好行为时，总是告诉他我为什么夸奖他。如果夸奖和表扬过度了，它的作用也就没有了。因此，父母把握夸奖的度就显得相当重要，不同的行为对应于不同程度的夸奖。如果父母过度夸奖孩子，容易养成他自满自大的性格，而这种性格一旦养成就难以纠正了。适度的夸奖是为了防止孩子自满。

我教小卡尔学习很多知识，但从不分门别类，为的就是防止他狂妄自大。有些父母喜欢在众人面前炫耀自己孩子在这方面或那方面的"与众不同"，这样做很容易让孩子感到自满，这种做法很可能毁掉很有潜质的孩子的未来。

我认为，那些与生俱来就有某种天赋的神童只不过是一个不正常的现象。这样的神童，往往因为没有进行良好的早期教育而夭折。正如谚语所说："10岁神童，15岁才子，过了20岁是凡人。"那些很有潜质本该有所作为的孩子，就是因为骄傲自满、妄自尊大而毁掉了自己的美好前程。

莱恩可以说是一个神童，因为他一出生就灵气逼人，显得聪明伶俐。见到他的人都相信他会有一个美好的未来。人们对孩子寄予厚望，本没有错，可是事情到后来却不是这样的。两岁的莱恩具有极为惊人的音乐天赋，家人又很注意对他的培养，所以到四五岁的时候，他不仅掌握了基本的乐理知识，还会演奏很多种乐器，尤其是小提琴和钢琴更为出色。他很快就举办了个人音乐会，一个音乐神童诞生了。人们无不夸赞他的天赋，甚至有人拿历史上的那些伟大的音乐家来比喻他的诞生。他的父母视其为掌上明珠，逢人就夸自己的孩子，有时候还对别人说莱恩的水平已经超越了他的老师和同时代的其他人。莱恩就生活在这样的环境下，他被普遍的赞誉蒙蔽了，他陶醉于沾沾自喜。

一天，音乐老师告诉莱恩他在音乐表现上还有很多不足之处。尽管他的技巧已经相当不错了，但是音乐不光是技巧的事情，还需要有内涵，这才是音乐的魅力所在。小莱恩被老师的话激怒了，恶狠狠地对老师说："你以为我只会技巧吗？告诉你，那些所谓的内涵我早已清清楚楚！我是故意这样理解的。"老师为了让他明白，就亲自演示了一遍，正巧被莱恩抓住了一个错误。莱恩嘲笑他："喂！你弄错了。敬爱的老师，您的水平如何能教得了我呢？"老师一气之下，辞去了工作，放弃继续教育这个很有才华的孩子。后来他告诉我当他离开莱恩的那一刻，他感觉到这个孩子不再像他之前以为的那么伟大了。事实正是如此。自从老师走后，莱恩就肆意妄为，随意篡改大师的作品，不把大师当一回事，常常不屑地说他们不过如此。他也拒绝父母再为他请任何教师，认为老师都是不中用的，没有能力来教他。结果可想而知，多年后，"神童莱恩"变成了"酒鬼莱恩"，愤世嫉俗的他经常责怪人们不理解天才。

我知道很多伟大的艺术家在生前都是不被人们理解的，但莱恩绝不是那样的人。因为在他的一生里，从未创作出一首美妙的作品，就连平庸的作品也绝无仅有。他的过度嗜酒摧毁了他的听力和手指，就连基本的音阶我估计都不能弹奏了吧，更不用说演奏美妙的音乐了。

在教育小卡尔的过程中，我最为担心的就是出现这样的结局，那是我所不愿看到的。**为了防止他自满，我的夸奖松弛有度。我还把莱恩的故事讲给他听，让他明白骄傲自满和狂妄自大的危害。**后来，当小卡尔长大后，他都是谦虚谨慎的，人们也一直很喜欢他，真让我欣慰。

第十一章
父母对孩子的管束作用

在孩子的成长过程中，父母要对他有一定的管教和束缚，这是有利于孩子成长的。但是，父母管束孩子，不能只是让他规规矩矩的，没有任何自由创造的空间，把孩子管得太死了也不能促进孩子的成长。在我看来，这样做的话，还不如无为、什么也不做的好。父母为了自己的面子而去管束孩子，是错误的。

"行为录"的作用

我很注意培养儿子的善行。从很小的时候起，我就给小卡尔讲古今中外有关行善的故事。一旦儿子做了好事，我会立马表扬他，甚至当着其他人的面表扬他。我前面说过，夸奖不能过分，不然会助长孩子的自满情绪。其实，我并不是四处宣扬，而是只对少数了解他的人说说而已。

等卡尔稍大一些，我就开始教他背诵各种道德诗。我们国家有很多讴歌仁爱、友情、亲情、宽容、勇气、奉献等方面的诗篇，这些都是培养下一代品德和善行的宝贵财富，我们应该好好利用。小卡尔刚几岁的时候，就会背诵好多这样的诗篇了。同时我还给他讲一些"善有善报，恶有恶报"的故事，来激励他做善事，坚决不做恶事。

为了激励儿子行善做好事，我专门给他做了一个"行为录"。在这个"行为录"里记载着他所做过的所有好事和错事，这也是一个纪念。这个"行为录"让小卡尔得以经常反思自己的行为，其实不仅对小孩子有好处，对大人来说也是一样有用的。因为，每个人在某一天的某个时刻都会有很多不同的做法和想法，有正确的，有错误的。可是，人有一个习惯，即总是记住好的，忘记不好的。小卡尔自己很重视这个"行为录"，立志要做一个好人，做一辈子善事。儿子小时候经常翻阅自己的"行为录"，每当看着记录自己善行的文字时，脸上就会流露出幸福的笑容。

培养孩子的善行，与培养孩子其他方面的好习惯一样，并不是用强逼压迫的方式就可以解决问题的。**我从来都不会逼小卡尔去做什么事情，而是努力使**

他认识到做好事行善是一种乐趣，可以给自己和他人带来喜悦。虽然这样做起来有时候很难，但是我相信"只要功夫深，铁棒磨成针"，只要坚持不懈地引导就会达到一定的效果。

有一次，小卡尔看自己的"行为录"的时候，看着看着，就沮丧起来。我问他怎么了，他说："我还以为自己多么优秀呢，原来还有这么多的毛病和错误啊！"这是他看到了"行为录"上记载的一些自己做的错事后发出的感想。我劝解他说："你看了自己不好的行为记录了吧？不过没关系的，那些都是过去的事情了，只要你以后记住不要再做同样的事情就好了。你也不必沮丧，你看那上面不是还记录了那么多你所做的善行吗？"在我的劝导下，卡尔不再沮丧了。他下决心以后再也不犯同样的错误了，要努力多行善做好事。

现实生活中，有很多父母在孩子成长之时都会碰到这样的一些问题："我家孩子为什么老爱说谎？""我的孩子怎么就那么倔，不听我的话呢？""这孩子这么小就如此残忍地对待小动物，为什么啊？"这些问题令父母们苦不堪言，束手无策，怨声载道。他们不相信自己会教育好这些小家伙，更不知该如何纠正孩子身上那些知错难改的不良行为。还有的父母抱怨说，我已经尽了全力去培养他的善行，让他学会关心人，体贴人，然而总是收效甚微，不见起色。其实，我认为，**只要父母方法得当，持之以恒，一以贯之，孩子还是会被培养得很优秀的，不光是善行这方面，也包括其他方面。**

让孩子明白好人有好报

在培养儿子善行的过程中，除了"行为录"之外，如果孩子做了好事，我还会给予一定的金钱奖励。如果孩子学习好，并且做了好事，我就给他一个戈比作为奖励；如果他学习很好，可是犯了错误，做了坏事，那他就得不到这一个戈比。

这样实行了一段时间，当儿子再犯错误时，他自己就变得主动，声明不要这一个戈比了。这样的情况下，我有时候就会因为孩子的"深明大义"而奖励他双倍的钱，并且努力克制住自己激动的心情，对他说："是吗？爸爸都不知道你犯了什么错误。那么，从明天起，努力做好事吧。"看到孩子这么懂事，我心里是既激动又难受，我忍不住会去拥抱他，亲吻他。

对于年龄还小的小卡尔，我就会用一些小点心什么的代替金钱。每当他做了好事，我就会在他枕边放一块好吃的东西，并且告诉他因为他做了好事，这是仙女姐姐奖赏给他的。但如果他犯了错，做了坏事，枕头边上就不会有东西，我会告诉他，因为昨天做了坏事，仙女姐姐不喜欢，就没有来。**这些做法都是为了让儿子从小就明白一个道理：做好人、行善事终会得到好报。**

对于孩子的学习我也采取这样的奖励办法。这是我为了让他明白"学习能带来幸福"的含义而采取的一种比较实际的方式。只要他好好学习，我就会每天给他一个戈比。这样做也能让孩子知道获得报酬的艰辛，让孩子明白这一点是非常重要的。

我非常反对那种给孩子太多金钱的做法。**让孩子轻易地得到想要的东西，尤其是金钱，会让他产生对别人的依赖性，这样做的后果是可怕的。**一方面，孩子会毫不珍惜所得到的金钱，将之随便乱花，并不会把钱用在该用的地方，甚至错误地利用这些钱。另一方面，孩子可以从父母那里轻松地得到金钱，就会产生好吃懒做的错误想法，以为世界上的事情都很容易就可以做到，以至长大后就不会去努力奋斗，甚至会变得怯懦和堕落，最终碌碌无为。

我有一位朋友，他很富有，他有一个孩子叫恩斯特。他很爱自己的孩子，常常给他很多的零花钱。他认为这是应该的，因为他觉得自己有钱，儿子也应该过奢侈的生活。

由于父母给的零花钱很多，加之父母没有教会他如何理财，恩斯特花起钱来可是相当的"阔气"。在同伴面前，他始终有一种高高在上的感觉。他并没有用这些钱来买一些对自己有用的东西，也没有用这些钱去帮助那些需要帮助的人，"富有"的恩斯特立马就被坏孩子们盯上了。他们巴结讨好，吹捧恭维，这让恩斯特飘飘然起来，极大地满足了他的虚荣心。于是，他就用从父母那里得来的钱随意地请他吃喝玩乐，有时还直接给他们钱。那些坏孩子也"尊重"他，并拥护他为老大。恩斯特还以为是自己的个人魅力赢得了孩子们的喜欢，其实根本不是那样。

在这样的交往中，恩斯特渐渐知道了金钱的力量。他常常利用金钱指使别的孩子去揍那些不听自己号令的孩子。时间一长，他变得蛮横残忍，心胸狭隘。有一次，他们一帮小孩竟然把一个农夫打得遍体鳞伤，仅仅因为那个农夫不小撞了一下恩斯特。他们还威胁农夫不要说出去。

恩斯特并不知道，这帮孩子不是真心对他好，只是为了从他那里得到金钱。后来，他们引诱恩斯特去赌博，用各种卑鄙的手法骗取他的钱。可是，恩斯特根本没有注意到这些，还以为这是大家一起玩耍的"游戏"。所以，他对于输钱也无所谓，反正他的父亲会不停地给他钱。

恩斯特看似风光的童年，并没有好好学习，而是和一群狐朋狗友混在一起，只知道吃喝玩乐、打架斗殴和赌博。学习也只是装装样子，他根本不会知道学习的乐趣。他把学习当作是无用的东西，一看书就觉得头疼，与那帮哥们儿在一起反而觉得逍遥自在。

恩斯特的将来让人堪忧。后来农夫向他的父亲告发那件事情，他的父亲知道儿子不好好学习，整天如此混日子，就停了他的所有零花钱，"富有"的恩斯特变成了一个穷光蛋。一次赌博中他输光了所有的钱，当他向其他孩子借钱时，他们并不买账。他们只说："你没钱就不要玩了。""我们都知道了，你父亲不会给你钱花了，你拿什么来偿还呢？"气急败坏的恩斯特和他们争吵起来，还大打出手，结果自己吃了不少亏，还被其中一个孩子用石头砸破了额头。那个孩子正是被打的农夫的孩子。

这件事情告诉我们，孩子的成长与父母的培养教导关系密切。恩斯特的家庭条件和学习条件都很好，他本可以成为一个善良、爱学习的孩子。可是，他不但没有在这么好的环境中向好的方面发展，而且还作恶多端并最后为此付出了不小的代价。这样的结果，完全归咎于他那个愚蠢无知的父亲。

我把这件事讲给儿子听，他当时就愤怒了，说恩斯特的父亲一定是魔鬼制造出来的。他说他一定会利用好自己的钱,把钱花在"刀刃"上。同时,他还以有我这样的父亲而感到骄傲。

管教孩子,母亲有一半的功劳

教育孩子的功劳,有父亲的一半,也有母亲的一半。我妻子是儿子的一个外交老师,教会他如何跟人交谈,怎样与人相处,如何穿衣得体等。在教育孩子的过程中,孩子的母亲很会把握孩子的心理,知道命令式的强逼不会达到教育的目的,她总有一些妙方来教育孩子。我们两人经常在一起商量如何教育孩子。

作为一个母亲,应该牢固树立自己在孩子心目中的权威地位。有的母亲喜好穿衣打扮,过分招摇,走在街上人们对其报以冷嘲热讽;有的母亲懒得打扮,邋里邋遢,不修边幅,也同样遭人白眼。如果看到自己的母亲被其他孩子讥笑,孩子幼小的心灵也会很难受的,并且给孩子的童年留下阴影。总之,作为一名母亲,一定要检点,既不过分妖艳,也不蓬头垢面。否则的话,**母亲在孩子心目中的地位不保,就会严重影响孩子的教育,可以说,这是教育失败的开始**。很多做母亲的并没有认识到这一点,以为自己的行为与教育孩子无关。现实告诉我们,往往很多孩子在这种母亲的不在意中丧失了接受良好教育的机会,长大后越来越糟,一事无成。

妻子给我讲过一件事,说明如果一个母亲在孩子心目中没有权威,那将会带来什么样的后果。说是有一位母亲省吃俭用,把女儿送去女子学校上学,并且经常给自己和女儿买那种与她们身份不符的艳丽服装。然而女儿并不喜欢她。这女孩曾对小卡尔的母亲说:"我妈妈总是穿着那么花哨的衣服来学校,这让我感觉特别难堪。从我4岁起,她就是这样。"

做母亲的不能这样。这位母亲虽然也是为了女儿好,可是并不能得到女儿的尊重。作为母亲,并不是让孩子上最好的学校,穿最漂亮的衣服就够了,这些都不是为人母者要做的事情。

父母是孩子的范本。如果做母亲的衣冠不整，孩子也就会邋遢，这是不言而喻的。社会上好多人因为衣冠不整而失去了良好的发展机会。外表穿着不是小事，小卡尔的母亲非常注意这一点，不仅自己穿着得体，还把儿子也收拾得整洁大方，仪表堂堂。妻子总对我说："衣冠不整，精神必然散漫。衣冠端正，也就会更加精神。"虽然没有名贵的衣服，但是妻子总会做到得体、大方、整洁。其实，穿着整洁能增强人的自尊心。衣着不体面、不整洁的人如何看出其美好的将来呢？

不光要衣着整洁，妻子还很注意小卡尔身体的清洁卫生。身体清洁也能促使孩子保持自尊心。她教儿子自己洗脸、洗手、刷牙、梳头。小卡尔的母亲很有分寸，并没有让儿子沾染上好打扮的不良习惯。孩子身上的很多坏习气都是受到母亲的影响，做母亲的一定要注意。

作为母亲，不应该只是想着怎样打扮、逛街等，而不关心孩子的教育和成长。为了孩子的一生，一定要避免这种情况。小卡尔的母亲不光关心儿子的教育和衣着，还经常与孩子一起玩游戏。好多母亲为家务所累，很少有时间陪孩子玩游戏，也不关心孩子玩什么，这样很不对。**当孩子玩游戏时一遍又一遍地想让你看，可是你却无暇顾及，甚至很不耐烦地训斥和责骂——母亲的这种做法对孩子的伤害是很大的。**

在培养小卡尔良好品德方面，妻子特意给他绘制了品德表，内容有：服从、礼节、宽大、亲切、勇敢、忍耐、诚实、快活、清洁、勤奋、克己、好学、善行等，一周换一张。如果与表上的内容相符就在那一栏里贴上一颗金星；反之，则是一颗黑星。星期六的时候就数星星，如果金星多，下周就会得到与之相当的书、鲜果、点心等；如果黑星多，那就没有这些奖赏了。统计完以后，并不扔掉这周的品德表，而是留下来激励孩子继续保持或是反省自己。

有一天，小卡尔一个人呆在家里，把我们养的一只小狗拴在屋外的院子里。下雨了，他却不知道把小狗带到室内来。妻子从外面回来，赶忙将小狗牵到了屋里，问卡尔为什么对小狗不管不顾，任其淋雨。小卡尔说自己忘了。妻子知道他在撒谎，非常生气："你难道没有听到小狗的叫声吗？"儿子立马辩解道:"我以为它在外边没什么的。"妻子继续问道:"如果这样,那你愿意淋雨吗?""不愿意。"妻子接着说:"如果你自己都不愿意,那又怎么忍心看小狗在外边淋雨呢?外边那么冷,小狗会生病的。如果是你在外边淋雨的话,你知道我会有多伤心吗。"小卡尔低头承认是自己错了,以后再也不这样了,一定会照顾好小狗的。

妻子正是从生活中的一些小事开始,用一个母亲全部的爱培养儿子的善行,并且以身作则,教小卡尔做人的道理。

杜绝孩子随便发脾气的坏习惯

我教育孩子有自己的一套方法,后来终于有了一些成效。很多家长就来咨询我一些教育孩子时遇到的问题,比如:孩子不听话怎么办?如何提高孩子的学习成绩?怎样改掉孩子的不良习惯等。其实,只要我们能够注意观察孩子,换位思考,站在孩子的立场来对待一切问题,那么事情就会变得简单许多。

例如,曾经有位善良的母亲告诉我,她的儿子脾气很暴躁,老是发脾气,真拿他没有办法。她问我如何让孩子有涵养而不显得那么粗暴。实际上,只要我们知道孩子为什么会脾气暴躁,就能够对症下药了。**小孩子容易发脾气的原因是他们的感情比较脆弱,易被激怒,无法控制自己的感情**。这种感情是受到挫折后积郁于心的,孩子太小,不知所措,只能以发脾气的方式爆发出来,这样才能舒畅一点。平时乖巧的孩子一旦发起脾气来,就像是魔鬼附身一般,很可怕的样子。父母不仅应该时刻注意到孩子情绪的变化,还要弄清楚孩子发脾气的原因,这样才能有效地采取一些方法以防止他们发脾气。等孩子长大一些,这样的情况就会好转,个人的能力有所增长,面对问题也就不再是发脾气了。教育合理,他就会慢慢变得心平气和、通情达理了。

我认为,父母应该努力让孩子的生活过得舒畅,不要让孩子受到太多的委屈和挫折,不可避免受到的挫折也要控制在孩子可接受的范围内。父母不应该过分规定孩子该做什么不该做什么,教育严格是必要的,但严格要有个限度,不能超出了孩子的承受能力。否则,就会把孩子逼到悬崖边上,让他不知所措,从而导致情绪不稳定,随便乱发脾气。这一点,别说是一个孩子了,就是一般的成年人也是无法承受的。

在孩子的情绪不稳定、行为受到挫折时,父母不要去招惹孩子,也不要拿过分的话刺激孩子,应该等到孩子平静下来以后再去慢慢开导他。如果孩子发脾气了,父母就应该及时地采取措施,以免发生更糟糕的事情。

在这方面,我有一些教育经验可以与大家共享。**一旦孩子因为什么而发脾气的时候,应该尽量地转移孩子的注意力,使他暂时忘记不愉快的事,慢慢安静下来。**父母在这种情况下,一定要客观冷静,千万不可火上浇油,或用简单粗暴的言行横加干涉。等到孩子静下来之后,父母应该加倍关心他,安慰他。比方说,有的孩子发脾气时就是不让人抱,抱他的话,他就继续发火,那么再去抱他无疑就是火上浇油。这时父母就先不要理他,收拾好易碎的东西以免伤到孩子。不管怎么样,一定要等到孩子平静了以后再说。如果孩子还在气头上,我们就直接跟他讲,他是什么也听不进去的,这个时候的孩子是不讲理的。如果父母因此就向孩子发脾气,那也是不明智的。发脾气就如同传染病一般,用发脾气的方法制止发脾气只能使脾气越发越大。

父母不能因为孩子的坏脾气,就奖励或惩罚孩子。其实,我们应该让孩子知道,他发脾气其实得不到什么,也不会失去什么。父母也不能过度地迁就孩子,越迁就越导致孩子任性,其后果不堪设想。

父母不能纵容孩子在他人面前或公共场合胡乱发脾气。如果孩子当着他人的面向父母提出什么要求,父母最好合理地满足他的要求。如果一定要等到他发脾气的时候才去满足他,那就不好了。如果孩子的要求不合理,可以告诉他回家再说,或是等客人走了以后在再说等。

俗话说:"知子莫若父,知女莫如母。"父母是最了解孩子的。在孩子发脾气之前,我们就应该采取措施以防万一。例如,当父母认为孩子吵着要买的玩具根本没有必要的时候,应该这样同孩子说:"这我要问一下你姨妈,看你这样大的孩子是否合适买这种玩具,如果她说合适我就给你买,如果不合适,那就不买了。好不好？"这就是让孩子知道有不买的可能性，使其做好得不到玩具的心理准备。这样一来，孩子在心理上有了调节，也就不会那么容易发火了。

在小卡尔3岁时，他的小表妹跟父母来我们家做客。刚开始的时候两个孩子在一起玩得很好，也很投缘，可是两三天后，两人之间就开始闹起了矛盾。有一天，因为小表妹在搭建房子的时候不听小卡尔的指挥随便安放木块，两个人起了争执。当我们听到后跑过去的时候，看见小卡尔坐在地上，一脸怒气，小表妹在那里哭，很伤心的样子。我严厉地质问了小卡尔，小卡尔说："她不听话！"我弄清楚原委之后，告诉他："卡尔，你是哥哥，要让着妹妹的。你看，那木块放在那个位置不是挺好的吗？"小卡尔固执地说："不好看！"说着还一脚把整个房子踢毁了，头也不回地冲进了屋子里。对小卡尔的表现，我很吃惊，但当时我没有发怒，也没去理会他，我把小侄女抱起来进屋去了。

那天晚饭的时候，我特意把儿子和小侄女安排坐在一起。我说："卡尔，你今天对妹妹的态度很不好。"小卡尔说："谁让她不听我的话呢？自己随便乱搭！""那是妹妹觉得好看才那样搭的吧，她又没有捣乱。""她是没有，可是……""卡尔，你也要给妹妹一个发挥想象力的机会啊，不能一个人完全把持不放啊。平时都是你一个人玩，可现在是你和妹妹一起玩。""我……""你们兄妹俩应该一起玩得开心，充分发挥两个人的能力搭建出更漂亮的房子来。你要知道，一个人的能力有限，人多力量大啊。妹妹有什么不足的地方，你应该耐心地教她，而不是随便就发火，闹脾气。你想想，如果你有什么不懂的地方我就对你发脾气，你是什么滋味呢？"小卡尔听我说完，一言不发，他应该明白了我的意思。第二天，小卡尔和表妹一起搭建了一座宏伟的殿堂，两人玩得很开心。

不少孩子，越长大越不听话，父母在一旁只是干着急。孩子长大了不听话，这其实是孩子独立的表现，但如果此时父母管束不力，就很容易酿成恶果，使孩子养成一些改不掉的坏习惯，阻碍孩子成为一个优秀的人。

管束孩子有讲究

在孩子的成长过程中，父母要对他有一定的管教和束缚，这是有利于孩子成长的。但是，父母管束孩子，不能只是让他规规矩矩的，没有任何自由创造的空间，把孩子管得太死了也不能促进孩子的成长。在我看来，这样做的话，还不如无为、什么也不做的好。这只是父母为了自己的面子而管束孩子，是错误的。

在对卡尔的教育和管束上，我尽力做到既能有效杜绝孩子形成不良习惯，又尽量减少对孩子造成的不良后果。这是我管束孩子最基本的原则。

我接触过不少和小卡尔同龄的孩子。经过观察后，**我发现当孩子做出一种不良行为的时候，他们总是错误地以为会得到某种奖励。在我看来，去发现和取消这种"奖励"就是父母管束孩子的责任。**

有个朋友的儿子很是调皮，经常欺负别的小孩，很让人操心。这位朋友找到我，想让我给他支支招。他说："我的儿子天生就让人讨厌，喜欢嘲弄别人，就连吃面包也表现得与众不同。他明明知道我不喜欢某些行为，可他偏偏要做，好像故意让我生气似的。"连吃面包都能惹父亲生气，这样的孩子，我要亲眼见识见识。于是，我坐到了他们家的饭桌上，特意观察那个孩子的举动。他把面包皮很小心地剥下来，捏成一个球形放进嘴里，不吃剩下的部分。同时他还很得意地说："妈妈，你看，我把面包皮都剥下来了。"他的母亲就开始训斥这孩子不懂礼貌，见他的父亲也要发怒了，我使眼色制止了他。后来我教给了他一个对付孩子的办法。

第二次，这个孩子故伎重演，可是她的母亲只说了一声："我知道了。"孩子不适应了，连忙问："您不骂我了吗？""不骂了。"母亲很平静地说。没过多久，朋友找到我说他的孩子已经没有剥面包皮的习惯了，而是跟其他人一样，把整个面包吃掉了。他很好奇，这是怎么回事。其实，道理非常简单，孩子的那种做法只是为了得到父母的重视，就算是责骂他也认为是一种"奖励"。一旦父母不闻不问，他也就觉得索然无味了，不知不觉就改掉了这个习惯。小孩子喜欢说一些粗话也是因为这个原因。

孩子在成长的过程中，伴随着各种各样的不良习惯，或是任性、自大，或是喜欢捉弄人，或是时时刻刻想表现自己，甚至危害他人、损害财物。作为父母，就要因人因时因事地采取不同的方法来帮助孩子改掉这些坏习惯。

卡尔在小的时候特别喜欢在墙上涂鸦，就算我给他买了绘画的工具，他也改不了这个习惯，总是趁我们不注意时偷偷地在墙上乱涂乱画。有次被我抓个正着，我问他在干什么，他赶紧把绘画用的笔藏了起来，用身体挡住墙上的"画"。我并没有直接教育他，而是制止了他，让他一个人去屋子里呆一会儿。之后，我把他叫出来，问他为什么要这样做。小卡尔对我说："爸爸，我知道错了，我想清楚了，我的行为弄脏了墙壁。我不在纸上绘画而在墙上画画，这是不对的。你说过不能弄脏东西的，我真的错了，请您惩罚我吧。"

我没有惩罚小卡尔，因为让他一个人呆在屋子里想清楚自己的行为，能够认识到自己的错误就已经足够了。孩子做事情，总是一时兴起，虽然懂得道理，只是当时没有管住自己而已。只要孩子打心眼里知道自己犯错误了，就会加深印象，从而在以后减少自己的错误。

我认为，让孩子一个人安静地想想自己的所作所为的方法，适用于很多种情况。比如，当两个孩子起矛盾时，互相告状，争论不休。这个时候，父母只要把他们分开，单独呆一会儿，所有的问题可能就都解决了。因为孩子之间没有深仇大恨，只是一时在气头上而已。如果不分开而是去当面讲道理，那是讲不清楚的，孩子也不会听，反倒是加深了矛盾，增添了更多的麻烦。

当然，有时候孩子会不听话，拒绝回房间或到指定的地方去。这个时候，父母就要强制地把孩子关进房中，不管他如何哭闹，在规定的时间不给他开门。**一定要让孩子明白，你要对自己的行为负责，任何对抗都是无用的，必须面对现实。**值得庆幸的是，小卡尔一直很听话，不至于让我采用如此残酷的方法。

改掉孩子贪吃的习惯

很多父母溺爱孩子，为了让孩子身体健壮，给孩子补充营养，经常不分时间、毫无规律地给孩子东西吃，把所谓有营养的东西都强制地灌入孩子的胃里。**其实这样容易导致孩子食欲紊乱，并且把精力全部花在消化食物上面，妨碍大脑的发育**。在如此不合理的状态下，任何早期教育都是白费。父母们认为这是"关心"孩子的表现，在我看来愚蠢至极。

我和妻子都非常注意这一点。平时，我们严禁儿子随便吃点心和零食，儿子吃点心是有固定时间的，我们有合理的安排。我还时常给儿子讲吃得过多的坏处，比如我会说："人吃得过多，脑袋就不灵活了，心情也会变得很坏，容易生病，不仅苦恼而且难受，也不能学习和玩耍了。你得病了，我和你妈妈要为了照顾你而耽搁我们自己的事情。总之，你病了的话，会给许多人带来麻烦的。"

有时候，为了让小卡尔明白合理饮食对身体健康的重要性，我会带他一起去看望生病的小孩。这样，他就有了直接的体会，对他来说是一种很现实的教育。有一次，我带着儿子出去散步，在路上遇见了一个朋友的儿子。我问他家里人的情况，他说都好。我又问道："但是，你弟弟病了吧？"那孩子很惊讶："你怎么知道？"我说："因为圣诞节刚过。"其实，我知道他的弟弟很贪吃，所以过了圣诞节肯定会生病的。于是我就带小卡尔去看望那孩子的弟弟。果然不出所料，因为贪吃的缘故，他躺在床上叫个不停。在与他家人交谈的时候，我特意让小卡尔坐在身边，这样他也能够了解事情的原委。

培养孩子良好的饮食习惯也很重要。在吃饭的时候，我都是尽量让小卡尔在一种愉快的氛围里用餐。我认为，营造良好愉快的用餐环境有利于孩子身心的发展。对孩子而言，食物不是奖品，也不是款待，更不应该是一种义务。**千万不能拿食物贿赂和奖赏孩子，也不要因为孩子的错误而不让他吃饭，父母完全没有必要用食物作为调教孩子的工具。管教孩子和食物不是一回事。**

作为父母，总是担心孩子吃不饱或怕孩子不会吃东西，吃饭的时候全家总动员，如临大敌似的。这不行那不行的，不知不觉中给孩子造成一种无形的压力，长此以往，孩子就会把吃饭当成是一种负担。这不仅对孩子进食不利，而且给家里也带来不少的麻烦。

其实，做父母的要知道一点，只要给了孩子可以吃的东西，那放心吧，孩子一定不会饿着。只要孩子不贪吃，我们就应该让他觉得吃饭是一件重要而且愉快的事情，一件自己想做又能做的轻松的事情。但一定要注意，不能让孩子觉得吃东西是唯一的乐趣，千万不能使他养成贪吃的习惯。

吃得太多而伤到胃这样的事，在小卡尔身上几乎从来没有发生过。在朋友家里，不管主人如何热情款待，食物多么好吃，他都不动心，坚决不吃。朋友们看到儿子的反应，以为是我管教太严的结果，其实不是那样的，这全是小卡尔自愿的，因为他已经养成了良好的饮食习惯。朋友因为对自己的孩子那样，所以很难理解小卡尔的反应。其实，要让孩子做到这一点，只要对孩子从小进行教育就可以了。

贪吃不仅不利于孩子健康发展，而且会使人愚笨。胃过于疲劳的话，就会使大脑的各种功能减弱。我时常对儿子和周围的人反复地讲这个观点。很多伟大的历史人物都非常注意这一点，尤其是那些积极用脑思考的大思想家、哲人。

我们这一带有一个名叫哥罗德的小胖子，大家都认识他。听说他年龄虽小，吃东西却和大人一样多，除了一日三餐外，他还要吃很多的零食。因为是晚年得子，所以一家人都很疼爱他，给他吃好的穿好的。父母对他更是百依百顺，只要孩子想吃什么，他们就给他什么。虽然孩子的体形根本不像自己那么瘦，但哥罗德的父母并不在意，只是觉得有点难看罢了。他们并没有考虑到，肥胖已经成为了孩子的负担。小伙伴们经常嘲笑哥罗德是个胖子，他回到家后父母就用食物来解决问题。他们以为吃能够解决一切问题，还用食物来奖惩孩子的学习。虽然哥罗德比小卡尔大两岁，但在学习上根本无法和小卡尔相比。

哥罗德之所以成这样，完全是父母的责任。他们不懂得如何教育孩子，以为吃是孩子唯一的兴趣，根本就没有考虑过培养孩子各方面的潜能。这样愚不可及的父母培育出来的孩子也只能是愚蠢的。

第十二章
培养孩子优良的学习品质

其实,一个孩子的成长是受到多种因素影响的。我不以为小卡尔会有多么高的天赋,也不以为那些成绩不好的孩子就一定是天生愚笨。但是,我可以肯定地说,那些孩子的成绩不好,跟没有从小养成优良的学习品质有密切的关系。这个责任全在父母,父母如何培养孩子、引导孩子才是问题的关键。

学有用心

　　生活中总有父母问我，为什么他们的孩子天天抱着书苦读，可是成绩却没有一点长进呢？为什么小卡尔的学习总是很优秀，而他们的孩子却始终差的很远呢？对于这个质疑，父母们以为要么是自己的孩子太笨，要么是小卡尔太聪明。尤其是在小卡尔学有所成的时候，父母们都包围着我们，关切地问这问那。

　　其实，一个孩子的成长是受到多种因素影响的。我不以为小卡尔会有多么高的天赋，也不以为那些成绩不好的孩子就一定是天生愚笨。但是，我可以肯定地说，那些孩子的成绩不好，跟没有从小养成优良的学习品质有密切的关系。这个责任全在父母，父母如何培养孩子、引导孩子才是问题的关键。

　　对于那些一生下来就表现得聪明伶俐、灵气逼人的孩子来说，如果得不到父母合理的引导，他们的兴趣就很宽泛，什么都想学。越是聪明的孩子，越是容易这样。孩子有求知欲和广泛的兴趣，这是件好事，但是如果父母没有正确合理地引导，他们就可能什么也学不好。

　　小卡尔就是这样的一个小孩。我从他很小的时候就开始严格地教育他学会合理安排自己的学习，所以他并没有因为兴趣广泛而影响自己的学习。无论是学习什么，我都要求他做到专心致志，绝不允许三心二意，学的时候想着出去玩，玩的时候又害怕把学习落下。**要用心专一，否则一切都是徒劳，即使是整日苦学，那也是看起来在学习而已。**如果这样的话，那就是对时间的无情浪费，也欺骗了自己和他人。这就是大多数孩子学习成绩不好的原因，与其在屋子里一边学习一边想着去玩，还不如痛快地出去玩呢。

　　在小卡尔学习的时候，我绝不允许有任何人或事情干扰他的学习，就算是妻子也不例外。如果有人来访，我也不会放松，吩咐家人让客人稍候片刻。小卡尔的学习时间和游戏玩乐时间有严格的规定，他刚开始学习的时候，我每天给他安排45分钟的学习时间。这期间如果他不认真学习，就会受到我的严厉批评。我这样做的目的是要小卡尔从小养成一种严肃认真、一丝不苟态度。

有一个朋友的儿子叫哈特威尔，从小就很聪明，比小卡尔大十岁，我是看着他长大的。哈特威尔小的时候也对一切事物充满了好奇，有很强的求知欲，每次去串门他都缠住我问这问那，我也耐心认真地回答。但是，哈特威尔上学开始接受正规的教育以后，我的朋友告诉我，他的成绩总是不太理想。起初我很奇怪，这么聪明的孩子，又有很有教养的父母教导，怎么就学习不理想了呢？

为了解开这疑问，在孩子父母允许的情况下，我偷偷观察了他的学习情况。一到学习的时间，哈特威尔坐在书桌前，开始背诵荷马的诗。起初，我能听到他诵读的声音，可是不过一会儿，诵读的声音就渐渐没有了。我看见他的眼睛不在书本上，而是望着窗外。我知道孩子学习时走神了，开始想别的事情或是在发呆。我叫他的父亲过来看，他的父亲很恼怒，想立马修理他。我赶忙拉住他，低声说："不能这样，让我去跟孩子聊聊。"于是，我悄悄地靠近哈特威尔。他想得入迷了，根本不知道有人来。我轻轻地拍了拍哈特威尔的肩膀，他猛地回过神来，身子微微地抖动了一下："哦，是威特先生。"我柔声问他："哈特威尔，不用心学习，你在想什么呢？""我……没想……""那好，你来背一下你学的诗。"他满脸通红，很久都没有背出一句来。我问他："孩子，如果刚才你没有走神的的话，怎么会背不出来呢？"哈特威尔只好承认了自己在学习时走神了。

我想知道他在想什么事情，于是就继续问他。然后，他告诉我是在想昨天发生的一件事情。有一个身体强壮的小朋友老是欺负别的孩子，哈特威尔看不惯，他刚才在想自己如果是一个身怀绝技的剑客就能教训他了。他幻想自己骑着高头大马，挥舞长剑，锄强扶弱的情景。哈特威尔在说着的时候还给我比划着，两眼放光，很是投入。我打断了他的演示，对他说："孩子，你听我说。你应该知道，帮助别人是好事，但不能光想不做！《荷马史诗》里有很多的英雄事迹，你应该在书本里学到英雄是如何成为英雄的。现在还是学习的阶段，你要专心致志，好好学习，才能在以后变成一个强者啊。你说呢？"小哈特威尔似乎明白了，对我说："你说的对。我应该先在书本中学习英雄的事迹和他们的智慧，然后再到外面强身健体，等到长大了，我就能够帮助弱者了。是这样吧？威特先生。"我点点头。

后来，他的父母告诉我，哈特威尔的成绩有了很大的进步。其实，**只要父母懂得如何教导孩子用心一处，专心致志地学习，成绩的进步是很自然的事情。**

学有效率

在培养小卡尔专心致志的学习品质时，我还非常注意培养儿子做事有效率、敏捷灵巧的习惯。如果小卡尔磨磨蹭蹭的，即使最后做好了，我也不会满意。学有效率对孩子的学习是有很大帮助的。做事邋遢，学习懈怠，那是在虚度光阴。**在对于卡尔学习的严格管束上，我并没有牺牲孩子学习其他方面知识和玩耍的时间，每天用一两个小时在学习上就可以达到良好的效果。**正是由于我注意培养他形成的做事敏捷高效的良好习惯，小卡尔并没有因为学习而失去了玩耍或做其他事情的时间，反之，由于学习时高度集中、效率很高，所以才有更多的时间去做其他的事情，休息也好，社会交际也罢。

做事专心高效的习惯必须从小养成。人生岁月有限，除去睡觉和休息的时间，能用在学习和做事上的时间非常有限。如果不抓紧一点，宝贵的时间就如流水一般，很快消逝，生命也就只是一瞬间的事。我常常告诫儿子，一个完美的人应该行事果断，雷厉风行，如此生命才会没有遗憾。

有一次，我给小卡尔留下一道数学题后就离开了。一般情况下，我都让他在规定的时间里完成，时间未到，我是不会去打扰他的。这次中途我去书房拿书，虽然时间未到，可小卡尔却在玩耍。我问他为什么不做题，他说这道题很简单，很快就可以完成。我说："哦，原来你觉得简单啊。那就再加两道题。""为什么啊？""你不是觉得时间太多吗？那就该多做些事情。"小卡尔是知道我的行事风格的，说到做到。留下两道题，我就走开了。到了规定的时间，我去检查，他正在为第三道题冥思苦想。我打断他，他说："可我还没有做完呢。""我给你只是加了两道题，并没有加时间。""这不公平，爸爸。""是吗？你自己认为时间充裕的。"小卡尔不明白，我这样做只是为了不让他养成拖沓的习惯。"如果你之前没有把时间浪费在玩耍上，再加两道题也是不成问题的。你浪费了你的时间，就像浪费了自己的牛奶一样。"

那天，我就把原来应该是儿子喝的牛奶送给了女佣。从那以后，小卡尔明白了许多，像上述的事情再也没发生过。

学有所精

在小卡尔学习语言和数学等知识时，我严禁他敷衍了事，这样做是为了培养他学有所求、精益求精的学习品质。**我最不喜欢那种大而化之、做事情不深究的人。大而化之则没有让人回味的地方，并且在细节上容易犯错误。我从小就教育小卡尔做事要精益求精，尽善尽美。**学习也好，兴趣也好，都要讲究一个"精"字，这样也体现着所做事情的价值。

小卡尔喜欢画画，我就让他从画画中理解精益求精的道理。因为我知道，艺术的创造特别讲究精益求精。我给他买了很多名画的复制品，给他讲解艺术家精益求精的品质。

小卡尔喜欢画秋天金色夕阳下的小桥。他曾经对我说过，天气晴朗时，阳光洒在小桥的石头上，泛着金黄色的光芒；桥下的水是蓝色的，阳光照在水面上如蓝宝石一般美丽，阴影处显出一种深蓝色的光亮，看起来神秘莫测。

有次带他外出写生，他画他喜爱的那座小石桥，我坐在树下看书，一切都是那么宁静美好。不一会儿，他就拿着画板过来让我看他的杰作。我觉得他画的很好，画面布局和色彩处理都很不错。但我还是发现了一些瑕疵，如果换成别的父母可能就敷衍过去了，但是我不会放过任何教导孩子的机会，一发现缺点，就立即指出来。我说："我并没有看到你曾经跟我说过的那种蓝宝石色的水影，一点也没有什么神秘感啊。"于是，小卡尔又坐到河边的石头上，继续修改。过了一会儿，他又拿来让我看。我说："嗯，这下好多了。不过虽然你画出了水影的蓝宝石色，但是还不够透亮，哪里来的神秘感呢？"我知道这样的要求对一个成年人来说都是很难做到的，但是小卡尔并没有放弃，自己一个人又坐下来开始思索。

等了好久，看他还在那里不动，我催促道："好了，卡尔，要回家了。以后再想吧。"他央求我再等等。最后，当他把第三幅画拿给我看的时候，我震惊了。那幅画真是太完美了，桥下的水真如蓝宝石一般，变化莫测，美丽至极。我夸奖他："儿子，你真棒！你怎么做到的？"他告诉我他所发现的阴影的秘密：它不是深蓝一块的，而是由不同的蓝色组成，深蓝、普鲁士蓝、钻石蓝，还有一点红色在里面，那是岸上花在水里的倒影。我很佩服儿子的观察力，这么专业的分析，没人教他，他自己领悟到了，真了不起。我深情地拉着儿子的手，迎着夕阳，走向回家的路。

在回家的路上，我问他为什么还要画第三次，其实第二次已经画得很不错。他告诉我："您不是经常说，做事情要精益求精吗？"看着儿子如此天真又快乐，真不知道如何表达我对他的爱，只好握紧他的小手。

学贵坚持

人生路上会遇到很多问题和困难。我时常这样教育小卡尔：不管什么事情，只要下定决心去做了，就要坚持不懈，持之以恒。只要有这种坚持不懈的精神，任何难关都能渡过的，一切问题都会迎刃而解的。

培养孩子坚持不懈的习惯，我们从卡尔很小的时候就开始了。当小卡尔出生后还只能在床上蠕动的时候，我们便训练他的持久力，妻子和我总是鼓励他坚持、再坚持一下，直到他完成了训练任务。比如，我们用一件物品来吸引他的注意力，然后再把物品放到离他比较远的地方，让他去抓。我们鼓励他加把劲、再加把劲就可以抓到了。这样的训练，既锻炼了儿子的爬行，也训练了他坚持不懈直到成功的毅力。**随着儿子逐渐长大，我们也用类似的方法培养他的毅力，久而久之就可以养成一种自己的习惯，只不过后来把玩具换成了书本。**

小卡尔学习得一直很轻松，任何题目都难不倒他。有时候，为了提高他的思考能力，我特意给他安排一些难度较大的题目。有一次给他安排了一道远远超出他学习范围的题目后，我就出去了。过了很长时间，小卡尔还没有出来，这超出了我规定他的时间。我走进屋，看到他仍坐在那里冥思苦想，满脸通红，纸上一片空白。我见他脸色不好，以为他生病了，就赶忙问道："儿子，你哪里不舒服？"他摇摇头说："没有，我只是在想如何解答。""现在已经超时了，休息一下，明天再解决吧。"可儿子坚持要找到解决的途径，我想我不应该打断他，让他继续思考吧。

到了吃饭的时候，小卡尔还没有出来。妻子很着急，让我去把儿子叫出来，题目太难了，容易伤害儿子的自尊心，而且也不能让儿子太累了。我只好又走进去，告诉他不用想了，这题目确实太难，解答不出来没关系的。可是，小卡尔却坚持说："不，我快要有答案了，您不是说做事要坚持不懈吗？我马上就可以解答出来了。"儿子这样说，我还能怎么劝他呢，只好让他继续了，孩子有恒心做事就该支持他完成。不久，小卡尔兴奋地喊着"爸爸"，从房间里冲了出来。我知道，他成功了，那一刻我无比激动。我看了他的答案，非常准确。他的解答思路非常巧妙，比标准答案给的方法还要高明许多。

晚饭的时候，小卡尔兴奋地给我们讲他是如何解答的，如何找到了突破点。他承认这道题确实很难，他从未碰见过如此难的题目。因此，他对自己能够最终解答题目感到非常自豪。我问他有没有想过要放弃，他对我说："想过。这道题目太难了，我思考的时候感觉脑袋都要涨破了，那时候真想对你说我不做了。但是，每当我有这样的想法时，就会有一个声音告诉我：'坚持，再坚持一下'。后来我就坚持下去，终于找到了答案。"那天晚上，小卡尔吃了很多，睡得十分香甜。

经过这次的努力，小卡尔的能力有了很大的提高，解题所用的方法也灵活了很多，他还尝试用不同的方法解答。通过这次努力，小卡尔对只要坚持就能成功的道理有了更深的体会。

第十三章
使孩子具备良好的心理素质

父母对孩子的爱出自天性。但是，有些父母对孩子的爱似乎是有些扭曲了。他们对孩子呵护备至，事无巨细地帮助孩子，怕他吃不饱，怕他受到风寒，孩子的成长像是温室里的花朵一般，不会经历一点的风吹雨打，困苦失败。这样的做法，实在是很愚蠢的。我常常告诫儿子，人生路上，荆棘满途，充满许多困难和挫折，你必须成为一个坚强的人。只有坚强，才能在挫折中找到通向成功的路径。

做一个勇敢坚强的人

不管一个人的才华如何突出，知识如何渊博，如果他没有勇敢的精神，那么他就是懦弱无能的。勇气是一个人积极进取的不懈动力。

父母对孩子的爱出自天性。但是，有些父母对孩子的爱似乎有些扭曲了。他们对孩子呵护备至，事无巨细地帮助孩子，怕他吃不饱，怕他受到风寒，成长中的孩子像是温室里的花朵一般，不会经历一点的风吹雨打，困苦失败。这样的做法，实在是很愚蠢的。我认为，如果事事帮孩子包办，即使孩子将来人高马大，体格健壮，也会缺乏勇敢的精神。这样的孩子，只是看似坚硬的砂石，绝非社会的栋梁。

勇气，作为一种个人能力，不是与生俱来的，而是靠后天的训练和培养获得的。我在教育小卡尔的过程中，一直给他灌输一个观念，即：勇敢坚韧受人尊重，懦弱胆小被人看扁。记得有次小卡尔跟小伙伴玩耍，不小心弄破了手指，虽然很疼，但他忍住疼痛，跟伙伴们继续玩耍。因为他知道，如果自己当时掉眼泪或是喊疼的话，小伙伴们就会认为他是一个软蛋。

小卡尔天生不勇敢，有时候好像一个女孩子一样，胆小怕事。有一次，邻居家的女孩莫丽玩得高兴过了头，不小心把帽子扔到了树上，她用尽了一切可以想到的办法，摇树干，用石块打，可都无济于事，最终决定还是自己爬上去取。可是，一个女孩子，没有那么强壮的身体，爬了几次都失败了。她找小卡尔帮忙。以他的身体，爬树应该不是问题，可是他却拒绝了莫丽的请求。我正好经过，就问他为什么不帮人家，他说那样太危险了。我鼓励他只要牢牢抓住就不会有危险了,但小卡尔还是害怕。于是,我就亲自爬上了那棵树,然后对他说:"儿子,你看,爸爸这岁数都可以爬上去,你绝对没有问题的。"看到我这样,小卡尔只好答应等我下来后试试看。后来等他战战兢兢地爬上去之后,对我说:"原来不危险啊!"他取下帽子,还给了莫丽。从那次以后,小卡尔不再像以前那么胆小了。虽然我教孩子爬树看起来不是很文雅,但是只要能够让小卡尔感受到勇气的力量,这些都无所谓了。

在成年人看来有危险的、不适合孩子做的事情,其实很多对孩子来说却是可以胜任的。父母的常识被自己对孩子的深切关爱遮蔽了。但是,也正是父母的这种爱,阻止了孩子去熟悉新环境,探索新事物,剥夺了孩子锻炼自我的机会。在孩子的成长过程中,膝盖的伤痛可以治愈,但是缺失的自信和不足的勇气是永远无法补偿的。

其实,父母的过度溺爱容易增强孩子的逆反心理。父母越是不让孩子去冒险,干涉孩子的行为,孩子就越是会感到不满,甚至反感,从而导致心理失衡,于是就固执地去做父母不让做的事情。

在锻炼孩子的勇气方面,我们应该向英国人学习。我听说在英国西南部的瓦伊河畔,有一所专门为孩子提供探险机会的河流探险训练中心,在那里,可以很好地训练孩子的勇气和坚强的意志。这样的做法,值得推广和学习。

自己的事情自己做

我反复地强调教育孩子的一个准则,那就是孩子自己能做的事,就让他自己去完成,做父母的千万不要替他去做。如果替孩子做他们能做的事,这会打击他们的积极性,等于在对孩子说:"我还不相信你有这样的能力和勇气。"

我听说有这样一个孩子,他在很小的时候就失去了父亲,于是母亲对他百般呵护。到他4岁的时候,母亲还给他喂饭穿衣。同龄孩子能做的事情,他的母亲还是帮他做。有人建议孩子的母亲让孩子自己去做能够完成的事情,这么大的孩子也该自己穿衣吃饭了,但是他的母亲却说:"我爱我的孩子,他是我的所有,我为他牺牲再多也值得。"这位善良的母亲不知道,她的行为对孩子的成长来说是非常不利的。

说到底,他对孩子的爱是出于对孩子的可怜,可她不知道,她把自己的一切都贡献给儿子,事事帮他做,实际上是在告诉孩子:"你是无能的,你做不好的。"这样做,只能让孩子产生更多的依赖,什么都不会干,什么也不懂。如果有一天没有了妈妈的照顾,他就会有很深的失落感。这位母亲的无私,其实是很自私的。等孩子长大了,这位母亲还是一手包办,会让他感觉到自己什么都不如别人,甚至认为自己是一个无能的人,更没有勇气和同伴们呆在一起。这样的孩子所面临的将是一个陌生的世界,他在这个世界面前毫无准备。如果一个孩子失去了独立的能力,怎么能有一个美好的将来呢?

在对小卡尔的教育中,我十分注意对他独立精神的培养。他刚出生就一个人睡在摇篮中,而不是母亲的怀抱里。我们还严格规定了给他喂奶的时间,不到时间,不会给他喂奶。有的人认为这样做,对于一个孩子来说,实在是太残酷了。其实,**从小就培养孩子的独立精神是非常重要也很必要的,无微不至的关怀会造成孩子的能力低下**。况且,孩子也不能全部接受父母的这种关怀。尤其是进入少年期的孩子,他们经常与父母发生冲突,就是对父母关怀他们的一种反抗,他们需要在别人面前显示自己的存在和能力。

相比于上面的那位母亲,妻子在培养儿子自己的事自己做上表现得很好。当小卡尔到了要学会自己穿衣服的年龄,她就开始让他自己尝试。她在旁边指导示范,但并不催促他快点,而是鼓励他:"慢慢来,你可以的,你已经是个大孩子了。"如果儿子还坚持他自己穿不上衣服,妻子并不理会,而是继续鼓励他:"你一定可以的。妈妈不看着你穿了,我闭上眼睛数十下,在我睁开眼时看你能不能穿上。"这个时候,小卡尔有时会继续穿,有时也会哭闹起来,不愿再努力。妻子并不理会他。当小卡尔发现自己的哭闹并不能引起母亲的同情,来让母亲帮他穿衣时,他也就只能自己解决自己的问题了。后来,小卡尔很快就学会了自己穿衣服。

重视孩子的独立意识，是我们民族的一个优良传统。远在古代德国，人们就把儿童当作独立的与成人平等的人来对待。那时候，贵族们把自己的孩子送到其他贵族的城堡里学习怎样成为真正的骑士。他们认为，离家独立成长，可以让一个孩子具备一个骑士所具有的素质和知识。

其实，虽然孩子还是一个未成年人，考虑到他的能力范围和性格特点，还是要鼓励孩子去探险闯荡，挑战困难。这样，才能培养孩子自立自强的品质。这样的传统并没有丢失，我身边就有很多这样的父母，努力践行着这一理念。

孩子遇到困难和恐惧的时候，首先会习惯性地想到自己的父母。父母的爱会给他们温暖和支持。于是，有的孩子就把自己的情感全部寄托在父母身上。然而，他们在交出自己情感领地的同时，也不得不接受别人对自己情绪的支配。他们没有自我感，自己不能满足自己的心理，他们的自我是他人的反射。一旦其寄生的权威不在，他们就会陷入无边的绝望，甚至十分危险的境地。在我看来，**具有独立精神的人对自我意识有着强烈的需求。他不会寄生于他人的意识，不借助于他人的帮助，他自己决定自己的事情，严于律己**。有句名言说得好："伟大的人立定志向以满足自己，而不是满足别人。"

人的这种依赖意识具有相当的隐蔽性。作为父母，在教育孩子的过程中，我们要清醒，必须进行这样的追问：我们确实希望孩子独立自立，但我们是否由于害怕失去孩子，而总希望孩子生活在我们为他安排的安逸环境里呢？

不怕挫折，面对现实

逆境出人才。经过挫折锤炼，在逆境中成长起来的人具有更强的生命力和竞争力，他们拥有成功和失败的经验，处事更加成熟。在他们眼里，失败是一种财富。他们笑对失败，迎难而上。如何让孩子具有足够的勇气来面对失败和挫折呢？这就要求我们从小磨炼他们的心理承受能力。

挫折是所遇到的困难或失败在心理上的一种感受，它使你的需要没有得到满足，或者难以得到满足。不同意志品质的人，对待挫折的态度极为不同。我常常告诫儿子，人生路上，荆棘满途，充满许多困难和挫折，你必须成为一个坚强的人，这样才能在挫折中找到通向成功的路径。我一直鼓励他，要勇于面对失败，不怕失败。**我一直努力让小卡尔明白一个道理：犯错误或是失败都是走向成功的必经之路。这个过程中，最关键的是要尽自己的最大努力来争取成功。**

我还告诉儿子，不管再苦再累，都不能采取极端的方式来逃避困难和挫折。有些孩子，由于承受不了失败的打击和挫折的折磨，甚至采用自残的方式。在少年时代，那些逃避和掩盖对失败的恐惧的普遍方式就是酗酒、打架。我认为，这些坏的行为都是因为孩子到了对他人对自己的看法最为关注的年龄才开始的，并不是什么偶然的事情。经验告诉我，只要注意培养孩子勇敢、自信、坚强的心理素质，理解他们，信任他们，鼓励他们，多多与他们沟通，很自然地就可以避免这些不良的极端行为。

人有时候总受制于逃避现实的心理，不能面对现实。不能面对，就是自我欺骗。人的自我欺骗的能力是无穷尽的。一个成功的人，不会沉浸在自我欺骗的幻想世界里，而是会勇于面对现实。我教育小卡尔，做任何事情都要脚踏实地，以现实为思考的基础。许多的父母往往忽视对孩子进行这方面的培养，总是想保护孩子不受残酷现实的影响，结果使得孩子的逃避心理更加严重。对于孩子的成长来说，这样做在一定程度上无异于犯罪。

在对小卡尔的教育过程中，不管他所遭遇的困难和挫折对他来说是多么痛苦，我都帮助他勇敢地面对现实。当我在给儿子解释一些事实并帮他出谋划策的时候，他就会知道父母有能力来解决那些棘手的问题。每当这个时候，小卡尔就会满怀信心地说："我也能做得一样好。"我就喜欢看到儿子这样。

取舍之间的权衡

在教育孩子的过程中，很多父母总是想把孩子培养成他们想象当中的人才，不管孩子的兴趣所在，只是要孩子照着他们规划的路线走下去，这样做对孩子的成长极为不利。"逼"出来的人才是不健全的。孩子在他们的教育政策下，根本不是热爱学习，而是备受折磨。

我在小卡尔的早期教育过程中，坚决贯彻以培养孩子学习兴趣为主的教育宗旨。小卡尔自己也喜欢学习，在学习中找到了乐趣，并且还度过了美好的童年。对于小卡尔的学习，我从来不想强逼他去学什么，我并没有强迫他把每门知识都学到极致，这既不可能也没有必要。培养全面的人才，并不意味着就要造就一个无所不能的超人，每个人都不可避免地会存在一些缺点，面面俱全的人是没有的。只要小卡尔喜欢的东西，我就给予鼓励和支持，并采取合理的方式来引导他在玩耍中获得知识。

当然，**孩子还小的时候，需要父母的帮助才能够辨伪存真，做出符合自己兴趣爱好和个性特点的选择。**初生牛犊不怕虎，年幼的孩子都很有自信，面对困难和失败，不易灰心丧气，总是充满信心。这是好事，但是孩子的这种自信是盲目的，父母必须承担起帮助孩子做出正确抉择的责任。不能让孩子在不可能成功的道路上走得太远，陷得太深。父母要抓住机会教孩子学会现实地思考，这是孩子走向成熟的关键。

我常常告诫儿子，能够争取到的就要尽力争取，应该放弃的必须果断放弃。这是一种智慧，也是对人生的考验。比如在儿子学习乐器的时候，我并不在意他弹得准确与否，而只是为了训练他手指的灵活性，陶冶他的情操，开发他的智力。只要孩子喜欢弹琴，就算有不完美的地方，那也还是一件好事。

小卡尔8岁那年，他告诉我，他不想学习语言和数学等知识了，他想成为一个英勇的武士，想当一个威武的将军。那个岁数的孩子对英雄的渴望是成长过程中的必然情结。但是并不是每个孩子都可以成为武士和将军的，这个时候需要父母来把关，开导孩子，让他更正确地从现实出发思考问题。否则，孩子会做出错误的选择，浪费时间。我并没有直接否定小卡尔的英雄幻想，而是先从作为英雄的必要条件开始讲给他听，然后再开导他。

"卡尔，你还记得我给你讲的那些英勇的东方武士的故事吗？"

"记得，他们行侠仗义，杀富济贫，救助穷人，我就是要成为那样的英雄。"

"但是你要知道，他们都是从小刻苦练功，拜师学艺，最终才成为大英雄的。你想当武士,这个想法很好,但是我不会武功,这里也没有人会,你拜谁为师?你怎么学得到功夫呢?"

"那我就去东方,中国或是日本……"

"那样也好。但是,你能肯定到了那里就能找到合适的老师吗?找到了的话,他会教你学艺吗?更重要的是,那些讲给你听的只是故事,其真实性还是要受到质疑的。你想想看,一个人怎么能够跳几十米高呢?那远远超出了人类的极限。这些故事都是为了丰富人们的娱乐生活和想象力而创造出来的。我给你讲这样的故事,只是为了你能够学习武士的那种勇敢精神,而不是要你成为一个真正的武士。你明白吗?"

说完,我见儿子的表情有些失望,就接着开导他。

"还有,古今时代也不同了。古代的勇士将领,必须亲自上阵杀敌,因为那时很落后。今天的将军必须要智慧过人,知识丰富,而不能仅凭自己的武艺去拼杀。**儿子,你要记住的是,人各有所长,各有所短。你要善于扬长避短,充分发挥自己的长处,弥补自己的不足。**你的数学、语言和文学都很出色,干吗要放弃呢?行行出状元,你干吗一定要当武士和将军呢?再说了,如果你是文学家的话,你照样可以给世界带来丰富的精神财富;如果你是科学家,你能给世界创造多少不朽的东西啊。其实,只要是真正面对自己的人,都是英雄。"

卡尔听我说完,终于明白了。他对英雄的涵义有了更深的了解,也明白了取舍之间的权衡利弊,这在他以后的人生道路中肯定起到了积极的作用。无论怎样的抉择,他都能根据自身的实际情况来做出合理的决定。

保证孩子的精神卫生

追求真理,就是走出愚昧的深渊,朝向光明。

很多父母在教育孩子的时候,并不重视孩子追求真理的精神和求知欲。孩子在他们无知的教育下,变成了同他们一样的市侩、手艺匠、店员。在他们眼中，教育孩子唯一的目的就是学会赚钱。发展才智和完善品质是我们每个人应有的权利。**我建议那些愚昧的父母们，应该放弃他们所谓的处世哲学和赚钱教育，把更多的精力放在培养孩子对真理的追求上。**在这样的教育下，孩子表达的思想会使旧脑筋、顽固的人眼前一亮，甚至不可接受。但，这是孩子智力充分发展的结果。

有些愚昧的父母们，不懂得如何教育孩子去追求真理，而是拿各种乱七八糟的东西胡乱往孩子的大脑里填。这样教育出来的孩子，只能是愚蠢至极的无能之人。知识没有学到，反而玷污损害了健康的神经。比如，不管父母是为了哪种原因，或吓唬孩子不让他胡乱作为，或闲着无聊以解闷，总是给孩子讲一些恐怖故事和迷信传说，让孩子从小就对探求真理失去了信心，丧失了对世界正确的认识和判断。

这种现象在民间尤为普遍。孩子本来幼小而脆弱的心灵，正是需要帮助和指引的时候，这些胡诌的迷信深深地误导了孩子心灵的发育。这些迷信和恐怖故事如同病毒一样，在孩子幼小的心灵里蔓延扩散，为以后的发展埋下了精神异常的病根。我曾经请教过一位精神病专家，他告诉我有几百万被称为机能性精神病患者的人，他们的病因大多是在幼儿时期受到惊吓，或听过恐怖的故事，或遇到过让他无法忘记的惊悚事件。这位精神病专家还说，如果小时候教育得当，这种精神病是可以避免的。所以，我坚决反对给孩子讲恶灵、地狱、妖魔鬼怪的故事。这些故事直接损害孩子的心灵，不利于孩子形成光明的内心世界，阻碍了孩子的健康成长。

同时，对于不良的迷信和伪知识，我们不仅要预防，还要采取让孩子具有免疫能力的措施。让孩子在一个干净、没有病毒的精神世界里健康发展，是我们每个父母的责任。孩子碰到的病毒越少，其精神的受损程度越低。

为了让我更明白，那位热心的精神病专家还特意安排我去见了他的病人。其中，有一个 26 岁的男青年患上了抑郁症。他整天陷入虚构的罪孽之中，胡思乱想，认为自己将来定会被打入地狱，永世不得超生。那人看起来可怜极了。经过专家对他的精神分析得知，那是由于他在 5 岁的时候，听到了一个女教师所讲的关于地狱的恐怖情景所致。还有个抑郁症患者，是牧师的妻子，由于牧师给她讲过关于恶鬼的故事，导致她什么都怕，寝食难安，每晚噩梦连连，到最后骨瘦如柴，眼神呆滞无光。这个事情尤其让我感到悲哀。牧师的职责所在是帮助他人，让他们从黑暗中走出来。可是我的这位同行却让人陷入黑暗的深渊，真是愚蠢至极！让一个善良的人陷入黑暗的深渊，这无疑是在犯罪。

在我教育小卡尔的过程中，我从来不给他讲任何可怕的故事。我只给他讲那些健康的、充满光明的故事。我让他在这样的故事中体悟人生，学会做人。

有一次小卡尔问我是否存在魔鬼，我告诉他有，也没有。他不懂我所说的，就说："我认为是有的。"我问他："为什么，你见过吗？""没有，可人们都这么说。""没有亲眼见过的东西，怎么能说有呢？人们那样说只是胡乱猜想。""爸爸，你不是说也有的吗？"

我告诉儿子："其实，魔鬼只存在于人们的心里。善良的人，心中就没有魔鬼。那些坏人，心中就一定有魔鬼，因为他们的所作所为就像魔鬼一样，损害他人，坏事干尽。儿子，你要谨记，一个人心中充满光明，为人正直，助人为乐，乐善好施，事事为他人着想，这个人一定是天使。如果一个人总想着如何伤害他人，干一些阴险勾当，那就是魔鬼。一个人只要心中有光明，就一定能够战胜邪恶的魔鬼。"

小卡尔听后对我说："我明白了，爸爸。魔鬼就是世界上那些无恶不作的坏人。我要做一个光明磊落的人，这样我就不会怕魔鬼了。"看着儿子神采飞扬的样子，我心中非常欣慰。这不但解开了他心中的疑惑，还让他明白了做人的道理。

第十四章
做一个幸福的孩子

非常喜欢德来登的一句诗:"没有比品尝真理的滋味更为幸福的了,享受到真理的幸福是让人永生难忘的。"我认为,从小就品尝到真理滋味的小卡尔,是世界上最幸福的孩子。

教育史上的奇迹

有一次,我偶遇琼斯·兰特福先生,他是梅泽堡中学的教师。他对我对小卡尔的教育很感兴趣。他邀请小卡尔去他们学校做一次访问,以激励在校学生的学习热情。其实,就是当着孩子们的面,让小卡尔接受一些学问上的测试。起初,我并没有答应他,因为这样很容易让小卡尔骄傲。在他的再三请求下,我终于碍于面子答应了他。但我有个要求,就是不能让小卡尔知道这件事情,让他只当作是偶然发生的,以免对他产生不良的影响。

出发之前,我告诉小卡尔这只是去学校参观,见识一下学校的学生是如何学习的。到了学校,我们先在兰特福先生的带领下参观了学校设施,了解了学校的教学情况。然后他让我们坐在教室后面听他讲《波鲁塔克》。当时课堂上很沉闷,因为内容艰涩难懂,很少有人积极回答问题。兰特福先生便请小卡尔回答一下。结果,小卡尔讲得很清楚。学生们大为吃惊,啧啧称赞。兰特福先生让小卡尔读拉丁语版的《凯撒大帝》,并提出问题。卡尔很轻松地作了解答。兰特福先生又拿出一本意大利文的书让卡尔念,他不仅发音准确,而且非常流畅。在教室的学生们都被他征服了,顿时响起了热烈的掌声。课堂上,兰特福先生还跟小卡尔用法语对话,两人轻松自如地交谈。小卡尔不仅展现了他在语言上的才能,而且还回答了兰特福先生提出的历史和地理问题,以及一些数学问题。在场的学生和老师都震惊了。

这件事情发生在1808年5月。那一年,小卡才刚7岁零10个月。这样的场景令我非常激动,我也为小卡尔的出色发挥感到骄傲。卡尔接受兰福特先生考试后的第三天,1808年5月23日的《汉堡通讯》详细报道了这件事情,标题为《本地教育史上的一起惊人事件》。那份报纸我保存至今。报道中有如下一些内容：

"这个名叫卡尔·威特的儿童，系洛赫村的牧师威特博士之子。虽然学富五车，知识渊博，但并不显得老气横秋，少年老成。他还是一个非常惹人喜爱的孩子，既健康又活泼。他没有一点傲气，好像他并没有意识到自己所具有的才华。

这个孩子在精神和生理上的发展都极为理想和全面。据他父亲威特牧师所说，他儿子的才能并非天生就有，而是后天合理教育的结果。遗憾的是，威特先生很谦虚，并没有细谈他是如何教育出这么一位天才儿子的。"

不久，全国各地的报纸都转载了这一报道。一时间，小卡尔成了名人，他的出现轰动了整个德国。很多人都慕名前来，一睹小卡尔的奇迹。还有很多的知名学者和教育专家前来访问。他们对小卡尔的才能和健康佩服得五体投地。

莱比锡大学的邀请

在德国，学者备受尊重，这是我们的国家能够繁荣昌盛的原因之一。

小卡尔很快便以他的学识闻名全国，莱比锡大学的一位教授和本市一位权贵建议让小卡尔进入莱比锡大学学习。他们劝说我让小卡尔接受本市托马斯中学校长劳斯特博士的考核。对于此，我很为难，因为我教育孩子掌握知识不是为了接受这样那样的考核。同时，我也担心他们乱出题，会对小卡尔造成不利的影响。经过与劳斯特博士交谈后，我发现他是一个知识渊博、深明事理的学者，这样就打消了我前面的顾虑，为了小卡尔能够有一个美好的未来，我最后还是决定接受他们的建议。

同上次接受琼斯·兰特福先生的考核一样，我仍然提出必须要让小卡尔在没有觉察到他在接受考核的情况进行。劳斯特博士理解我的用意，他同意了我的要求，小卡尔的考核是在一般的交谈中完成的。虽然不是正规的考试，但是结果非常令人满意。那天是1809年12月12日。

考试结束后，劳斯特博士在给小卡尔写的入学证明书中这样写道：

按照要求，今天我对一个9岁的名叫卡尔·威特的少年进行了测验。考试的内容是：希腊语是《伊利亚特》中的选段；拉丁语是《艾丽绮斯》中的选段；意大利语是伽利略著作中的选段；法语是一本书的部分选段。这些都是比较难理解的地方，但是这个孩子却很好地完成了。卡尔·威特不仅语言方面极具才能，而且理解能力非常好，其他方面的知识也很渊博。听说这是他父亲教育的结果。

事后，劳斯特博士给莱比锡大学的校长写了一封私人信函，再次强调虽然卡尔的年龄只有9岁，但已经完全具备了上大学的各种能力和条件。他建议校长破格接受小卡尔入学。他还说让小卡尔进入大学深造是很必要的，这有利于学术的发展。校方最后同意小卡尔于1810年1月18日入学。

入学那天，我带着儿子拜访了校长琼斯博士。琼斯博士很高兴地与我们谈了很多。这一天，他还向市里的权贵们发了一份公开信，内容大致如下：

卡尔·威特是洛赫村的牧师威特博士的儿子。刚刚9岁的他已具备了十八九岁的青年们无法比及的学识和智慧。这是他父亲对他实行了早期教育的结果。

可以说，小卡尔的早期教育是成功的。他接受过很多学者的考核，学者们无不惊叹他的学识。小卡尔甚至还在国王面前接受过考试。卡尔·威特已经具备了文学、历史和地理等各方面的渊博知识，他父亲的教育方法的效果令人惊叹不已。

这个让人惊叹不已的少年与一般的神童不同。他身体健康，开朗活泼，不傲慢，懂礼貌。这样的天才少年实在是难能可贵。只要今后稍加教育，他的前途不可估量。

可是，卡尔·威特一家住在乡下，他的父亲收入微薄，难以支付小卡尔以后的教育费用。这位慈爱的父亲希望能够全家都搬到城里来，以便让小卡尔住在自己身边读完3年大学。穷牧师怎么能够担负的起这样大的一笔开支呢？只要每年有4个马克，威特博士就可以住到莱比锡，继续教育他的儿子在大学里学习。为此，我特请诸位能够踊跃捐款，金额每年4马克，捐助期限为3年。

琼斯校长这封信的反响巨大，最后募集到的款项是预定的两倍。而且，当地政府也给我提供了便利，把我调到新的教区工作，并发给我双份的工资。对于人们的友善和热心的帮助，我真是感激涕零。

奉召就读哥廷根大学

为了得到国王对我辞职的许可，我带着小卡尔去了卡塞尔。当时的国王是维斯特法利亚国王杰罗姆（拿破仑一世的弟弟），而不是普鲁士国王。1807年，拿破仑一世在易北河西岸建立了维斯特法利亚王国，由他弟弟杰罗姆任国王。从此，洛赫村和哈雷等地方就隶属于维斯特法利亚王国管辖，在政治上却由法国人和德国人共同统治。

我们到达卡塞尔时，国王恰好外出访问，是拉日斯特大臣接见的我们。初次见面，他还怀疑小卡尔的才能。但经过一番交谈之后，他被小卡尔的才华彻底征服了。小卡尔对他的每个问题都做出了令人满意的解答。拉日斯特大臣建议我们父子不去莱比锡，而是在国内的著名大学就读。第二天在拉日斯特招待我们和政府大臣们的晚宴上，大家还建议请国王出面承担莱比锡市民的义务，挽留我们在国内读哈雷大学或哥廷根大学。但我不能辜负了莱比锡市民们的好意，所以就拒绝了他们的建议。为了得到国王的许可，我们只好没趣地呆在洛赫等着。

7月29日那天，我们收到了维尔弗拉得大臣的一封信，信中写道：

足下的辞呈和令郎的非凡才学都已呈报给了国王陛下。热心于教育的陛下委托我传达他的旨意：准许足下于今年圣诞节过后辞职，待令郎大学毕业后再为足下安排教区。

国王陛下认为，国内也有优秀的大学，应该在国内就读。同时，国王陛下决定自今年圣诞节往后的三年中,每年下赐60个马克,命令令郎就读哥廷根大学。

我很荣幸能向足下传达御令,也愿助令郎的一臂之力。

为顺利迁往哥廷根,从即日起到圣诞节的两个月期间要做好离职准备。

就这样,小卡尔去了哥廷根大学,并在那里读了四年。

起初是我陪他一道去学校,以便照顾他,毕竟小卡尔年龄太小,这让人不放心。大学的学习生活对小卡尔来说是轻松愉快的,和20岁左右的青年们一起学习,10岁的小卡尔一点也不觉得紧张。除了上课之外,他有非常丰富的业余生活,比如采集标本、画画、弹琴、跳舞、研究古典语和近代史等。就算是复活节的一周假期,我也没有让小卡尔复习功课,天天跑图书馆。**因为我的目的不是要儿子成为一个被展览的作品,与儿子的健康和阅历相比,学问只是其次。**并且,小卡尔的学习时间已经很充分了。大学期间,我并没有放松儿子的健康,不管刮风下雨,都要求他坚持完成室外运动。遇到雨雪天气,我们父子二人就在雨雪中散步。

第二学期末,国王杰罗姆莅临哥廷根大学视察工作。国王参观植物园的时候,作为国王随行人员的拉日斯特大臣看见了小卡尔,就向国王引见他。国王兴致很高,坚持要和小卡尔谈谈。于是,国王的侍从把小卡尔带到了国王面前,我也有幸一同觐见。国王在谈话中鼓励小卡尔今后要努力学习,并且给他提供永久的保护,让他安心学习。我们退下之后,小卡尔就被随行的贵夫人们包围了。然后,小卡尔被夹在两个将军中间跟随着国王,直到送国王上车为止。这年,小卡尔还不到10岁。

1812年第五学期,小卡尔在他12岁的时候,公开发表了一篇关于螺旋线的论文,受到了学者们的一致好评。国王及人民非常赞赏他在书中自己发明的非常简便的画曲线工具。在第七学期,在专心致志地学习政治史的同时,小卡尔抽时间写了《三角术》一书。这本书出版于1815年他离开哥廷根大学到了海德堡大学以后。

1813年,供给学费的三年期限已满,国王又来通知,将供给小卡尔的学费延长到四年，并允许他就读任何一所大学。拿破仑远征俄国失败以及莱比锡之战，导致维斯特法利亚王国彻底崩溃，政权分为汉诺威、布朗斯维克、黑森三国。战争期间，国家缺钱，但三国政府还是慷慨地答应担负小卡尔的学费。小卡尔的才华，在当时人们眼里是多么的重要。我对此感动不已。

14岁少年获得博士学位

1814年4月10日，在小卡尔去维茨拉尔旅行期间，他访问了吉森大学。鉴于小卡尔1812年公开发表的论文，校方肯定了他的学术水平，最终由校长赫拉马莱博士授予他哲学博士学位。之后，小卡尔又访问池马尔堡大学，也受到了热烈的欢迎。据说若不是吉森大学抢了先的话，他们也准备授予小卡尔哲学博士学位。

当我们前去布朗斯维克领取学费时，当局介绍我们认识了布朗斯维克公爵。虽然公爵要外出旅行，但仍然很高兴地与我们交谈，他热心建议我们去美国留学。他表示，如果我们愿意，他将把我们推荐给他在美国的亲属，并资助学费。

在汉诺威旅行期间，小卡尔被聘请做了数学方面的报告。小卡尔在接受邀请的第二天，就在本地中学的一个大礼堂里做了讲演。当时，小卡尔年仅14岁。礼堂里聚集了很多当地的知识分子，小卡尔用一口流利清晰的德语完成了演讲。人们以为小卡尔无暇准备报告内容，会准备底稿。结果，人们惊奇地发现，小卡尔并没有用底稿。小卡尔的报告赢得了听众阵阵热烈的掌声。政府又答应提供比承诺更多的资助给得到肯定的小卡尔。肯布里基公爵建议卡尔去英国留学，并答应给予推荐和资助学费。

在黑森时，我们也受到了热烈欢迎，常被邀至宫中招待。

小卡尔自哥廷根大学毕业后，我开始考虑他今后的出路。如果想让小卡尔功成名就，就要让他在所学领域内掌握一技之长。但我不想让他成为一个专才，再三考虑之后，我决定让儿子去学习法学。有位数学教授对此深感惋惜，我告诉他，**专业方向等到18岁以后再做决定，这之前的学习应该全面**。如果儿子18

岁以后还喜欢学习数学，那就让他研究数学。

后来，小卡尔去海德堡大学专修法学，成绩依然十分出色，受到老师和同学们的普遍喜爱和称赞。

没有比品尝真理的滋味更为幸福的了

有的人一直怀疑，像小卡尔能够取得如此成就，他所受到的早期教育会不会损害了他的健康呢？对于这个问题，我也很重视。绝不能因为学习知识而导致身体上的不健康。其实，小卡尔从小到大一直很健康。

伟大诗人海涅在写给威兰的一封信中提到，在小卡尔10岁时，他考过小卡尔。当时他不仅惊异于小卡尔在语言方面的非凡才华，而且对于他的健康、活泼和天真也深表赞叹。

可能有人会认为小卡尔的童年是在书桌上度过的，丧失了一个天真孩子应有的快乐童年。然而，事实并非如此，我在前面也反复说过，小卡尔的童年很充实，很快乐，也很健康。我非常喜欢德来登的一句诗："没有比品尝真理的滋味更为幸福的了，享受到真理的幸福是让人永生难忘的。"我认为，从小就品尝到真理滋味的小卡尔，是世界上最幸福的孩子。

小卡尔从小就深明事理，懂得许多道理。他对于每件事情都能形成自己成熟的看法，在跟小孩子们一起玩耍的时候，大家都很快乐。虽然他的知识远远超出了其他孩子，但是他无傲气，也不随便卖弄。他从来都不会嫌弃其他人，也绝不会看不起其他人。每次有争执的时候，他都能够圆满化解，把事情办得很漂亮。正因为这样，许多孩子都喜欢和他一起玩耍。

"学者必痴"的古语在小卡尔这里并不适用。小卡尔并不是一个枯燥乏味的书呆子，而是一个快乐的孩子，他的生活中充满童趣，并且与他相处，总能感到很愉快，并不会有不适和尴尬的感觉。小卡尔具有很好的文学素养，他不仅从小熟读经典，而且很早就写出了很优秀的诗歌和散文。

小卡尔具有一个健康的人和一位学者所必需的完美人格。我为我能够成功地教育儿子而感到无比地自豪和骄傲。

下 篇
卡尔·威特教育全书

第一章
父母开启孩子非凡的人生

父亲在给母亲的一封信中这样写道:"相信我,对于一个孩子的成长而言,后天教育远比天赋更为重要。其实,孩子长大以后究竟是天才还是庸才,与天赋毫无干系,这完全取决于孩子在5岁以前所接受的教育。"

父亲的"优生学"

当我来到这个世界的时候,父亲已是满头白发了,那年他52岁。

我是和同村的农夫卡森波尔的孙子一同接受洗礼的。卡森波尔跟父亲同岁,当听到我和他的孙子将一起接受洗礼的时候,他对父亲说:"威特牧师,你家的小卡尔一定是一匹难得的骏马。"以乡下人的观念看,骏马十分难得,千里挑一。他明显是在讽刺父亲,取笑他生育孩子的能力。父亲没有生气,而是微笑着说:"小卡尔即使不是骏马,我也会把他培养成为一匹骏马的。"

"你这是什么意思?"卡森波尔不懂父亲所说的话。父亲就进一步解释说:"我的意思是说,在生育孩子方面,您确实很有一套,比我早生。但是你想过为什么要生他们吗?你打算如何教育他们?你的儿子是个文盲,如今你的孙子大概也不会多认识几个字。这样的情况还值得给我炫耀吗?而我不是一个随便生孩子的人,我对孩子的未来有合理的计划和周密的准备,他一定能够成为一个优秀的人的。不要忘了,有句俗语说得好,金子一颗就足够了。"

这段话表明了父亲的生育观和育儿观。为了传宗接代而生孩子,这是父亲所不齿的。等到后来我也有了孩子,父亲常对我说,孩子不是父母的个人财产,而是上帝的子民,所以必须得到最好的照顾和教育;**在孩子出生之前就应该想清楚如何教育孩子,等孩子出生之后就贯彻到底,将孩子培养成一个栋梁之才。**这是父亲早期教育理念的一个出发点。

卡森波尔听了父亲之前的话,并不相信父亲的理论。他笑话说:"如果傻乎乎的小卡尔能够成为栋梁之才的话,那么公鸡就能下蛋,公牛可以喂奶了。"其实正如他所言,我因为早产而发育不良,略显呆滞;而他的孙子则非常机灵。但是，父亲并没有放弃，而是按照自己周密的计划，一步步地实现了自己的预言。卡森波尔的孙子则确实仍然是个文盲。

父亲是个富有思想的人，他的婚姻信念是为上帝培养有用的人才。他与其他为了情欲而荒唐结婚的人不一样，父亲和母亲结婚时已经人到中年了。母亲不漂亮，也不富有，但父亲就选择了她。因为母亲出生于教师家庭，有很好的家教修养，贤惠持家，心地善良。我能够在少年时代就成名，这功劳有父亲的一半，也有母亲的一半。

父亲的择偶观和婚姻观，在我看来是正确的。许多人盲目结婚，在缺乏对下一代人负责任的思考的情况下，就迫切地生儿育女。这往往造成许多悲剧。以我表兄凯因斯为例，他的妻子是一位富有的银行家的女儿，拥有如花似玉的容貌，是当时惹人喜爱的交际花。当凯因斯选择跟她结婚时，父亲极力反对这桩婚事。因为父亲认为她虚荣，喜欢张扬，刚愎自用，并不合适为人妻、为人母。但表兄并没有听从父亲的劝告，一意孤行，最终与那位小姐结婚了。婚后他们生了三个小孩。他的妻子并不关心自己的孩子，只是醉心于各种交际，很少照顾孩子。结果是第一个孩子因病没有及时得救而夭折；第二个孩子长大后惹是生非，最终被送进了监狱；第三个孩子无所事事，十足是一个纨绔子弟，把家财挥霍一空。表兄的妻子悔恨已晚。孩子们不认她为母亲，都很恨她。最后，他的妻子郁郁而终，我的表兄也悔恨难当。

父亲在我成人以后经常规劝我说："为了自己和下一代的幸福，一定要选择一个善良贤惠、身体健康的女人做妻子，千万不可为女人的美貌、财富和家庭出身所迷惑。这一点要铭记在心。"

天才的创造需要早做准备

如果想让自己的孩子成为一个天才，仅仅有个好的妻子还不够。为了孩子的将来，必须要做好其他的一切准备，未雨绸缪。

父亲在我出生之前，对德国的现行教育和古典教育都有一定的思考。父亲研读了大量的教育学著作，比如柏拉图的《理想国》，威尼斯的《儿童教育论》，比维斯的《基督教女子教育论》，伊拉斯莫的《幼儿教育论》，洛克的《家庭教育》，卢梭的《爱弥儿》等。当时著名的瑞士教育学家裴斯泰罗齐不仅是父亲的知己，而且还坚定地支持父亲的教育理论。在我成家之后，父亲又向我推荐这些书，我也受益匪浅。

父亲在当时的日记中这样写道：

最近我对教育做了反复的思考。对于现行的主流教育观点，我不敢苟同。那些被奉为金科玉律的教育理念也存在很大的问题。比如说，儿童到了七八岁才能开始接受教育，不然的话就会影响孩子的健康。还有天赋决定论等的所谓经典，我认为都没有道理。对儿童进行早期教育或许更能够促进他们的成长。通过阅读古典文献，我发现了这方面的道理。古希腊时期的雅典就已经形成了儿童早期教育的传统，这也正是雅典人才济济的原因吧。现代教育对比起来是多么愚蠢。为了孩子避免现代教育的毒害，我决定打破旧有的教育信条，找寻新的更适合孩子发展成长的教育途径，思考新的儿童教育理论。

父亲的思考最终形成了他独特的育儿理论，到后来被广泛传颂，大力推广。如今看来，父亲的付出是令人敬佩的，他的这种精神是值得我们学习的。当时，由于父亲的教育观点与当时的主流教育观念相左，倍受人质疑。父亲不止一次地对母亲说过，希望上帝赐予他一个孩子，他要用自己的方法教育一个天才出来，让那些固执的人看看。父亲是个坚强又倔强的人。

哥哥的出生让父亲很兴奋。他把早就准备好的教育计划拿出来，正信心满满地要付诸实践的时候，伤寒夺走了哥哥的生命。他才刚刚降临到这个世界。父亲并没有灰心丧气，他从这次沉痛的丧子中明白，胎儿教育也很重要。

所以，**从母亲怀我那天起，父亲和母亲就开始了严格的胎教过程**。当时，他们作息规律，不仅重视睡眠质量，还注重平时的肢体活动。他们经常进行户外活动，呼吸新鲜空气，做一些简单的运动。那时，为了给母亲买一些补品，以便让我能够有充足的营养，父亲常常省吃俭用。

我从在母亲肚子里开始，就听到美妙动听的音乐了。母亲拥有美妙的歌喉，自从怀了我之后,她经常唱些柔美的歌曲,不管是做饭的时候,还是散步的时候。母亲酷爱音乐,只要有音乐会,她都会尽力参加。

养育孩子,对于父母而言是非常复杂的一件事情。身为父母,要考虑生育过程中的所有细节。父亲希望我借鉴他的经验,让我少走弯路,这些都是为了让我把自己的孩子培养成一个对社会有用的人才。父亲的良苦用心令我感动。我的儿子和我出生的时候不一样,他很机灵,活泼又健康,这无疑让我很欣慰。感谢上帝的恩赐!

天赋并不决定一个孩子的命运

我的出生并不顺利。

因为母亲的意外摔倒使我提前来到了这个世界。生产时,我差点因为脐带绕颈而窒息,经过医生们奋力抢救才得以存活下来。当我放声啼哭时,父母才安心了。可是看着这个四肢抽搐、呼吸紊乱的早产儿,医生们都以为我会和哥哥一样夭折,劝我的父母放弃我,以后还有机会再生一个。爱子如命的母亲并没有放弃我,她不顾产后的虚弱,日夜抱我在怀中喂养。连吃奶都不会的我,在母亲的悉心照料下,竟然奇迹般地活了下来。

可是,上天仿佛故意刁难我的父母。我出生后不久,便不断生病,脐带感染了,肠胃也不顺,村里人都对我不抱希望了。但是,父亲不放弃地四处寻医问药,后来终于找到了药方。这段苦难的出生史总算是结束了。

由于早产和接连不断的生病,人们发现我一点也不灵敏,而是反应迟钝,有些痴呆的样子。后经过医生们多次的测试,判定我是一个智障儿。这一切,意味着父亲的教育计划又要化为泡影了。母亲承受不了这样的打击,悲痛万分。父亲也是如此,可是他很快就调整了自己的心态,体贴地安慰母亲:"上帝如此安排一定有他的用意。上帝是公平的。**我们虽然无法改变孩子的先天条件,但是只要我们尽职尽责地做好一个父母应该做的,以最好的后天教育来弥补儿子的先天不足,他一定可以成为一个优秀的孩子的。**"

可是，母亲并不怎么相信父亲的话，她认为教育一个傻子是徒劳的，他们能做的只能是保证孩子的身体健康。父亲并不这么认为。他说："这几天我想过了，我们在生孩子之前是做过充分的准备的。孩子不可能是先天的傻子，而是因为早产和生病的缘故导致大脑发育迟缓，所以他的发育会比别的小孩晚一点。只要我们按照制订的合理计划，一步一步实施，总会让孩子赶上其他的孩子的，甚至会超过其他的孩子。相信我，我们的孩子一定会是出类拔萃的。"父亲的坚定缓解了母亲的怀疑和犹豫。等我懂事之后，家里的女仆还对我一遍一遍地讲："你爸爸真是了不起的父亲！当大家都怀疑他的时候，他还是坚持自己的观点，最后终于取得了预期的效果，将你培养成一个优秀的人。你该为有这样的父亲而骄傲自豪。"

当时村子里议论纷纷，说父亲想将一个白痴儿子培养成才简直是滑天下之大稽，有人甚至为父亲感到悲哀。母亲听到这些后非常伤心，她承受这巨大的压力，经常一个人流泪。父亲为了给母亲增加信心，就写了一封长信阐述自己的教育理念，以便鼓励母亲振作起来。父亲在信中这样写道：

我在52岁时才拥有这一个儿子，我非常爱他，你懂的。看到他现在的状况，我比你还要焦虑、着急。但正像你之前说过的，不管孩子将来会变成怎样，我们都不轻言放弃。为了使我们的孩子能够像其他孩子一样地成长，我还是坚持按照此前的计划开始我认为正确的教育。在孩子的早期教育阶段，我们一定要有信心和毅力来坚持下去。可是，你现在的这个样子非常不利于孩子的早期教育。你要知道，在孩子的成长过程中，你对他的照顾和关心是非常重要的。孩子离不开你的爱。

我不止一次地跟你说过，我的天才观，即天才并不是人的天赋，而是一种潜在的能力，每个人都拥有这种潜能，只不过有的孩子多些，有的孩子少些而已。

天赋根本不可能决定一个人的命运。在孩子的成长过程中，后天教育是关键的决定因素。现行的教育所开发出来的孩子的潜能至多是一半。如果孩子没有得到正确合理的教育，他的潜能就会永远被埋没，得不到有效的开发。

目前，我们的现状是，既然儿子的天赋不好，我们就不能一味地抱怨和悲伤，而应该尽我们所能地采取正确的教育手段，有效地开发儿子的潜能。

相信我，对于一个孩子的成长而言，后天教育远比天赋更为重要。其实，孩子长大以后究竟是天才还是庸才，与天赋毫无干系，这完全取决于孩子在5岁以前所接受的教育。

在父亲的努力劝慰下，母亲最终重新振作起来，找回了信心。她与父亲一起开始了对我的早期教育。

第二章
婴儿的体能训练是以后身体健康的保障

父亲常常教导我,健康的体魄是人生的一笔巨大财富,要努力保管好这笔财富。

天才的培养从饮食开始

由于我出生时体弱多病，父亲首先要考虑的就是我的健康问题。他的考虑是非常正确的，毕竟身体健康了，我们才能从事学习、工作和享受生活。健康的身体是人生良好开端的重要保障。

这个道理很多人都很明白，但是具体实施起来就不那么容易了。父母们都会不自觉地溺爱娇惯身体不好的孩子。但是父亲没有这样做，因为他知道，越是体质差的孩子越不能娇生惯养，如果小的时候没有注意身体的健康，长大以后就不容易健康起来了。

父亲首先从我的饮食开始。**他很注重我的饮食规律，为我的饮食制订了严格的时间表，并且和母亲一起坚决实施**。如果不到时间，就算我哭破了天，他们也不会理睬我。有的母亲一看到孩子在那里大哭就以为孩子是饿了，便会给孩子吃东西，从而导致孩子的肠胃不舒服，并引发病变。不规律的饮食严重影响孩子的身体健康。我的母亲很注意这一点，天生瘦弱的我，长了几个月之后便好转起来，比出生时体重增加了不少。

其次，父亲和母亲还要保证我饮食中的营养均衡。我4个月大的时候，母亲就开始喂我喝蜜柑汁，陆续还添加了香蕉泥、胡萝卜汁、菜粥和苹果泥等。稍大一些后，父母开始让我吃煮鸡蛋和马铃薯等。那个时候，父亲研究了大量的食品之后，为我量身定制了不同阶段的食谱。在父亲的育儿日记里记录的最多，也最详尽的，便是关于孩子饮食方面的东西。比如在父亲的一则日记里就记载了如下的一段：

今天我为小卡尔做了一碗青菜粥，他吃得很香。吃完一碗还想吃，看来他很喜欢吃我做的青菜粥。对于孩子来说，谷类算是最好的食物，可是儿子却不喜欢吃。我没有办法，去请教一些有经验的母亲，她们认为孩子爱吃的食物就是最好的食物。我想也对，不必强求孩子的饮食，只让小卡尔吃自己喜欢吃的食物也能够满足他身体健康成长的需要。

父亲在孩子饮食方面的谨慎是非常明智的。不光对于体质差的孩子来说应该这样，对于身体健康的孩子来说，这也是一样重要的。我们知道贵族家庭出生的孩子的体格是较好的，原因并非是每天吃山珍海味，而恰恰是他们非常注意自己的饮食。我在研究中古历史的时候发现，那时候的人比现代人的身体要强壮许多，原因就是在于他们良好的饮食习惯。据说，奥古斯都大帝每天只在战车里吃一点干面包就可以了。古罗马的青年们每天只吃一顿饭，但是，他们并没有因此而精神不振。

好多疾病都是为了满足自己的口腹之欲而发生的。在父亲和母亲的悉心照料下，我从一个体弱多病的孩子成长为一个身体健康的孩子。在饮食方面，我从父亲那里学到了很多。直到现在，我依然很注意自己的饮食。

小孩的健身很必要

我4个月大的时候，就已经长得像10个月大的孩子那样了，人们见到我都很惊奇。这是我母亲告诉我的。**我之所以能够这样，除了得益于合理的饮食外，还因为父母非常注意让我喝新鲜的水，还经常带我去户外呼吸新鲜空气，并且让我做一些必要的运动。**也就是说，我从一出生就开始进行体育运动了。

其实，对于婴儿来说，他的运动并不是像运动员那样的跳高、跳远、百米冲刺，而是只要让他的手脚能够自由活动，保持身体的运动机能就可以了。自然，不能像有些家长那样，把孩子严严实实地裹在被子和衣服里，这样他们很不舒服。我们家的一个女佣曾经告诉我，有一次她因为把我裹得太紧了而受到父亲的责怪。

女佣还告诉我，我小时候的运动还包括洗澡、按摩手脚、体操和一些简单的体能训练。我半个月大的时候，父亲就开始让我做拉起的身体运动，每次父亲都把手伸过来，然后我就努力去抓住他的手，这样我的身体也就被顺势拉起来了。满月后，父亲用推我脚丫的方法训练我的爬行能力。通过这些训练，我的上肢和下肢都得到了很好的训练，长得很结实。从小到大我的肢体都没有受过伤，就是因为从小练就了结实的四肢。

天朗气清的时候，父母就会带我去田野里散步，晒太阳，呼吸新鲜空气，看远处的风光。有时候，他们干脆让我睡在户外。在锻炼我的身体方面，父亲尽量让我在户外活动，这是他的一个妙方。当我学会走路以后，他每天都带我出去散步，不管刮风下雨，从不间断。记得有一次我和父亲徒步走了很远去拜访他的一位朋友，即使有马车经过，我们也没有坐。父亲告诉我，要拥有健康的身体，就要多在户外活动，这样才能远离疾病的折磨。当我有了孩子之后，我也效仿父亲的做法。我的儿子同样很少生病，这证明了父亲的理论是正确的。

为了增强体质，提高身体的抵抗力，父亲每天坚持用冷水给我洗脚。一般父母都非常疼爱自己的孩子，哪里会让他遭受这样的折磨呢？但是父亲不一样，他知道娇生惯养是健康最大的敌人。当我向妻子提出，要像父亲对我小时候那样，给我们自己的孩子用冷水洗脚的时候，妻子极力反对。她认为这样对孩子太狠心了。我跟他讲了爱尔兰人对待孩子的例子。据说在爱尔兰，人们都给孩子洗冷水澡，不止洗脚，全身都要用冷水洗。就算冬天水都结冰了，他们仍然坚持如此。这样做的效果非常好，孩子都很健康，也很少得病。

我不顾家人的反对，仍然坚持我的主张。但我并没有直接就用冷水，而是逐步降低水的温度，直到最后完全用冷水。刚开始时，儿子非常不愿意，那时候他才一岁多，一个劲地说"爸爸，冷！"我没有理他，他就大哭，妻子也劝我停止。但是我并没有停下来。这样，一年下来，从用冷水洗脚到洗冷水澡，孩子也就慢慢习惯了。我的儿子几乎没有生过病，连咳嗽也是极少有的。用冷水洗澡的办法确实效果不错。

另外，我还想补充的一点是，当孩子到了能够下水学习游泳的年龄，就一定要教他学游泳。游泳非常有益于身体健康，还可以帮助他人。据说古罗马人非常重视游泳，甚至把它和文学并列。俗语说："如果一个人既不会游泳，又没有知识，那么他就是一个毫无用处的人。"

孩子的生活要有规律

父亲常常教导我，健康的体魄是人生的一笔巨大财富，要努力保管好这笔财富。他认为，有规律的生活是身体保持健康的关键。有规律的生活让人长寿，如果生活没有规律，想要活到 90 岁是不可能的事情。

据说歌德的生活非常有规律，吃饭、睡觉都有严格的时间规定。他还经常把日常生活的作息以日程表的形式记录下来，因此，他活了很长时间，身体也一直很健康，成为人们津津乐道的话题。相反，席勒就很不注意个人生活，没有规律，不按时作息，年纪轻轻就去世了。这样优秀的人物英年早逝，不禁让人惋惜不已。

父亲从小就严格要求我，遵守固定的作息时间，养成良好的生活习惯。从婴儿时期开始，父亲就这样要求，我的生物钟变得非常有规律。父亲最厌恶的一件事就是贪睡。他认为早睡早起有利于身体健康。他让我早上 6 点就起床，锻炼一小时，然后开始一天的学习和游戏。晚上 9 点按时睡觉。

我记得有次叔叔带着他的四个孩子来家里做客，我和堂兄弟们玩得很高兴，晚饭过后一起玩捉迷藏，不知不觉就过了 9 点。我完全忘记了自己的睡觉时间。正当我们玩到高潮的时候，父亲进来了，问我怎么还不睡觉。我央求他再玩一会儿。父亲很严厉地说："不行！马上睡觉去！"我再三央求，叔叔也帮忙说好话，但是父亲说："就算有客人来了也要严格遵守自己的时间表。"叔叔还要劝说，父亲见我磨磨蹭蹭地不肯睡觉去，板着脸说："你的事情你自己决定吧！如果睡得晚了，明早一样要 6 点按时起床。否则，后果自负！"当时我很想再玩会，就没有听父亲的，那晚我玩到了 11 点才睡。第二天一早，父亲按时叫我起床。我困得眼睛都睁不开，想赖床不起，可是父亲坚决要让我起来。我没有办法，只能勉强起床。那一天我度过了昏昏沉沉的一天，干什么都没有精神，当晚再也没精力玩了，早早地上床睡觉去了。从那以后，我就再也没有更改过自己的作息时间，因为我知道这样做的后果。

一般人都认为严格的作息时间很枯燥，不容易坚持。但我从小就养成了早睡早起的习惯，所以做起来并不困难，相反，我觉得自己受益匪浅。早睡早起的习惯让我认识到，不再浪费多一秒的时间，不在夜晚参加那些无聊的活动。父亲常说，睡眠是上帝的恩赐，是每个人晚上都必须做的唯一一件事情。所以，他也不赞成我熬夜学习，更别说什么夜生活了。

有次聚会，一位朋友说大学时代的一位数学天才33岁就死了，因为他生活没有规律，沉浸在研究当中，废寝忘食。朋友说这个数学天才真让人敬佩不已。但是父亲却说了这样一句话："我可不这么认为，那样做实在太愚蠢了。"父亲以后总是拿这件事情教育我，让我养成良好的生活习惯，按时作息、吃饭、学习。否则，在失去健康的同时，也就意味着失去了工作的权力。

现在我任职于大学，给学生上课，指导学生论文，做研究，业余时间还要继续我的但丁研究，撰写论文，时间非常紧张。但是，我的身体很健康，还有时间陪伴我的家人，和孩子们一起享受天伦之乐，这一切都要感谢父亲对我的教诲，和从小对我的严格要求。

以上就是父亲对我的早期教育。至于如何保证孩子的身体健康，总结起来，其实很简单，也很容易做到，即：多呼吸新鲜空气，多运动，均衡营养，常洗冷水澡，按时作息，养成良好的有规律的生活习惯。

第三章
让孩子快乐地学习

在父亲看来，教育孩子学习应该注意一点，即学习不应该是孩子的一种任务，不能让学习成为孩子的负担；学习不是孩子成长过程中的烦恼，而应该是他们所喜爱的东西，让孩子乐于学习，善于学习，让孩子的生活充满色彩。

兴趣是孩子学习的向导

当我和我的妻子有了小孩之后，我最为关心的就是如何教育和培养我的孩子。虽然我是做研究的，也有自己的研究方法，但是面对一个刚刚出生的婴儿，我还是束手无策。后来，百般无奈之下，我请教了父亲。**父亲告诉我，让孩子感兴趣的教育法是教育孩子的最好方法。**

父亲的建议看起来很简单，其实，其中蕴含的智慧是非常丰富的。父亲言简意赅地总结了成功教育孩子的秘诀。这真是难能可贵。

生活中总有一些人，他们知识面狭窄，学问专一。他们以生命有限为由，提倡必须"求精不求多"，怎么能够用有限的生命去掌握无限的知识呢？这是他们对自己知识缺陷的掩饰策略。我认为，凡是有价值的学问，掌握的越多越对自己的成长有利。从小我就在父亲的指导下涉猎了各种各样的学科，虽然当时主要学习语言，但并没有忽视对其他如植物学、动物学、物理学等学科知识的学习。我不是在炫耀自己的渊博和聪明，而是想通过我自身的教育经历来说明父亲教育理念的成效。

父亲告诉我，从我三四岁开始，他就带我去散步，到后来这也成为了我的一个习惯。散步是很平常的日常活动，很多人都有散步的习惯。但是，我和父亲的散步不是像其他人那样随便走走，而是一边走，一边聊天。父亲每次都会给我讲很多有趣的故事，涉及到德国的历史、中国和印度的故事等，我在散步的过程中，学习到了很多的历史常识和地理知识。

有时候，我们走过一片小树林，父亲会问我林子里花儿的名字，我不知道的，他会给我详细地介绍，包括花名的来源、花瓣和花蕊的结构以及功能等。对随时发现的小昆虫，父亲也一样给我做详细的讲解。从那时候起，我对植物学和动物学都产生了极大的兴趣。我的亲身体验告诉我，这样的教育学习的方法要比任何的教科书都管用。

父亲在他的日记中写道："大自然是世界上最好的老师。它教给人的知识是无穷尽的。令人惋惜的是，有太多的父母和孩子并没有认识到它的好处，没有好好地向大自然学习。"父亲的观点是正确的。那些以"吾生有涯，而知也无涯"为借口而偏废其他知识学习的人，只是因为他们精神上的懒惰造成的，他们根本没有尽自己的全力去追求知识和真理，也没有找到有效的学习和教育的方法。

此外，我还想顺便说一下我在早期的音乐教育中得到的收获。当时我对音阶的学习感到很枯燥，提不起兴趣来，父亲的一番告诫让我受益终身。他说："我经常告诫你要成为一个拥有智慧的人。什么是有智慧的人？我认为，能够在一切细节之中发现美的人，就是一个拥有了智慧的人；能够从小事做起，一步步积累的人，就是拥有智慧的人；能够用自己坚强的毅力，通过不懈的努力来战胜一切困难的人，就是拥有智慧的人。"父亲的这句话激发了我继续学习音乐的兴趣，而且让我明白一个道理，即一切要注意细节，从小事做起，持之以恒才能够成功。

让孩子体会到读书的快乐

父亲把死读书、读死书的人称为"书呆子"。他不喜欢这样的人。父亲说，如果读书不能获得智慧和快乐的话，最好就放弃读书吧。他认为，知识是一个人不可或缺的东西，但并不是一个人的唯一。**父亲从来不会强逼我死记硬背书中的知识，而是巧妙地利用合理的方法对我进行教育。在父亲的谆谆教诲下，我在学习中体会到的乐趣和学到的智慧，对我的一生都非常有帮助。**对我来说，读书就是一种享受，读书充满着乐趣。

在父亲看来，教育孩子学习应该注意一点，即学习不应该是孩子的一种任务，不能让学习成为孩子的负担；学习不是孩子成长过程中的烦恼，而应该是他们所喜爱的东西，让孩子乐于学习，善于学习，让孩子的生活充满色彩。

在父亲这样的教育理念下，虽然我每天很多的时间都是在玩游戏，但还是读了大量的书，学了很多的知识。为什么能达到这样的效果呢？

其实，这都是由于父亲的教育有方。在父亲的引导下，我对读书的兴趣非常浓烈，学习就变成了我的一种爱好。有什么东西能够挡得住对事物强烈的兴趣呢？他不像其他的父母那样逼迫自己的孩子学习和读书，反倒是经常提醒我注意身体，不要过多沉溺于书本。"卡尔，你该休息了。"这话都快成他的口头禅了。可见，当时我学习的热情何其高涨。

人们都是要随着自己的爱好去做事情的，只要自己愿意，没有什么能够阻碍他去做的。一切的束缚和禁锢都只能让人产生强烈的反感和抵抗。人们本能地反抗一切强加于己的事物。这样的情况，在教育里也一样存在的。

当一个孩子不愿意学习的时候，一定是受到了压迫和强逼，而这样做的结果，就是引起孩子的反感和抵制。在我的学习过程中，父亲总能够把看起来难懂的知识变成浅显明白、快乐有趣的故事或游戏，让我能够很轻松愉快地接受。童年记忆里的学习过程是充满着快乐的。父亲的循循善诱和我的主动性学习，使得学习这件事变得跟游戏一样，生动有趣。

在我看来，世界上没有愚蠢至极的人。由于他们没有受到恰当有效教育，所以才会给人们留下愚蠢的印象。

歌德从小就是个伟人吗？据记载他小的时候，曾经有一段时间非常讨厌学习，整天跟阿猫阿狗玩闹在一起，游手好闲，不务正业，就算父亲责骂他也我行我素，不知悔改。他是如何从一个不争气的孩子变成了一个伟大的作家呢？据说是因为歌德的父亲听取了人类学家弗斯贝特·库勒的建议，改变了自己的教育方法之后才有了这样的结果。**他的父亲一改之前的强逼的方法，而是不再过多要求他，还给他讲名人从小热爱学习的故事。**在一次与朋友的谈话中，他的父亲借机谈论了一个流浪汉小时候不努力、老大徒伤悲的故事，让小歌德深受触动。从此他学习起来变得主动了，学习热情也日渐高涨了，一直到最后，成为一名世界闻名的大作家。

从歌德的事迹来看，我相信，任何一个孩子都能够做到这一点。孩子厌学并不可怕，只要方法得当，激发和引导孩子的学习兴趣，学习就会成为孩子生活中最享受的一件事情。

在育儿日记里，细心的父亲这样写道：

> 今天，我看见邻居家的小女儿对着一棵树不停地投石子。她非常专注地投着，很开心的样子。我发现，尽管她一遍又一遍地投，这样很消耗体力，但是为了打中树干，她却丝毫未减投石子的热情。我想，如果将她的这种精神加以引导和发挥，那么她一定可以完成好任何一件事情。看小女孩投石子，我深受启发。这也促使我对小卡尔的教育又萌生了新的点子。

父亲通过这样的观察和思考，得出的结论就是，只有让我对学习感兴趣了，才能进一步学习。我至今还清晰地记得父亲为了帮助我记住字母，而专门制作了一个每一面都刻有一个字母的色子，跟我玩投色子的游戏。通过这个游戏，我很快地就记住了字母。

在我的读书生涯中，虽然跨越了许多的学科和领域，但是从来都没有变成一个只会读书的呆子。反之，我在读书中学到了书本中没有的东西。我在23岁时就发表了《但丁的误解》一书，批判以前的但丁研究。如果我是一个死读书的人，就不会有这样的作品问世了。我感激我的父亲。

对孩子进行语言的潜印象教育

现在的教育专家都认为，1岁至5岁的阶段，是一个人学习语言的最佳时期，如果能够充分利用这个宝贵的阶段，无疑对一个人的成长具有巨大的帮助。但是，如果错过了这个阶段，那就是人生的一大憾事。

由于时代的进步，人们现在都很重视孩子早期的语言教育。这样的教育观点，在我父亲那里就已经实践了。在我父亲的那个时代，人们把小孩学习语言当作是自然而然的事情，根本不需要人教孩子如何学习语言。尤其是对于那些还在襁褓中的婴儿来说，父母们更是没有教孩子语言的意识。他们认为，等到孩子七八岁的时候再学习语言也不迟。

人和动物的最大区别就是人有语言。正因为语言的存在，人类的大脑才会比别的动物聪明。有研究表明，开口早的孩子要比其他的孩子聪明，他们的思维能力和表达能力要比开口晚的孩子强。

我出生时并不是一个聪明的孩子，甚至有些智障。**是父亲对我实施了早期教育，才让我拥有今天的成就。尤其是父亲的早期语言教育，对我的人生起到了巨大的帮助**。当我还是一个婴儿的时候，父亲就用标准的德语和我说话，虽然那个时候，我并不知道父亲在说些什么，但父亲仍坚持不懈地跟我说话。他这样做是为了让我形成语言的概念。到我两三岁的时候，我表现出了超强语言才能，这让认为我是弱智儿的人们大吃一惊。之所以能够有这样的转变，完全是父亲早期语言教育的功劳。他一直认为，孩子一生下来就对这个世界充满了好奇，拥有认识这个世界的强烈愿望，他正是利用好这个时期来对我进行早期语言教育。

孩子眼中的世界，并不复杂，无外乎是周围的东西，如桌子、椅子、花瓶等在房间里能够看到的东西。父母那个时候经常抱着我在屋子里走动，用标准的德语给我讲这些东西的名称听。这样简单的事情，做起来其实挺无聊的。跟一个不会说话的小孩讲这些东西，需要有足够的耐心和毅力。

有一次和父亲聊天，说到这一点，我就问父亲："那时候我什么都不会说，你们这样做对我有效果吗？"父亲说："那是自然。""但是我根本就什么都不懂啊。"父亲语重心长地对我说："尽管那个时候你什么也听不懂，但是，我们对你说的那些词语都已经在你的脑子里留下了深刻的印象，等到你能够说话的那天，这些词就会浮现在你的脑海里。这样你不但会说这些词，而且还运用自如。"这就是父亲早期语言的潜印象教育。

由于父亲对我的语言潜能开发得早，所以我学起语言来手到擒来，很容易学会。我不但学会了标准德语，还学会了法语、英语、西班牙语等，甚至连一般人认为最难学的拉丁语也很容易就学会了。这一切都是父亲早期教育的功劳，每当想起这件事，我都非常感激他。

第四章
父亲培养我的人格品质

父亲有一个把人心比喻成盒子的理论，他说："人心就像一个盒子，有有限的容积，如果其中占满坏的德行，那么好的德行就无处容身。所以，一旦发现坏的德行，必须马上驱除，否则它会在你的心里生根发芽，埋下罪恶的种子。"

每个人都应该具备善良的品质

每个父亲都会给自己的孩子留下几样宝贵的财富，即德行、礼仪、智慧和学问。我的父亲也不例外。**他的培养目标首先是让我成为具备这几样财富的人。四个方面的财富，一样都不能少，否则"幸福就不会来到你的身边"。**在这四样财富当中，德行远比学问和智慧重要。当我还是一个婴儿的时候，父亲就关注这个问题了。在他的育儿日记里这样写道：

儿子已经8个月大了，他健康、漂亮，而且能够明白一些简单的道理，还学会了发脾气。今天吃饭的时候，他的所作所为，让我很受启发。我们家的女佣给他喂饭的时候，他就是不吃，尽管女佣已经把饭吹凉了。当他妈妈来喂他的时候，他就非常乖地吃完了饭。于是，妻子狠狠地训斥了女佣。

这个细节让我注意到，别看一个婴儿什么都不懂，虽然他不知道什么是善和恶，也不知道什么是好与坏，但是，在婴儿的天性中却具有这两方面。我们要发扬孩子善的一面，遏制孩子恶的一面，这对孩子的教育来说是必不可少的。

父亲认为，善是人性中最基本的品质之一。如果没有善的品质，就谈不上什么善心和善举，其他的品质也无从谈起。父亲为了培养我的善的品质，付出了很大的努力。他从我小时候就开始，每晚给我讲有关行善的故事，讲得最多的是《圣经》里的故事。到长大一些后，父亲又教我读道德诗，包括《圣经》里的诗歌。母亲有时候不理解父亲的做法，以为给孩子讲讲童话故事和教教儿歌就行了。父亲并没有听母亲的劝告，坚持不辍。我赞成父亲的做法，因为这些东西很适合培养一个人善的品质。

在我幼小的心灵里,虽然还不理解这些故事和诗歌,但是它们已经潜移默化地印在了我的心里。这是善在我心里的萌芽。

我到现在还清晰地记得,3岁的时候父亲给我讲的《马太福音》第十二章的一个故事:

> 耶稣正对着银库,看着人们怎么把钱放进库里。这些人里,有好多有钱人,他们往里面放了很多钱,这时有一个寡妇,她只往库里放了两枚小钱,其实这对她来说就是大钱了。耶稣马上把徒弟召唤来,对他们说:"你们看,这个贫穷的寡妇放的钱是这些人里最多的。别人放的是他们多余的钱,而她放的是自己缺少的钱,她把自己维持生活的钱都放在里面了。"

有一次我过生日,父亲带我去集市上买了我做梦都想吃的麦圈饼。我拿着麦圈饼,自己都不舍得吃。这时候,走来一个抱着孩子的妇女,衣衫褴褛,面色苍白,没有一点血色。她哀求父亲:"好心人,发发慈悲吧。可怜可怜我们母子,我们好几天都没有进食了,孩子都快不行了。"这时我才发现,她怀里的孩子眼睛直直地盯着我手里的麦圈饼。我很想给他们吃,但是我又实在舍不得这难得的麦圈饼。父亲看出了我内心的矛盾,就对我说:"卡尔,你还记得《圣经》里那个寡妇的故事吗?如果是她的话,她现在会怎么做呢?"我明白了。于是就把麦圈饼给了那对母子,那一刻,他们感激的眼神深深地印在了我的记忆里,直至今日我都可以感受得到。父亲事后夸奖我说:"儿子,你真棒!虽然你的帮助对那对母子来说很有限,但是你的麦圈饼和那个寡妇的两个小钱一样,都是无价的。"

这件小事让我体会到了行善的快乐,虽然没有吃到我梦寐以求的美味,但它比享受美食更快乐。从那以后,每次邻居们有什么事情或困难,我都用自己的零花钱买些礼物送给他们,做这样的事情,我感到非常高兴。父亲经常教导我说:"我们要学习和了解善,就能够享受到世界的幸福,看到世界的美丽。上帝会赞美我们的善行的。"

父亲教我诚信做人

我们在社会上生活，一言一行都要受到社会规范的制约。时代不同，社会对个人的要求也不相同。但是无论社会时代如何变化，总有一些我们必须要遵守的基本准则，比如诚实守信、有责任心、自我修养、忠诚等。这些构成了一个人的良好品质的基础。

父亲从小就重视对我的诚信教育。他常对我说，**我们生活的社会是一个契约社会，人与人之间的纽带就是契约；只有做到了诚实守信，别人才能相信我们；如果谎话连篇，专门欺骗别人，不守信用，这样的人终将会被社会抛弃**。总之，诚实守信是一个人与人交往、行事处世的基本准则。在父亲眼里，说谎是最令他讨厌的。他把说谎看成是恶魔撒旦的专利。相反，诚实守信的品质就是无上荣耀的上帝所具有的。

在生活中，如果我说谎了，就会受到父亲严厉的惩罚，绝不姑息。有一次我约好去汉斯家参加复活节晚会。就在我刚要出门的时候，父亲回来了，他告诉我镇上有一场魔术表演，叫我一起去看。这是我梦寐以求的事情，我太高兴了，把和汉斯的约定忘到九霄云外了。我立刻对父亲说："太好啦！那我们快点出发吧！"母亲忙拉住我说："你忘记了和汉斯的约定了吗？"我让母亲带我转告汉斯，我因为生病不能去参加晚会了。父亲这个时候停住了脚步，转过来笑着问我："怎么，你有约会了？"我很惭愧地低头承认。"那怎么刚才不跟我说呢？""我非常想看魔术表演啊，再说了，汉斯还约了好多其他的小朋友，不差我一个，没事的。""这就是你违约的理由？什么叫没事！"父亲生气了，他接着说："儿子，你这可是在说谎。不守信用，还说谎骗人，这是没关系的吗？如果这样，就是说你想做一个虚伪狡诈、欺骗他人的小人了？"我连忙说："不是的，不会的……""儿子，我从小是怎么教育你的？说谎会损害一个人的名声。任何有名望的人都不会原谅说谎的行为，在他们看来，那简直就是无耻之举，说谎的人也是卑贱的人。你把我平日里教育你的话都当成了耳边风，根本没有放在心上。你今天的表现太让我失望了。"

当时父亲生气的样子至今我都记得，因为父亲从来都不会轻易动怒的。我既惭愧又害怕地哭了。父亲根本没有理会，继续厉声说道："卡尔，你今天犯了两个错误。一是没有对汉斯守信，还企图撒谎；二是对我不诚实。你要接受严厉的惩罚。魔术表演不准看了。如果你当时对我诚实交代了，我还可以另约其他时间去看的。现在，你马上去汉斯家，为自己的违约道歉！""我不去……""必须去，既然你承诺了，你就必须守信！"父亲毫不妥协。接着，父亲给我讲了《鳄鱼的眼泪》的故事：

从前，有一只叫布哈亚的小鳄鱼。有一天，它爬到沙漠上，想改变一下居住环境。沙漠里太热了，热得布哈亚动弹不了，就连爬回水里的力气都没有了。这时有个青年正好经过，布哈亚赶忙叫住他，希望他背自己到水里，并且承诺给他很多金子。这个青年没有犹豫，毕竟能够得到金子，背小鳄鱼对他来说没有困难。当他把布哈亚放到水里的时候，想要赏金。布哈亚流着眼泪说："我非常感激你帮助我。在水里，你知道我可以将你吃掉的，但为了表达我对你的谢意，我只吃你一只脚算了。"青年气愤了，说："我好心帮你，你却还要吃掉我的脚？"布哈亚的眼泪不住地流着，它说："这……我也是一片好心啊，我本可以吞掉你，但只是吃你一只脚而已，难道这不是我对你的报答吗？"青年知道自己被骗了，开始责骂布哈亚的失信，布哈亚也不断地反驳。他们的争吵吵醒了睡梦中的白鹭。白鹭问他们为什么吵架，青年告诉了它事情的经过。白鹭不屑地说："你能背动这只鳄鱼？我不相信，除非你再背一次。"布哈亚以为青年人早就没有力气了，也就同意了。青年没有办法，为了证明自己的诚实，他只能再把鳄鱼背到原来的沙漠上。这个时候，白鹭对布哈亚说："你觉得现在他会帮助你吗？"青年大骂一声："你个骗子，我不会再帮你了！"然后和白鹭一起走了，把小鳄鱼留在了沙漠里。

父亲讲完这个故事后，对我说："像布哈亚这样不诚实守信，撒谎骗人的人，就会被别人鄙视、厌恶，最后被抛弃。儿子，你想变成这样的人吗？"我惭愧地说："爸爸，我错了。我不该失约，不该想着撒谎。我这就去汉斯家道歉。"

我也经常给儿子讲《鳄鱼的眼泪》这则故事，也想让他明白诚实守信的道理，培养他诚信的品质。

上帝赞赏生活节俭的人

节俭是人的一种美德。无论是什么年代，或者贫穷，或者富裕，我们都应当崇尚节俭。从小处说，节俭是居家过日子的打算；往大处说，节俭是为后代子孙节省资源。历史上由于骄奢淫逸而腐朽败落的事情不胜枚举，我们不应该忘记历史的教训。

父亲常告诫我说，生活节俭了，才能够亲近上帝。我们家族有节俭的传统，父亲在生活中就是一个节俭的人，他不希望家族的传统在我这里断裂。他想把我培养成一个具有节俭美德的人。从小家里就是节俭勤劳地过日子，父母从来都要求我不能浪费粮食，要求我把自己的食物吃完。我穿的衣服也都是大人的衣服改成的，游戏玩耍的玩具大部分都是父亲亲手制作的。我记得小时候很羡慕别人家的小孩有自己的玩具熊，母亲就用家里的废布料给我做了一个，这让我明白了变废为宝的道理。

父母很注意我在生活细节上的节俭习惯的养成。有一次在一家文具店里我看上了一套画笔，很想让父亲给我买。父亲问我为什么要买，我的回答是："因为漂亮的画笔才能画出漂亮的画啊。"父亲说："你不是已经有一套画笔了吗？""可那个已经买了两个月了。"父亲听到我说的话，有点生气地说："我听说有个画家的画笔用了十年，他都不舍得扔掉。你的画笔才买了两个多月就喜新厌旧了，画画得漂不漂亮跟画笔有什么关系呢？""爸爸，你就给我买这套画笔吧。"我央求着。"你忘了家里的规矩了，旧的用完了才能买新的。""爸爸，你小气！""孩子，节俭不等于小气啊。我们可以用多余的钱来买更需要的东西，铺张浪费是可耻的行为。"

我不是一个任性的孩子，但是我特别喜欢那套画笔，那天我哭着让父亲买。可是父亲并不买账，撒泼耍赖在父亲那里并不起作用。他把我生拉硬拽地带回了家，还对我说："我不会买的，就算你哭翻了天也没有用。"我哭着说："爸爸，你不爱我，你太小气了。你看邻居家小孩的父亲，孩子要什么他都会满足的。你不是一个称职的好爸爸！"

父亲见我已经到了无理取闹的地步，也就不再管我了。等我平静下来了，他才开始跟我说话。"卡尔，你羡慕邻居家的小孩吗？他们家经常举行丰盛的晚宴，把吃不掉的东西统统扔掉。那个孩子的玩具有很多，宁愿烂掉也不会送给穷人。他母亲的衣服和香水都是从巴黎订购的。他们的生活太奢侈浪费了，真是可耻！卡尔，你告诉爸爸，你想过那样的生活吗？"我当时很惭愧于自己的无理取闹，对父亲说："爸爸，其实我并不喜欢那样的生活，我也不是特别羡慕。但如果我是那个孩子的话，一定很快就可以拥有那套画笔了。"父亲对我说："是啊，邻居家的孩子有很多画笔，那又怎样？他并没有画出一件像样的画。你虽然只有一套，但是却画出了那么多漂亮的画。你要知道，爸爸非常爱你。如果我只是通过满足你的物质需求来表达我对你的爱，那是不明智的。""我明白了，爸爸。"父亲还告诉我，邻居家的浪费是一种犯罪，这不仅浪费自家的财产，而且还浪费大家的公共资源。

几年之后，邻居家因为奢侈挥霍而债台高筑，到最后连孩子上学的钱都没有了。我的父亲虽然收入微薄，但因为节俭，生活倒是衣食无忧，而且我还受到了非常好的教育。这样的对比令人深思。

勤劳是最好的品德

父亲一贯认为，勤劳是幸福的不竭源泉，懒惰是一切罪恶的始作俑者。我很赞同父亲的这个观点。父亲教育我要养成勤恳的习惯，这样才能避免恶习的侵入，从而把精力放在有益的方向上，创造自己的幸福。

在父亲的育儿日记里，他曾经这样写道：

> 我的儿子已经2岁了。今天我和他妈妈，还有女佣柯迪一起召开了一次家庭会议。我告诉他们，现在凡是小卡尔自己能做的事情都不要轻易去帮他，让他自己做。柯迪不理解，她大声地说："那么小的孩子，如果受伤了怎么办？"我只能再三解释说，如果什么事情都帮卡尔做的话，就相当于剥夺了他自力更生的能力，而且这样还容易让他形成不负责任的态度，做事习惯依

赖别人。

不过，今天小卡尔的表现却有力地说服了妻子和女佣。小卡尔那会儿在客厅里随便走动，当他手里的点心掉在地上的时候，他并没有理会就走了。我看准这个教育他的好机会，就用手指了指地上的点心，意思是让他捡起来扔到垃圾桶里。小卡尔看着我，并不明白我要干什么。我就对他说："卡尔，你要把你掉地上的点心捡起来，然后放到垃圾桶里去。"小卡尔还是没有动作，妻子说："小孩子哪里懂得这些，为什么非要让他去做呢？"这时，柯迪要过去帮他捡，我拦住她说："让他自己来。"小卡尔挪了挪脚步，不知道该怎么办。我走过去蹲在他面前，对他说："儿子，这是你掉在地上的东西，你应该自己捡起来，知道吗？卡尔是个好孩子，自己的事情应该由自己来做的。"卡尔终于好像听明白了我的话，捡起那块点心，走到垃圾桶旁边，扔到里面去了。

在生活中，父亲就是这样教育我的。到3岁的时候，我已经能够帮助母亲做一些简单的家务活了。但是，事情并不总是一帆风顺的，每个人的天性中都有好逸恶劳的恶习。当孩子学会了一些其他的事情，就会发现原来做家务是那么枯燥无味的事情，往往把做家务看作是一种负担。这样，孩子就没有做事的主动性了，对父母的命令也置若罔闻。**等我到六七岁的时候，我就开始懈怠了，总想着逃避父母安排给我的事情。这个时候，父亲总是循循善诱地教育我，给我摆事实，讲道理。**

记得有一天，父亲出门前嘱咐我把房间收拾打扫一下。当父亲回来的时候，房间里还是原封未动，我那天想偷懒。"卡尔，我不是说让你收拾屋子了吗，你的袜子和衣服都洗好了吗？"父亲问我。我嘴上说着"一会儿再做"，眼睛并没有离开书本。父亲见我不动，继续说："我不是在出门前就让你收拾了吗？怎么，还要等一会儿啊？再说了，你当时可是答应过我的。"我有些沉不住气，不耐烦地说："我没有时间啊，你没看见我在读书吗？一会儿让柯迪来帮忙收拾好了。""自己的事情为什么要让别人替你做？"显然，父亲生气了，但是他并没有发火，继续对我说，"卡尔，反正现在你也不想干活，那么我就给你讲个故事吧，怎么样？"我同意了。父亲就开始讲了："很久以前有兄弟两个人，家里人都非常疼爱他们，什么都不让他们做。哥哥心安理得地享受着家里人的服务，衣来伸手，饭来张口，什么事情都不做。弟弟看父亲每天辛辛苦苦地养家，很不容易，他时常帮着父亲做一些力所能及的事情。他学会了做饭、洗衣服、种地，还学会了如何制造农具。等到父亲去世后，兄弟俩分开过日子。哥哥仍然整天呼呼大睡，无所事事；弟弟每天都辛勤劳作，努力赚钱，还娶了妻子，过着幸福的生活。有一天，弟弟去看望哥哥，哥哥住的老房子破烂不堪，远远地散发着一股恶臭。"这时候父亲停了下来，问我："你猜弟弟看见了什么？"我说："一定是哥哥饿死在了床上。""你怎么知道的？""因为他总是好逸恶劳，不勤奋，不能自己养活自己啊。所以一定会饿死的。""那你想做哥哥呢，还是做弟弟？"我对父亲说："我自己动手，自力更生，丰衣足食。"说完我就去收拾屋子了。父亲还刺激我说："躺着多舒服啊，干吗要去干活呢？""爸爸，我不是傻瓜，我明白的。你不是告诉过我勤劳是一个人最好的品德吗？"我大声说着。我心里深深地感激我的父亲，他教会了我许多做人的道理，至今仍受用无穷。

要让孩子学会谦虚

上帝的智慧告诉我们要懂得谦虚。

在一般人的眼里，作为一个"神童"，被人们众星捧月般地围绕着，好像你的人生就是一帆风顺的样子。其实，这只是人们的想象而已。我当初被人们当作"神童"，我自己清楚那是一种什么样的感觉。你要面对来自各方的质疑和拷问，受到人们的非议，最让人受不了的就是你每天都要面对人们的表扬和夸赞。人们并不考虑你能不能承受得了。但是，孩子终究只是孩子，他不能正确地面对这些过度的表扬，很容易就会产生自满情绪，形成高傲的性格，从而阻碍了自己继续前进。

我身边就有这样的例子。莱恩是父亲的一个朋友的孩子，从小特别有音乐天赋，被人们誉为"神童"。他5岁时就弹得一手好钢琴，小提琴演奏得也非常棒，7岁的时候就举办了个人音乐会。人们把他比作当代的莫扎特，预言他的未来前途不可限量。在荣誉面前，他的父母也和别人一样，认为孩子是无人能比的神童。他们经常表扬自己的孩子，而且不把孩子的老师放在眼里。在这样的环境下，莱恩在成长中出现了骄傲的情绪，他妄自尊大，不把任何先辈音乐大师放在眼里，恃才傲物。他的音乐老师经常提醒他，让他好好学习，切忌狂妄，还有很多东西要学的。可是这个孩子却并没有听取老师的教诲，甚至出言不逊："你这个老师，怎么那么固执呢？我对音乐已经精通了，而且我还开了自己的音乐会。"老师还想劝导他，他打断了老师的话，"我要超越前人，创造未来。"看到如此狂妄的一个孩子，老师没有再说什么。在跟莱恩又发生过一次争执之后，他毅然辞职了。

我是听到父亲谈起这个故事的。据父亲说，在那个老师辞职离去的一瞬间，他预感到这样的孩子是没有前途的，纵然他有惊人的天赋。果然，老师的预言应验了。莱恩由于妄自尊大，不把任何人放在眼里，没有再继续请老师，最后由于嗜酒而再也弹不出一首完整的曲子了。莱恩的音乐天赋就这样被自己的骄傲自满毁灭了。他说自己不被世人理解，但他连一首杰出的乐曲都没有作出来，就连一般的曲子都没有。可见，狂妄自大、骄傲自满是多么可怕，就这么轻易地毁掉了一个天才。由此，我想说，神童的生活要比普通孩子的生活更危险，一旦被人们褒奖过度，而自己又不能谦虚谨慎，迟早会自取灭亡的。这个过程中，父母要负很大的责任。

幸运的是，我有一个好父亲，他无时无刻不在警惕上述的危险，帮助我抵御这样的风险。**父亲从小就教导我，要做一个谦虚谨慎、不骄不躁的人。我很感激父亲，因为他教会了我在任何情况下都能以平常的心态去面对。**

至今，父亲的教导还萦绕在我耳畔："卡尔，不管你多么聪明，多么了不起，多么有学问，在无上荣耀的上帝那里，你这都只是星星点点的皮毛，非常微小。""你要时刻提醒自己，知之为知之，不知为不知，千万不能自吹自擂，否则就是非常可悲的。""你要知道那些赞扬你的话都是虚假的，违心的。你要善于辨别，否则你就是一个愚笨不堪的人。"

每次我取得好的成绩，父亲从来不会过分地夸赞，而只是淡淡地说："哦，还不错。""嗯，可以。"当我做了行善的事情之后，父亲总是说："不错，上帝会祝福你的。"有时候，要是我做了能非常感动父亲的好事，他还会抱着我，亲吻我的脸颊，那是他对我最好的表扬了。

父亲自己不经常过分表扬我，就连别人的表扬，他也会当面制止。如果有客人来我家拜访，他就让我走开，不让我听到他们的赞誉。如果客人不听从父亲的劝告依然要当面表扬我，那父亲就会不再欢迎他了。就因为这，父亲在他人眼里是个冥顽不灵的怪人。但是，父亲依然我行我素，因为他明白，孩子一旦骄傲自满起来，想纠正就很困难了，这会毁了孩子的一辈子。

尽管如此，别人的赞誉还是防不胜防地传到我的耳朵里。当我六七岁就取得了很好的成绩时，人们总说我是"百年一遇的天才"、"不可思议的神童"等。我听到这些赞语之后，也会有飘飘然的感觉。每当这个时候，父亲就会问我："卡尔，你知道为什么人们都这样夸你吗？""因为我学会的比其他孩子要多得多。"我不假思索地回答。"好吧，如果这是真的，那能怎么样呢？有学问受人欣赏，做好事就会得到人们的尊重。因为世上大部分的人都没有学问，也不会多做善事。人们的欣赏是暂时的，来得快，消失得也很快。但是，如果要得到上帝的赞许，那就非常不容易了，除非你做了许许多多的善事。只有上帝的赞许是永恒的。因此，你要知道，**别人的赞誉和欣赏如过眼云烟，只是暂时的，也是靠不住的，千万不能放在心上。**如果一个人喜欢被人表扬，那么他就一定要有能力承受别人的中伤。如果以别人对你的赞扬和批评作为自己悲喜的原因，这样的人是愚蠢的。因受到别人的批评而黯然神伤是愚蠢的，但比这更愚蠢的就是听到别人的赞扬便沾沾自喜。"

父亲总是用这样的话来开导我，令我至今难忘。那个时候，父亲经常带我去拜访一些博闻强识的学者，以此来提醒我天外有天、人外有人，一定要谦虚谨慎、戒骄戒躁。那时候拜访过的一位老牧师经常告诉我："孩子，你要记住，懂得谦虚是上帝的智慧。"父亲还经常给我讲一些伟大人物的成就，如但丁、歌德、牛顿、柏拉图、贝多芬等。这样我就知道，自己的那点知识实在是不值得显摆，没什么值得骄傲的。在我的心灵深处，没有骄傲和自满的痕迹。我知道，谦虚使人进步，骄傲使人愚昧。

此外，父亲还注意培养我的同情心，让我避免沾染不良的习惯，比如偷东西。

父亲有一个把人心比喻成盒子的理论，他说："人心就像一个盒子，有有限的容积，如果其中占满坏的德行，那么好的德行就无处容身。所以，一旦发现坏的德行，必须马上驱除，否则它会在你的心里生根发芽，埋下罪恶的种子。"

在我人格成长的路上，父亲的教诲不可或缺。我很珍惜父亲对我的养育之恩。如今我之所以能够平淡地面对人生，完全是拜父亲所赐。

第五章
父亲的教育法八则

实际上，在对孩子的教育上，我没什么好回避的。我甚至希望我的教育方法能够得到推广，帮助更多的父母来更好地教育自己的孩子，如果能够有些许帮助，我也就心满意足了。我信仰上帝，上帝告诉我们要帮助别人。我很荣幸能够在某些方面帮助别人。我的心意，上帝会明白的。

两种最有效的学习环境

父亲曾经说过:"专业的厨子需要有一个好的厨房,否则,他就做不出美味佳肴;优秀的木匠,如果没有一个好的工作场所,他就做不出精美的家具。巧妇难为无米之炊。同样的道理,**如果一个孩子在成长过程中,没有良好的适合他的学习环境,即是他再聪明过人,都不会拥有一个美好的前途。**"

父亲所谓的好的学习环境,并不是指豪华的书房和漂亮的文具、书本,而是一个适合孩子学习的氛围。曾经有人这样问我:"卡尔,你的父亲如此重视对你的培养,他一定给你提供了非常好的学习条件和学习环境吧?"我是如此回答的:"是的。我的爸爸给我创造的学习环境非常适合我,这并不都是指学习方面的。他所给予我的已经远远超出了物质的范围。"

在我刚开始读书时,父亲为我准备了一个别致的书房。虽然空间不大,但是我对它却很着迷。那里有一个很大的书架,上面分类摆放着各种图书,有天文的,有地理的,有文学的,等等。当我第一次看到这些书的时候,我都惊呆了。我对父亲说:"爸爸,这么多的书,我能读完吗?"父亲和蔼地说:"当然能够读完了。你一定会把这些书读完的。到了那个时候,就算我把全世界的书都摆在这里,你都可以看完的。因为,到那个时候,你已经深深地爱上了读书。"**父亲这样的准备,不是真的要让我把这些书都读完,而是为了给我提供一个良好的学习环境。**直到现在,我都是一个非常爱读书的人。不管是在自己家的书房里,还是朋友家的书房里,只要看到有意义的书,我都会拿来读。

也许有人会发感慨:"卡尔,你真是一个幸运的人。你的父亲为你创造了那么好的读书学习的环境,他对你的教育可谓是用心良苦啊。"或者说:"你之所以能够有今天的成就,原来都是你父亲为你创造了如此良好的学习环境啊。"但是,在父亲看来,他所做的这些似乎远远不够,他还要做得更多。

除了这么优越的书房外,另一个更重要的学习环境就是大自然。这两个方面都对我的学习和成长起到了至关重要的作用。现在父母教育孩子,总是把孩子关在屋子里让他读书,岂不知书本上的知识都是死板而枯燥的,孩子在这样的环境下是根本学不到知识的。相反,这样做往往会让孩子产生逆反心理,讨厌学习。如果是这样,那就是令人悲哀的了。不管是我,还是跟我一样知识层次的人,包括那些有名的学者,我们之所以能够取得值得骄傲的成绩,这都要归功于大自然的教导。我们几乎都是从大自然中汲取灵感,学习到了许许多多的知识。我们的童年经历中,都有与大自然接触相处的痕迹。

其实,在这个问题上面,我们还在某种程度上达成了共识,即童年时期所接受的大自然的熏陶是成功的基础。我们一致认为,在书房中学到的知识,远远比不上在大自然中得到的。历史上很杰出的人物都有着类似的经历,哲学领域如柏拉图、亚里士多德;物理学领域如牛顿;艺术领域中更是不乏此类,如巴赫、贝多芬、达·芬奇、拉斐尔……大自然赐予了他们无比珍贵的财富。

学习要张弛有度

我见过很多这样的人,他们虽然很想追求知识,但却总是力不从心;他们虽然非常勤奋,可是收效甚微。难道是因为他们不够聪明吗?难道是因为他们没有天赋吗?我认为不是这样的。用不够聪明和没有天赋来解释这样的现象都是不明智的。因为,在上帝面前,每个人都是平等的。导致上述现象发生的原因,仅仅是因为他们在成长过程中没有培养起一个有效的学习方法。

那么,怎么样的学习方法才是最有效的呢?**我认为,最轻松的学习方法就是最好的学习方法。兴趣是这个方法中最好的因素。**我们很多人从小就被家长严厉管教,仿佛学习就是一件非常严肃的事情,哪里有时间去轻松呢?正是因为这个错误的教育理念,使得许多天真的孩子不得不背负起沉重的学习任务。

我小的时候,并不是一个整天坐在书房里读书的孩子,我也是相当贪玩的。当其他孩子在书房里苦读的时候,我就在游戏玩乐中学习。那时候,很多人都问父亲:"看小卡尔整天在外边疯玩,你不担心他的学习成绩吗?"父亲很坦然地说:"这没什么值得担心的。孩子的玩和学习是一样的,没有什么区别。"

在我的童年生活里,书房和其他让我感兴趣的地方一样,都是我的乐土。虽然有时候也被父亲关在书房里读书,但是我并不会感到枯燥和无聊,因为在那里我一样可以找到快乐。在学习方面,父亲从来都不会强迫我去学习,而是按照我的兴趣安排我的学习。我记得当时我的学习时间是 小时,可是,父亲每次都给我安排20分钟。在父亲看来,这样更有利于我对知识的掌握和消化。

到现在我还记得那次解答数学题的经过。父亲见我很久都不出来,就进来告诉我:"儿子,别做了,时间到了,去玩吧。"可是当时我还不想放弃,父亲又说:"说不定休息一会儿后,回来学习更有效率。"我还是很固执地说:"这道题对我很有挑战,我想把它做出来再玩。""爸爸相信你一定可以做出来的。但是,现在休息的时间到了,如果休息不好,就算你做出来了也会很疲劳。如果这样的话,对你的学习会造成不利的影响。不要真感觉到累了才去休息,那个时候你就会对学习没有一点兴趣了。"我听到父亲这样说,就放下笔跟父亲出去了。父亲一边走还一边对我说:"卡尔,你要明白,兴趣是需要不断培养的,学习的热情也要适当地控制。如果没有培养好兴趣,那么你就会对什么都失去兴趣;如果没有控制好学习的热情,热情很快就会如水蒸气一般蒸发掉的。"我明白父亲的良苦用心,是为了让我能够保持对学习的兴趣和热情,以便能够更好地学习。

休息玩乐一会儿回来后,我很快就把那道题做出来了,觉得它没有原来那么难了。

学而不倦的秘诀

经常有人这样问我:"威特先生,你小的时候从来没有对学习产生过厌倦情绪吗?学习对你来说一直是很轻松的事情吗?"尤其是那些为人父母的人,对这个问题颇为关切。对于这个问题我很难给予明确的回答，但我可以确定地告诉他们，我从来都不是被动学习的，小时候学习起来都是很主动的。我也曾陷入过困境，也曾疲劳过，毕竟学习并不是一件让人轻松的事情。但是，我从来没有产生过厌倦，原因就在于我非常热爱学习，喜欢学习，所有的知识对我来说都像具有魔力一般，深深地吸引我去探索。

曾经有个著名的博士对我说过："我非常佩服你，佩服你一直对学习是那么地热爱和执着。一般人很难做到这一点。"我对他的话感到惊讶，他不是和我一样也取得了卓越的成就吗？难道他的学习热情就消失殆尽了吗？我问他："你也是一位成功人士了，我想每个取得这样成就的人都是热爱学习的人，这没什么值得佩服的地方。"他告诉我："并非像你所想的那样，我能够取得今天如此的成就，完全是我艰苦的努力换来的。""那我们的经历是一样的，我也付出了艰辛的努力。"

"但是，我所说的不是你说的那个努力。我的意思是，我在学习上从来没有体会到乐趣，不断地学习只是我的奋斗目标而已。"这位博士在我眼里是位非常出色的人，他的事业蒸蒸日上，学术成就显著，生活上也值得人尊敬。现在他说自己是个不喜欢学习、没有享受到学习乐趣的人，我不相信。

其实，那种只为学习而学习的人是非常可怜的。他们没有品尝到学习带来的乐趣。当我还是小孩的时候，父亲就对我说，要让我成为一个快乐幸福的孩子。在父亲眼里，幸福和快乐比什么都重要。我非常赞成父亲的看法。因为我的学习生活经验告诉我，父亲的看法是对的。**在这些年的学习过程中，我有一个心得体会，那就是要想达到最好的学习效果，最好的办法就是带着快乐的心情去学习。**

现在的父母，包括我周围的人们，他们在教育孩子的问题上都是非常严格的，望子成龙心切。但是往往并不是那么容易，现实的结果让他们感觉到离希望越来越远。为什么会这样呢？就是因为他们这种严厉的教育方法让孩子很不适应，小小年纪承受不了这种重负，更为严重的是，这让孩子产生了厌学情绪。

坚持每天学习三小时

有一天,我在书房里做功课,父亲多年的好友科恩先生来我家拜访。他是非常有名的教育专家,曾经在柏林幼儿教育协会工作,此前还担任过许多中小学的校长。当他知道我在做作业时,就和父亲谈起了孩子的教育问题。

科恩先生对父亲说:"我今天来就是想见见你的儿子,他是远近闻名的神童啊。"父亲说:"科恩,你我相交这么多年了,你认为这世界上真的有神童吗?""我其实跟你一样,不相信有神童。所谓的天才或者神童都是后天教育的结果。我之所以这么说,是因为小卡尔实在太厉害了,使我情不自禁地就产生了和其他人一样的想法。"父亲说:"我理解你的意思。卡尔之所有今天的成绩,都是后天教育的结果。"

科恩又说:"卡尔现在已经懂得了那么多的知识,他学习一定非常努力吧?""是啊,他的确很努力。""也是,凡是取得好成绩的孩子都是与刻苦努力分不开的。在我的学生中也有很优秀的孩子,他们为了让自己的学习更上一层楼,每天都会坚持学习6个小时,有时还会达到8个小时。"父亲说:"是吗?那可真是用功啊。这非常难得。"科恩看父亲有些不同意,就问他:"小卡尔在家一般都学习多长时间?""哦,就2个小时。"父亲回答他。"什么,才2个小时?真是不可思议啊。""也不全是这样的,有时候还会超过2个小时,但绝不会超过3个小时。"科恩睁大了眼睛,表示很惊讶:"最多就3个小时,他还能够精通文学、历史、地理等多方面的知识,而且还学会了6种语言!这是真的吗?"

这个时候,父亲看看表,叫我出来。因为我已经学习了3个小时了。我应和着父亲,又要求多给5分钟的时间。5分钟以后,我就从书房出来了。这时,科恩拉住我问:"卡尔,你每天只学2小时,最多3小时,这是真的吗?""是啊,我刚才不就学了3小时吗?"我回答道。"那你不想再多学一会儿吗?""我想啊,可是父亲不给我太多时间去学习。"

这时,科恩问父亲为什么不让孩子再多学一会儿,父亲笑道:"我不是说长时间学习不好,但是在小卡尔的这个年龄,每天学习两三个小时已经足够了。他喜欢学习,这很好。但是,我不想让他每天都呆在书房里读书,而想让他到大自然中学习，这更重要啊。"科恩连说："不可思议，真是不可思议。"

我在父亲的示意下出去找朋友玩了。他们两个人又要就教育问题开始进行激烈的争辩了。到了吃晚饭的时间，我才回来。科恩先生一见到我就拉我到他身边，用不可思议的眼神打量我，嘴里啧啧称赞。我猜想一定是父亲的教育理念说服了他。科恩说："卡尔，你真是一个非常优秀的孩子，我一定要把你父亲的教育理念和教育方法推而广之，让更多的父母知道如何培养一个优秀的孩子。我还要在我的办学中贯彻这些教育理念。"

科恩先生走后，我问父亲他是怎样说服科恩先生的。父亲说："他是个很善于总结的聪明人。如此效果良好的教育方法，他怎么会轻易放过呢？"

我如今已30岁，早就是一个孩子的父亲了。当许多父母问我怎样来安排孩子的学习时间时，我总是建议他们使用我父亲的教育理念，即每天学习两三个小时为宜。人们也会有疑问，孩子学习两三个小时够用吗？父亲曾经在报纸写过这方面的回应文章，他说：

很多望子成龙的父母认为要想让孩子成为一个优秀的人才，就必须加长他们的学习时间。对于这点我不能苟同。这样的要求对于年龄大点的孩子或成年来说，还是比较合理的。因为他们有很好的自控能力，就算时间再长，他们也懂得充分利用。但是，对于小孩子来说，这样的要求未免太苛刻了。这严重超出了孩子的承受范围。超过了这个极限，很多孩子都不能够再集中精力于学习了。时间越长，学习的效果就越差。

我非常赞成父亲的这个观点。**实际来说，学习也好，工作也好，都应该要求效率为先。如果不能很好地利用时间，努力提高效率，那么再长的时间都是没有任何意义的。**日常生活中，我们总会看到有的孩子端坐于书桌前，眼睛盯着书看，可是一页书过了半小时还没有翻过去。这个时候孩子的大脑是停滞思考的。这样的学习一点效率都没有，只是在浪费时间和精力。

我认为，如果一个孩子能够集中精力地学习，充分利用好自己的时间，那么他是有可能成为"天才"的。

学无止境

因为我取得了优秀的成绩，而得到越来越多人的肯定，在我心里就逐渐产生了一种不良的心态。我不得不时时刻刻都努力维护我在人们心目中的那种"神童"形象。如今看来，那完全是虚荣心在作怪。这种虚荣心差点让我误入歧途。

虚荣心使我的学习目标发生了一些变化，不再是为了乐趣而学习，而是为了得到更多人的褒奖。我开始变得自大、自我，不再像从前那样嘻嘻哈哈地玩耍了。我变得孤僻起来，把自己整天关在屋子里学习。这样的日子并不久，但是我想很有必要在这里分享，以便于父母们从中得到启发，避免类似的错误。

记得有一次，我的朋友柯斯特来找我玩，说他和其他的小伙伴约我周末去郊游。当他在我书房外边叫我时，我只是冷冷地说："没看见我在学习吗？这个时候最好不要来打扰我。"我的反应让他很纳闷，他隔着门对我说："卡尔，发生了什么事情？我是特意来告诉你的，我们周末要去郊游……"我很厌烦地打断他的话，说："没什么好玩的，你们去吧，我还要学习呢。"柯斯特生气地对我说："你什么态度！我好心来叫你，你爱去不去，懒得理你了！"说完就走了。我知道他肯定非常失望。

这时，父亲进来了，我赶忙假装在看书，其实我当时的注意力根本不在书本上。父亲来到我身边，问我："儿子，你看的哪页书啊？"我扫了一眼书角，说："一百……一百二十八页。"父亲拿起书来，问我看的内容是什么，我当时就蒙了，结结巴巴地说不出个所以然来，因为我根本就没有看进去多少。父亲看到我这样，很不满意，但是他没有生气，也没有说我什么，而是说起柯斯特来过的事情。

父亲问我怎么没有给柯斯特开门，我说："他们整天只知道玩，我可不想跟他们一样，我还要学习呢。"父亲说："即使你不想和他们出去玩，但是也要懂得起码的礼貌吧？他特意来告诉你，说明他把你当作很好的朋友啊。"我说："可是我真的不想出去玩，那些都很没意义啊。""没意义？那你认为什么事情才有意义呢？""那还用说，当然是学习啊。"我毫不犹豫地说。"那你今天学到了些什么？学了多长时间？""我在读《自然史》，看了差不多6个小时。"父亲问我怎么回答不出来他刚才的问题，我说："那页书是我刚刚打开的，还没有看呢。"父亲见我还要狡辩，就又问了几个问题，我还是答不出来。父亲问我学习得是否快乐，我说："不快乐。这几天的学习感觉到很疲惫，好像没有以前那么容易了，记忆力也下降了，记东西很费力。""那你应该休息啊。你感到疲惫那是因为你太用功学习了，学习的时间太长了。""可是我不想放慢学习的进度，我还没有掌握好所学的东西。"

父亲语重心长地对我说："儿子，学习不应该是这样的。正因为你学的时间太长了，学习效率就不高，如果长此以往，以后的情况会更加糟糕。依我看，你现在应该出去玩会儿，去感受一下大自然的新鲜空气。""但是……"我没有动的意思。父亲继续说："儿子，你要知道，会玩的人才会更好地学习啊。这些话我之前都跟你说过很多遍了。爸爸不会骗你的，放心出去玩吧。你今天已经学得够多了，剩下的时间就是好好地玩个痛快。如果不出意外，明天你的学习效率就会提高的。"我信任父亲，虽然还是不舍，最终还是出门玩去了。

我出去立即找到柯斯特，为我的无礼向他道歉。然后我们就一起找其他朋友，商量周末郊游的事情去了。当我回到家里的时候，我感觉到原先混沌的大脑此刻变得很清醒了。我并没有像往日那样立马去书房看书，而是依偎在母亲身边。因为我要养足精神，明天好好地学习。那天晚上，一家人在一起过得很愉快。

通过这次经历，我对父亲所谓的"只有会玩的人才会学习"，有了更深的体会。同时，我还明白了一个道理：无论你如何出众，如何有成就，都不要孤立自我，远离身边的亲友。

提高记忆力的最佳方法

记忆力是学习的一个重要条件。不仅我如此认为，那些专心于学习的人都这样认为。那种死记硬背的方法，在我看来是非常愚蠢的。这样基本上不会学到什么知识，即便是真的记住了，也只是一个简单的记录，而不会灵活地运用。

只要你略懂教育史，或者你是一个稍微细心的人，就会发现那些取得卓越成就的人，都不是依靠死记硬背而成功的。相反，他们还留下了这样的一些名言，以提醒世人：

  我能记得什么呢？我什么都记不住，只是理解了而已。——毕达哥拉斯
  那些死记硬背的人在我看来都是一些愚蠢的骡子。——亚里士多德
  音乐并不是把音符刻在我的脑子里，那对我没有一点用处。我的音乐在我的心里。——贝多芬
  我从来不做记录员的工作。——福楼拜

  从这些只言片语中，我们可以看出，记忆很重要，但是并不是死记硬背的。在记忆这方面，我从父亲那里学会了理解记忆和重复记忆。从小到大，我见到很多孩子只会一字一句地看书，生怕漏掉了一个字。我的父亲没有这样教我，而是让我快速阅读。**在父亲看来，快速阅读能够让我集中精力理解书中的内容，而不是仅仅在阅读中识文断句。**

  有一天，我在读德文版的《古希腊文明的衰落》。父亲见我好久都没有翻一页书，就走过来问我如此仔细地看什么，我如实回答。他说："哦，这本书是很有意思，不但可以学到很多知识，而且可以练习你的希腊文。""爸爸，我读的是德文版的。""哦，"父亲停顿一下后，接着说，"以你现在的德文水平，看这样的书应该不成问题的，怎么读得那么慢呢？""我只是想记住里面的内容，所以看得慢了些。"我如是回答。父亲说要考考我看的内容，结果对于书中的年月和事件经过我都记得不是很清楚。然后，我就问为什么会这样，父亲没有直接告诉我，而是问了我之前读过的一些文学书籍，这次我记得相当准确。我很纳闷，为什么我用心去记忆的知识却不清楚，而对不经意间读的书却了如指掌。父亲告诉我，那是因为之前我看文学书时的状态很轻松，而且翻阅了多次，并没有刻意地去背诵，自然而然地就熟悉了书中的内容。父亲紧接着对我说："儿子，死记硬背的方法是不对的，那样根本不能牢靠地记住东西。你应该还是照原来读文学书的方法来读。""可是，这两本书的性质不一样啊。这是一本很严谨的书，我如果快速地读能够理解吗？"父亲严肃地对我说："一本好书，重要的是他要有丰富的价值，而不是严谨不严谨的问题。在读书的过程中，我们会记住很多

东西，如果是死记硬背的话，是记不住的。我认为你的这种想法是错误的，如果你认识到这一点，那么你再读《古希腊文明的衰落》就会和你读其他文学书籍一样，你会很快看完它。如果你很喜欢书里的内容，你就还想读第二次，第三次，甚至更多次。这样的话，你才能体会到读书的乐趣所在，而且还会很清楚地记住书中的内容。"

我如实地按照父亲教的方法开始读《古希腊文明的衰落》，很快就读完了。当我第二次翻阅时，我把不会、不懂的内容都剔除掉，然后一心去读它的精华部分。这次，我发现，书中很多的内容原来我都已经记住了。

学习也要有节奏

我们欣赏音乐，总是会感觉到音乐中的节奏带给我们的愉悦。一部交响乐，有的部分欢快，有的部分舒缓，这就是节奏的效果。在音乐中，节奏的变化造就了它的不朽魅力。**父亲对我的教育，犹如一个音乐指挥家对于乐队一样，什么时候该用功，什么时候该休息，他总是能够很好地安排我的学习时间，让我的学习有节奏有计划地稳步前进，收放自如。**

音乐和教育看似风马牛不相及，但是二者却有密切的联系。因为世界是处在普遍联系中的。我对此从来没有怀疑过。像上述的学习节奏的事情，在我小时候就已经在父亲的严格培养下逐渐形成了。那时我每天学习3个小时，每次学习时间不超过20分钟。

父亲总是对我说，人脑不是机器，而是活生生的、充满智慧的生物体；就算是机器，它也需要适当的保养。据我所知，父亲的这个观点是有科学依据的。如果一个人的大脑所承受的工作量超标，它的效率就会越来越低。父亲曾经说过："一个孩子不能整天都学习，就算非常喜欢学习也不可以。那样的话，大脑会劳累过度，倍感疲倦，学习的效率就会降低。会学习，更应该会休息。好的休息有利于更好地学习。"

父亲对于学习中的休息也很有一套。有次我在休息时间并没有走出书房，也没有出去玩,而只是把书放在桌子上,静静地坐着。父亲问我为什么不出去走走,或至少去餐厅喝杯水也好。我回答说一会儿还要看书,还不如就在书房休息算了。父亲见我已经决定了,也就不再说什么了。当我开始学习的时候,我感到很疲倦,这时我才知道父亲所说的话是正确的,我跟父亲说了我的感觉。他对我说:"儿子,你说对了。休息的时间虽然只有10分钟,但是对你的学习来说,它是非常重要的10分钟。你刚才的做法并没有使你放松休息,而是延续了你的学习情绪,根本就不会得到休息。从这个层面上说,你在书房休息的10分钟根本没有起到休息的作用。"

从此,每到休息的时候,我都立马放下书出去,或是在院子里玩会儿,或是吃点东西,喝点水什么的。这样休息以后,再回来读书,效果非常好。

提高效率的交替学习法

在人们眼中,像我这样的"神童",一定是一个非常努力学习的孩子。但父亲对努力的理解与大多数人的理解是不一样的。他在日记中写道:

有一天米盖里希先生问我:"威特先生,您的儿子应该学习非常刻苦努力吧?不然得话,他怎么能够被誉为'神童'呢?"我告诉他,任何成绩的取得都是需要做出艰辛努力的。

他继续问我:"这样我们就很容易想到,小卡尔一定在学习上花费了很多时间,不会像其他孩子那样尽情玩乐吧?"我的回答是:"不是你想的那样。他确实非常努力,但是他还是一个孩子,也想着出去玩。其实,他玩的时间要比其他孩子还要多。"

米盖里希先生表示怀疑,觉得好像我在有意回避什么。实际上,在对孩子的教育上,我没什么好回避的。我甚至希望我的教育方法能够得到推广,帮助更多的父母来更好地教育自己的孩子,如果能够有些许帮助,我也就心满意足了。我信仰上帝,上帝告诉我们要帮助别人。我很荣幸能够在某些方面帮助别人。我的心意，上帝会明白的。

父亲所说的正如他所做的。我的童年并不是在书房里度过的，相反，我的生活却是丰富多彩的，不光是埋头学习。父亲对我的精心教育让我受用一生，我非常感激他。除了他所说的上面几个学习方法，我觉得还有一点值得注意，那就是他教会我交叉或交替学习的方法。**简言之，这个方法就是在有计划的学习过程中，因势利导，因时因事地改变学习的科目，这样才能保持大脑处于兴奋的状态。**

那时父亲就知道，任何人对于新鲜的东西总是很好奇，容易引起探索的兴趣。如果总是把目光停留在一件东西上，就算这东西很诱人，时间长了也就不再让人好奇和喜欢了。学习就是这样。如果一个孩子一天只学一门课，那么他就会对这门课产生厌恶情绪。父亲为了不让我产生这种厌恶的情绪，他总是让我把各个学科之间的知识交叉轮替地学习。

记得有一次我在做一道数学题，感觉到力不从心，脑子也开始膨胀，经过几次调整我都无法解答。父亲看见了我的痛苦，很关切地问我怎么了，我说题目有点难，解不出来。父亲说："那你就应该休息一会儿。"我说都已经尝试了好几次了，并没有效果。父亲问我在这道题上花费了多长时间，我告诉他用了近两个小时了。父亲拿过书看了看，说："这道题是有些难度，但是以你的水平还是可以解答出来的。"我也很纳闷怎么会这样。这时父亲说："那就先放一放吧，你可以去做其他的功课。"我说："不行，我不想做一个半途而废的人。"

父亲看我很坚定，就对我说："我是让你现在先放下，并不是说以后就不做这道题了。如果你现在还要继续解题的话，势必让你的脑袋疼上加疼，这样一来，你今天的学习就全部乱套了。如果你停下来去做其他科目的功课，完了再回过头来做这道题，就不会耽误了，说不定还会收到意想不到的效果。"

我半信半疑地照父亲的话做了。当我接下来进行地理学习的时候，我觉得脑子一下就清醒了，很快就完成了课程安排的任务。休息10分钟之后，我再次拿起那道数学题。这下我认真地审题，然后找出关键点，思如泉涌，很快就找到了两种不同的解题之法。我非常兴奋地告诉了父亲。父亲笑着对我说："这是非常自然的事情啊。一旦你掌握了正确的方法，所有的难题都不是难题。"

尝到这次甜头之后，我以后的学习就经常采用这样的方法，屡试不爽。长大以后，这个方法还让我受益不断。不仅在学习上，在工作中我也如法炮制，收效显著。无论遇到多么困难的事情，我总是尝试用不同的方式来处理，从来都不盲目地意气用事。如果遇到不能一下子做完的事情，我会先做完其他的事情之后再回头做。

我的学习实践证明，学习中的交替学习很重要，这不仅节省了时间，而且让我觉得每次都能舒服地完成一些开始认为很难的事情。父亲的教育法，让我终生受益，我非常感激他的努力和付出。

第六章
父亲教我人生准则

父亲告诉我:"人的一生如白驹过隙,非常短暂,必须要做出周密的计划和合理的安排,才能让你认识到时间的宝贵。这样就不会无谓地浪费时间,从而养成珍惜每一分每一秒的习惯。"

凡事预则立

在父亲的教育过程中，他都随手准备两个本子，一个是日记本，一个是记事本。日记本是父亲用来写育儿日记的，记事本则是父亲用来记录我成长和学习情况的。在这两个本子中，父亲清楚地记录了我成长中的每个细节。每次读这两个本子，我都非常感动。在读的时候，我总是有所启发，下面就是其中一条。

在父亲的记事本里，清楚地记录了父亲为我制订的各种教育计划，同时还记录了我的完成情况。有一页记录了这样的内容：

早晨6点起床，6点半准时去树林散步，8点开始学习外语，9点学习历史……卡尔到6点10分才起床，比计划晚了10分钟；今天由于感冒，没有去树林散步，8点的时候准时开始学习外语；由于多学了5分钟，到9点10分才开始学习历史……

我曾问过父亲，他这样记录的意义是什么。父亲告诉我："人的一生如白驹过隙，非常短暂，必须要做出周密的计划和合理的安排，才能让你认识到时间的宝贵。这样就不会无谓地浪费时间，从而养成珍惜每一分每一秒的习惯。"父亲是个对生活有着周密计划安排的人。在父亲的如此培养下，我也养成了很强的时间观念，喜欢做好计划后再付诸行动。

大人也好，小孩也好，他们的生活总会有因为琐碎的小事而浪费时间的情况。学会合理地安排自己的学习生活，学会制订详密的行动计划，这对于每个人来说都是非常必要的。在我小的时候，我并不知道父亲有这样的一个本子，更不知道他对我的教育都是经过了仔细周密的计划才实施的。到现在，我终于明白了父亲这样做的良苦用心和重要性了。

在我八九岁的时候，父亲有意地让我自己安排自己的学习，此前都是他帮我制订学习计划。**那个时候，他认为我该自己独立安排时间和自己的生活了，他就大胆地放手让我自己去完成。**最初，我对着一大堆课程，感觉非常混乱，根本找不到头绪，比如说学习外语要用多长时间，数学安排在什么时候学，还有历史、地理……我在茫然失措中度过了两天。这两天我浪费了很多时间，我向父亲提出抗议。

那是在一次晚饭的时候，我对父亲说："爸爸，您让我自己做计划，我做的一团乱麻，感觉太难了。"父亲问为什么，我说："因为我还是个小孩，不能像您那样制订出周密的计划啊。大人的事情，我做不了。""你这是在怀疑自己的能力吗？""不是怀疑，我只是认为现在让我做太早了。"父亲想了想，对我说："我听说温斯梅卡在3岁的时候失去了双亲，与他哥哥相依为命。长大后，他成了一个富有的银行家。我想，他小时候一定没有人帮他制订各种计划吧。""那就是他哥哥帮他做的。"我还反驳。"你这样想的话，那就去看看他的传记。看完后，你就会知道答案了。"

饭后，我迫不及待地找到温斯梅卡的个人传记来读。原来，他在6岁时就被哥哥送到了一家慈善学校。在那里，他学会了自己照顾自己，以及如何计划未来。经过个人的艰苦努力，终于成就了一番事业。看完后，我非常惭愧。他的哥哥虽然供他读书，但是却是一个不识字的普通工人，在学习上根本帮不了他。我有父亲的帮助，还为不能制订合理的学习计划而怨天尤人，实在是不应该啊。

我决定向温斯梅卡学习，一定要制订好自己的学习计划。计划制订出来后，执行起来比较困难，但是，没过多长时间，我就掌握了其中的规律，最终给自己制订了一套详细的学习计划。当我把计划书拿给父亲看时，父亲很高兴，他说："很好啊，看来这件事难不倒你。儿子，你真行！"

后来，我的生活和学习都是由我自己来安排，制订出周密的计划。正所谓"凡事预则立"，有了计划，我做起事情来有条不紊，往往容易达到事半功倍的效果。

养成守时的观念

小孩子没有形成时间观念，做事情总是带有很大的随意性，想做什么就做什么，任意而为。他们不知道合理安排自己的时间，也不会认识到守时的重要性。

我虽然从小被人们誉为"神童"，但还是对时间漫不经心，浪费了很多宝贵的时间。父亲曾经告诫我："遵守时间是一个人应该具有的高尚品质。你要学会守时，养成守时的习惯。"那时候由于不够重视时间，我犯了很多错误。

有一次我们去纽兰村钓鱼，时间定在下午3点。纽兰村离我们家不远，风景秀美，那里有条小溪，里面有很多鱼。到这里来度假的人络绎不绝。一到周末，这里就充满了欢声笑语，像过节一样热闹。在和父亲约好钓鱼之前，我和海因里奇有约，要去他家看他最近画的画。在海因里奇家里我玩得很开心，忘记了时间，回到家时已经3点20分了。一进门，我就看见父亲生气地坐在椅子上，身边放着早就准备好了的钓鱼工具。我高兴地说："爸爸，我回来了。"父亲冷冷地说："你知道现在几点了吗？""3点多吧。""什么，3点多？你看看表，都已经3点20分了。难道你忘了我告诫你的要养成守时的习惯了吗？"父亲这下有点生气了。

听到父亲这样说，我认为他太小题大做了。我并没有这么说，只是稍微辩驳道："我就是多玩了一会儿，再说了，这会儿钓鱼也不晚啊。"父亲不再和我说话了，拿起工具径直往外走去。路上父亲没再说守时的事情，而是给我讲解钓鱼的技巧和常识。到了纽兰村，我和父亲分别在上下游钓鱼。父亲去了上游，临走时告诉我6点时他过来找我。

不知过了多久，周围的人们就开始准备晚餐了，纷纷拿出餐布和食物。我朝父亲所在的方向望了望，看不到一丝踪迹。我问旁边的人几点了，这才知道已经7点了。父亲不是说好了6点来接我吗？怎么到现在还没有人影？我心里思忖着，有点着急了，根本没有心思再去钓鱼，时不时地朝上游张望。过了半个小时左右，父亲的身影出现在暮色中。"爸爸，爸爸。"我边跑边喊叫着。父亲没说他为什么现在才来，也丝毫不为自己的迟到感到惭愧。他只是告诉我今天他钓了好大一条鱼。他的满不在乎让我很不解，终于按耐不住了，就问他："你不知道6点回来吗？现在都已经7点半了啊。"

父亲这才收回话匣子，一脸严肃地对我说："卡尔，你现在知道不守时所造成的危害了吧？我不守时你就不高兴，那你不守时的时候，想没想过别人的感受？""原来你在惩罚我啊。"我略带怨气地说。父亲拍拍我的肩膀，微笑着说："我不是故意这样让你生气的。我只不过想让你自己体验一下不守时的坏处。我希望你做一个守时的人。"

在父亲的教育中，他让我亲身体验了很多做人的道理，这比对我直接讲道理有效得多。经过钓鱼事件的教训，我再也不敢不遵守时间了。从那以后，我改掉了这个坏习惯，终于成为一个具有严格时间观念的人。

做人也要精益求精

父亲经常对我说，精益求精不光是一种学习和做事的品质要求，而且还是做人的良好品质之一；任何事情如果都做到精益求精，那么取得成就就指日可待了。在我的生活中，经常遇到那些做事马马虎虎的人，他们做什么事情都让人觉得不踏实，因为他们做事情时都没有认真地去做。

据我的经验，凡是在事业上有所成就的人或那些杰出的人物，都是从小就养成了精益求精的良好习惯。他们做事情总是百分百地投入，仔细认真地做好每个环节。这是他们能够取得突出成就的重要条件。

在艺术的领域里，尤其需要这种精益求精的认真态度。达·芬奇画《蒙娜丽莎》整整花了4年的时间，莫扎特的《费加罗的婚礼》足足修改了84遍之多，贝多芬的《欢乐颂》是一个小节一个小节认真完成的，他们的创作非常辛苦，哪里像我们后来人欣赏的那么轻松自在呢？

在这些伟大的艺术作品里，包含着作者艰苦的用心。世界上没有一件伟大的艺术品不是通过精益求精来完成的。上帝创造了这个多姿多彩的美好世界，同时也创造了能够改变世界样貌的万物之灵长——人类。从历史上看，所有今天充满生机和活力的文明都是人类精益求精、不断追求的结果。

在我的童年记忆里，我有很多的爱好。画画就是我的爱好之一。在婴儿时期，美术对我的视觉发展起到了积极的促进作用，对我后来的全面发展也非常重要。人们会说，真的那么有效果吗？我可以非常肯定地告诉大家，不仅是美术画画，任何一种健康的爱好和兴趣都会有利地促进个人的全面发展。我的父亲是个非常成功的教育者，他帮助我，使我懂得了精益求精的可贵和难得，更明白了精益求精是一个人取得好成绩的必备品质之一。

有一天，我想画黄昏下的花朵的素描，这个是我计划好的。刚开始时，我心里一直想着夕阳很快就要落山了，画画的时候总是像在赶时间，匆匆勾勒，想在太阳落山之前把花儿画好。这样我在画的过程中根本就没有集中精神。越是急躁，越是画不好，想要快速完成那也是不可能的。这个时候，我的懒惰心理占了上风。我想，管他呢，先画出来再说，反正这不是让别人看的。于是我就很快地完成了，当然，画的质量和水平一定不会高到哪里去。

当晚父亲检查我的绘画作品，他看了一眼我的画，就说："卡尔，你画的这是什么啊，我怎么看不懂呢？"显然，父亲看出来我并没有认真地画。我赶忙解释说："这些都是花园里的花儿啊。""不像，这怎么会是花呢？简直就是成团的乌云呀。"父亲一边摇头一边说道。"由于天黑得太快了，我不能很好地把握细节，画出来就成这样了，"我继续解释说，"这是黄昏时的花朵。""黄昏的花朵就是这样子的？我从来没有见过这样的花，难道这黄昏之花跟乌云一样吗？"父亲犀利地问我。我重复着前面的话，说："由于天黑了……"

这个时候，父亲把我带到书房里，指着挂在墙上的达·芬奇的画，对我说："你看仔细了，看看人家达·芬奇笔下的花儿是什么样子的。"我走近《蒙娜丽莎》，仔细地端详起来。在一些细节的地方，达·芬奇的画笔都那么微妙地把握到了，《岩间圣母》中的那些花儿在夜幕降临时分显得婀娜多姿，摇曳生色。

父亲问我知不知道我和达·芬奇的区别在哪里，我回答他说："他画得非常逼真，而我画得比较粗糙幼稚。""不，这不是最重要的区别。这只是你们两人的绘画水平的差异，达·芬奇是世界级的画家，而你只是个孩子，他画得比你逼真、有灵气那是必然的。**其实，重要的不是你们绘画水平上的差异，而是你们对待绘画的态度的差异。**"

我问："对待绘画的差异是什么呢？"父亲接着说："你想过为什么达·芬奇能够画得如此逼真吗？而你却画得像乌云一团？我想这是因为你没有认真观察，没有以精益求精的态度去画画的缘故。你一定是看天要黑了就想快快地画完了事，对吧？"我低下了头。父亲又说，"儿子，你要记住，不管犯了什么错误，都不能给自己找借口；不管是做什么事情，都要以精益求精的态度去认真做好。只有这样，你才能够做好你想做的事情。"

事后，我仔细地回味了父亲对我说的话，决定第二天早起去观察花的形状结构，思考如何构图，然后到傍晚时候再去观察，最后画出来。第二天我画到很晚，饭后还在日光灯下继续修改我的画，因为我想做得更好。

通过这次绘画的经历，我懂得了精益求精的可贵之处，我也养成了精益求精的习惯。

自强自立

去哥廷根大学读书的那年，我刚过完9岁的生日。当时有人对父亲说："你的儿子那么小就要上大学，您应该也要跟他一起吧？不然，谁来照顾他呢？"有的人说："大学里都是很独立自主的，您的孩子能行吗？"人们质疑我的生活自理能力。

其实，他们这样想就多虑了。在大学期间，我没有要求父亲陪在我身边，也没有要求父亲为我做这做那的。我不仅一个人去公共澡堂洗澡，还自己动手清洗自己的衣物等。现代的大学里，有专门为学生清洗衣物的地方，也有搞清洁卫生的人员，根本不用担心这方面的问题。在我上大学的时候，条件还没有现在这样便利，这些事情都要自己动手。或许是由于我年龄小又勤奋的缘故，同学们都很喜欢我，乐于跟我交流。**不少人都认为我天生就是一个勤劳的人。可是，我并不是天生勤奋，这都是父亲的功劳。**

7岁时，我还不能独立生活，什么事情都要父母帮忙，自己也很少想着为家里做点事情。虽然偶尔也会帮母亲和仆人做些家务，但那只是一时兴起，觉着好玩才做的。在一个很平常的星期天，我感觉到我做的那件事才是真正为家人做的事情。

那天，女佣由于家里有急事就提前走了，扔下了一大堆家务。这样，家务的重担就落在了母亲的肩上。可是，不巧的是，那天母亲身体有恙，做家务不方便。父亲去外地办事还没有回来，此时家里只剩我一个劳动力了。

当时我并没有觉察到这种情况，还一个劲地在书房看书，直到肚子咕咕叫的时候，才发现没人像平常一样叫我去吃饭，于是我走出书房，大声叫着女佣的名字。母亲听见了我的喊声，从她的房间里传出了微弱的声音："不要喊了，儿子。柯迪回家去了。"我赶忙走到母亲房里，她正躺在床上休息，看起来很憔悴的样子。"妈妈，我饿了。""对不起，儿子。我刚才累了就睡着了，把做饭的事情给忘了。我这就给你做饭去。"母亲说着就挣扎着要起来，可是好像很艰难。我忙问道："妈妈，你这是怎么了？"母亲吃力地说："哎，我没有力气起来啊。这如何是好？"我一下子不知道该怎么办了，虽然我很关心母亲的身体。

就在这个时候，父亲推门进来了。看见母亲这个样子，忙问道："怎么样，病得严重吗？"母亲在父亲耳边轻轻地说："没什么，只是觉得浑身没有力气而已。"父亲转过头来对我说："卡尔，你看妈妈都这样了，怎么不好好照顾她呢？"他想到我们还没有吃饭，就对我说："走，儿子，咱们去给妈妈做些清淡的饭菜让她吃，吃了饭，病就好了。"我还站在那里没回过神来，就被父亲拽到了厨房里，让我给他打下手。我非常吃惊地发现，原来父亲也会做饭啊。

我问父亲："爸爸，原来你还会做饭啊？什么时候学的？"父亲不以为然地说："你以为每个人天生都有女佣伺候啊？我和你妈妈年轻的时候，由于家里穷，什么事情都是我们亲手来做的。""我以为有文化的上等人就不会做这些粗活呢。""什么上等人不上等人的？"父亲停下手中的活，认真地对我说，"上帝创造了人类，人与人之间都是平等的，只存在贫富之分，没有贵贱之别。""那你为什么想让我成为一个高尚的人呢？你教育我不就是想让我有一天也能被称为'人上人'吗？"父亲笑笑，说："是的。我一直想让你成为品德高尚的人，但是，那不是说被称为上等人。我一直以为，一个真正高尚的人，不仅要知识渊博，而且还要有能力自强自立。那些不懂得自强自立、不热爱劳动也不懂得劳动的人，在我看来无论如何都算不上一个高尚的人。"

我当时并不能完全理解父亲所说的这番话，于是问道："做家务对于一个知识渊博的人有什么用呢？可以雇人来做啊。""儿子，以今天的情况来说，你认为呢？"我终于明白了。那天我和父亲给母亲做了一顿清淡可口的饭菜，我的心里甜甜的。

通过这件事情，我认识到：虽然我们可以找人帮忙做事情，但是总有一天，他们也会有帮不上忙的时候。一切就都要靠自己才能完成。

第七章
父亲"寓教于乐"的教育理念和实践

父亲在日记中这样写到：不管教什么，我们都不能强迫孩子去学习，这是我主张的教育法的重要原则之一。首先，我们做父母的必须努力唤起孩子学习的兴趣。只有当孩子产生了兴趣，学习起来才能取得事半功倍的效果。根据动物学家的研究，游戏是动物的本能，动物训练下一代的技能都是在游戏中进行的，人类也不例外。所以，用游戏的方式进行教育是唤起孩子兴趣的最好办法。

一场有意义的"战争"

每个小孩都是自由好动的天使。游戏对于他们来说，有一种天然的魔力。在大人的眼里，游戏只是游戏；可是在小孩眼中，游戏就是最重要的事情，是他们的"工作"。小孩子玩起游戏来很认真，他们往往通过游戏来认识这个世界。

父亲在我的早期教育上倾注了大量的精力和时间，他尝试了多种教育方式，其中最多的也最有效果的就是"寓教于乐"的教育方法。在父亲看来，玩游戏能够很好地开发孩子的潜质，培养孩子多方面的技能。

父亲曾经专门就游戏的重要性做过详细的论述：

不管教什么，我们都不能强迫孩子去学习，这是我主张的教育法的重要原则之一。首先，我们做父母的必须努力唤起孩子学习的兴趣。只有当孩子产生了兴趣，学习起来才能取得事半功倍的效果。根据动物学家的研究，游戏是动物的本能，动物训练下一代的技能都是在游戏中进行的，人类也不例外。所以，用游戏的方式进行教育是唤起孩子兴趣的最好办法。

我不能够让儿子在枯燥的环境中学习，而要培养他学习的兴趣，让他快乐地学习。所以，我感觉到有必要采取非常规的办法来教育儿子。为此，我对小卡尔的早期教育都是采取游戏的方式进行的，看起来效果相当不错。

我在后来教育自己孩子的时候，借鉴了父亲教育我的"寓教于乐"的理念，并且也如法炮制地实施下去。**在我小的时候，从游戏中获得的知识要比在书本上获得的多得多。**

对于一个小男孩来说，做梦都想着自己是一个所向披靡、骁勇善战的大将军。我小时候也是一样的。有一次，我的两个小伙伴希里特尔和昆斯来找我，告诉我他们要组织一次大规模的"战争"，希望我能够参加进来。我毫不犹豫地就接受了他们的邀请。他们的计划还很粗糙，因为我知道的东西比较多，所以就咨询我的建议。

我脑海里浮现出古代残忍的战争场景。其实，真实的战争是残酷的，我们无法模仿。加之还需要各种各样的道具，我们根本就没有这些东西。所以，我建议他们组织一场别开生面的"文明战争"。他们两个都很好奇，急忙问我："什么是文明战争？怎样组织啊？"我想了想，对他们说："我们以村口的那个磨坊为堡垒，向它进攻，但是只能智取，不能强攻。"看着他们两个人迷惑的样子，我继续说道："首先，我们分成两组，各负责攻和守。攻的一方埋伏在城堡外围的田野里；守的一方在城堡里，并且在城堡100米范围内用石头做标记，以示防御范围。如果攻方能够神不知鬼不觉地进入防御范围就算胜利；如果被守方发现，那就是进攻失败了。"

他们俩对我的建议非常赞同，希里特尔选择守方，昆斯选择了攻方。这时我又加了一条，"守方也不能被攻方发现，如果发现那就输了。"希里特尔不明白地说："这很难做到啊。攻方有田野作掩护，可城堡里的人只要一探出头就会被发现，不探出头又发现不了攻方的进攻啊。要不你呆在城堡里，看你怎样不探出头就发现我们。"我痛快地答应了，其实我的心里也没有底。他们二人走后，我又思考了很久，还是没有想到什么好办法能够不被发现并且还能发现别人。

晚饭的时候，我把我们的计划告诉了父亲，想从父亲那里得到一点帮助。父亲首先肯定了我的创意，也表示可以解决其中的难题。我眼前一亮，赶忙问他："有什么好办法呢？"他说："你要想看到对方就必须把脑袋伸出去，这样才能看到。因为人的视线是直的，无法拐弯。但是如果让自己的视线拐弯了，不就可以不伸出头去观察了吗？你想想，有什么方法可以让你的视线拐弯。"我很迷惑，不知道能有什么办法。我期待父亲继续讲下去，可是他停住不讲了。无论我如何央求，他都不再告诉任何细节了。我只能自己去想。那夜我想了很久，都没有结果，开始发愁了，如果明天开始游戏前我还没有想到，我岂不是会在小伙伴们面前丢脸了，真是自作自受啊。

第二天起来，我还是愁眉不展的。但当我照镜子的时候，我突然意识到怎样来解决这个难题了。出发前，我把母亲的小镜子藏在身上。利用这面小镜子，我不就可以既不用探头出去观察，又能够发现攻方的进攻了吗？那天游戏开始后，我屡屡得手，让希里特尔和昆斯等人心服口服地认输了。他们问我是如何做到的，我如实告诉了他们我的秘密武器——母亲的小镜子。看到小伙伴们惊讶的表情，我心里窃喜，为自己的聪明才智感到骄傲。回到家后，我告诉了父亲我的方法，父亲很高兴，还给我讲解了光的折射和反射的原理。结合这次游戏，我对光学有了更深的了解和认识。

一般说来，人们总是以为孩子的游戏仅仅是他们玩乐和消磨时间的一种方式。但是，聪明的人却能够从游戏中学到很多的知识，从而变得更加聪明。

父亲不轻易让我和其他孩子一起玩

父亲的教育观点中有很多独到的见解，现在很多都被广泛采纳，已经运用到实际的教育活动中去了。父亲曾经提出过这样一个观点：让孩子们在一起玩耍是有害的。他认为孩子们在一起玩耍，容易相互模仿和学习，从而有可能染上其他孩子身上的坏毛病，到最后会得不偿失。

说实话，我对父亲的这个观点一直不是很理解。他这个观点的形成可能有一定的原因，但是我不知道。尽管如此，我觉得父亲的观点还是有一定道理的。

在很长的一段时间里，父亲都不让我和其他的孩子玩。尽管他主张我通过游戏来学习，但是那是要在他的陪同之下才能进行的。他曾跟我说过："我理解你很想和其他的小孩子一起玩，但是我怕你从他们身上学到不好的习惯，这样的话，对你的成长来说就非常不利。一个人学好很不容易，如果想学坏却并不难。爸爸是为了你好才这样做的。卡尔，你不要怪爸爸。"我知道父亲是为了我好才这么做的，但是我心里还是很难过。有父亲整天陪着我玩，虽然也不孤单，但是，想想一个孩子总是面对一个几十岁的老人，那也没有多大意思。孩子总是要和孩子在一起玩才会有趣的。

可是，父亲究竟为什么这么做呢？为了我好，只是表面的原因吧。这或许跟我小时候交的几个小朋友有关系，因为他们几个都不太优秀。

在我3岁的时候，我认识了附近一个叫泰勒的小孩，我们俩经常在一起玩耍。泰勒的父母没有受到过什么良好的教育，也就没有人来对他进行好好的培养。他不仅学习不好，而且经常说脏话。那段时间由于我们天天在一起玩，所以我也染上了说脏话的毛病。当时父亲并没有制止我们两人在一起玩，而只是提醒我不要染上说脏话的毛病。可是，有一天发生了一件很不愉快的事情，这使得父亲决定不再允许我和其他的孩子一起玩耍了。

事情的经过是这样的。那天母亲正在收拾屋子，突然听到我在大哭，就赶忙过来。她见我坐在椅子上，头上肿了一个大包。"卡尔，这是怎么弄的啊？"母亲急切地问我。原因其实就是因为我和泰勒有点小纠纷，刚开始还只是争吵，到后来竟大打出手。泰勒用一根小棍子打了我的头，于是就成这样了。父亲知道之后，认定这是由于跟小孩子一起玩才会造成的。他对母亲说："小孩子的心智都没有发育成熟，他们一起玩会发生很多不好的事情。为了避免以后还会发现类似的事情，只有一个办法，那就是禁止他们一起玩。"从那以后，我的行动就受到了限制，只能和父母在一起玩耍。我当时并不知道怎么会那么严重，但母亲是不会骗我的吧。

在我5岁的时候，我曾经对此做出过强烈的反抗，因为看到其他的孩子都在一起玩的那么开心，我非常羡慕他们。可是父亲并没有改变他的态度。他一直对我说："卡尔，他们都是些坏孩子，和他们一起玩耍也会让你变坏的。"我不懂父亲为什么这么做，但是我能怎么样呢？始终没有办法改变父亲的决定。

记得有一次在田野里散步的时候，我追着一只漂亮的蝴蝶，不知不觉就走出了很远，到了一个我不熟悉的地方。当我正在四处找寻蝴蝶踪迹的时候，一只大黑狗窜到了我的面前，我吓呆了，一动也不敢动。就在这只凶恶的大黑狗向我一步步逼近的时候，一块石头飞过来把它打跑了。原来有个人帮助了我。他问我是不是卡尔，我怎么来到这里了。我很茫然，我不认识这个人。他拉住我的手，问我认不认识他，还说我们是老朋友了。我实在想不起来他是谁了。他说他是泰勒。

原来他就是曾经打过我的泰勒啊。我那时候还小，早就忘了他打过我的事情。可是他比我大，所以还记得。那天我回到家后，告诉了父亲这件事。父亲很感慨地说："原来泰勒也并不是那么坏呀。"从此，父亲也就不再过多地干涉我和其他小孩子玩的事情了，但还是让我注意分寸。

现在想想，父亲的有些观点是有不周到和片面的地方，但他对我的关爱却是永远真实的。不管怎么说，父亲的教育方式和教育理念仍然具有很深远的影响，对我们教育孩子都有非常大的启发意义。因为他对于他所在的年代来说，是超前的，是具有开拓性的。

学会与人相处

因为泰勒的事情，让我的观念发生了很大的改变。之前我认为其他的孩子都是坏孩子，不然父亲怎么会禁止我和其他孩子来往呢？这之后我才知道，原来在这个世界上，除了我还有很多优秀的小孩，至少我发现泰勒就是个见义勇为的人。受这件事情的影响，父亲的观点也变化了，放松了对我的管制，这样我也就有了更多的和其他人交往的机会。

人与人之间交往，总会发生一些摩擦和不愉快。因为人与人之间的想法是不尽相同的，做事的方式也千差万别。人又都是以自我为中心的，从自我的利益出发思考和行动。为了能够在这个世界上生存，我们还是要和其他人交往。如何跟他人和谐愉快地相处和交往，是我们每个人在生活中都需要注意的问题。

有的人以为如何与人交往是成年人要思考的事情，跟小孩子根本不沾边。我要说的是，这种想法是错误的。**尽管小孩子还小，但是他的独立人格已经在逐步形成了。有了独立人格之后，他们就会变得以自我为中心，从而在与人交往接触的过程中不能很好地处理彼此之间的关系。**我和泰勒打架的事情就说明了这一点。

父亲让我在他的监督和指导下跟别的小孩一起玩。这虽然看起来很过分，但是有时候却是非常重要的。有一次，我们几个小伙伴一起玩耍，其中有个孩子非常粗鲁无礼，我就冲着他说："沙罗德，你太没有礼貌了，怎么能这样对待自己的朋友呢？""卡尔，这跟你没关系，你最好少管闲事。"他这样回敬了我。我毫不示弱地说："我就是看不惯你这样，你有什么本事啊，只知道欺负别人。"沙罗德说："看不惯怎样，欺负人又怎样？我还想欺负你呢！"这时候沙罗德的父亲走过来，让我们好好玩，不要吵闹。他并没有管教沙罗德。我见他如此纵容自己的孩子，非常生气，我觉得一个父亲不能这样对孩子不负责任。我说："曼纽尔先生，您的儿子刚才非常失礼，说话还很粗鲁，难道你不管管他吗？"那位先生听到我这样说，就有些不高兴了，瞪着我说："怎么，就凭你还想教育我？我看你就很没有礼貌。""有其父必有其子！"我顺口说了一句。曼纽尔非常气恼，见我父亲就在不远处，于是大声说："威特先生，你的儿子是不是很喜欢教训人啊？"父亲听了后，笑着走过来说："曼纽尔先生，原来你也在跟小孩子们做游戏啊？"父亲的话让纽曼尔先生一愣，十分不解地问："什么，原来孩子们在玩游戏啊？""是的，曼纽尔先生。他们玩的叫'互指缺点'的游戏。是这样吧，孩子们？"曼纽尔听了之后，顿时气消了，也变得温和起来了，转过头来夸赞我敢于指出别人的缺点，是个好孩子。本来紧张的气氛，就这样被父亲缓和了下来。曼纽尔父子还向我表示了歉意。

后来，父亲告诉我说："其实，曼纽尔父子自己都很明白自己的缺点，但是你这样直接当面指出来的话，他们是很难接受的。尤其是曼纽尔先生，他一个大人被你一个小孩子指指点点多没有面子啊。你这样做的话，不仅不会帮助他们改正，而且会让事情变得更糟糕。我当时说你们在玩游戏是为了给他们找个台阶下，不然大家都会很难堪的。这样的话，我们也就能够认识到自己的错误了。"我很佩服父亲的机智和幽默。

至今我还对父亲的劝诫记忆犹新。父亲说："我们每个人都有缺点和毛病。在相互交往的时候，如果能够相互包容就要包容。万一要指出来，也要注意说话的方式，不能不留情面，让对方无地自容。实在无法忍受了，就不要理他，这对你来说并没有什么损失。"

父亲和我之间的游戏

在父亲的日记里，他曾写到过："虽然卡尔的玩具非常少，但是不管是在漫漫冬夜，还是在炎炎夏日，他都会利用自己仅有的玩具，玩得非常快乐，非常自在。"

在我的童年里，父亲没有给我买很多的玩具让我玩，但是他对我仍然非常关爱，我和父亲一起做了很多有意义的游戏。**父亲认为，只要能够有效地采用游戏的方式，孩子就能够从中学到很多的知识。**父亲都是以此为目的来选择游戏的，这样的一些游戏对我的教育起到了很大的辅助作用。

我至今还怀念父亲为我做的那个游戏娱乐的小广场。每当看到院子里那个小广场，我孩童时代玩乐的身影就浮现在我的眼前。在这个小广场的一个角落里，父亲特意为我置放了一堆河沙。父亲说，河沙是一种非常神奇的东西，只要保持一定的湿度，就可以用它来塑造各种各样的形象，或者人身，或者城堡，等等。

有一次我跳到河沙里乱蹦乱跳的，父亲见了我就说："卡尔，你这是在干什么呢？你要学会用河沙来塑造形象，而不是这样糟蹋它。"我不解地问："什么叫塑造形象啊？这能用来塑造什么形象啊？""你可不要小看这沙子啊，人们用它可以制作出非常优秀的沙雕。你来看，它们摸上去不软不硬，吸附能力相当好，你可以把它们弄成一座山峰的样子，还可以在上面开个洞什么的。"

说着，父亲就动手弄起来。我在一旁惊讶地看着。只见父亲先用一些河沙垒起一座不太高的山峰，然后用小铁锹把一面弄平，这样看起来就是悬崖了。父亲一边做还一边给我讲解，关于用多少河沙比较合适，怎么把握悬崖的坡度等。在他的指导下，我也弄出了一个小山。然后，父亲让我在两座山之间用木条搭建一座桥梁。此外，我们还在两座山上挖出了许多条盘山路。看着亲手制造出来的像模像样的山，感觉自己就像是造物主一样，一种自豪感油然而生。那天我玩得非常开心。可惜的是，那晚下了一场大雨，把我们的杰作全部冲毁了。我真想让我的朋友们也看看我们创造的那个世界啊。

童年的日子，父亲总会通过一些不起眼的东西来培养我浓厚的兴趣，这让我在常见的东西之中也能发现游戏的乐趣。而且，在这个过程中，我的其他方面的能力也得到了极大的开发。

第八章
大学学习生活中的快乐和挫折

不管别人如何谈论我的学习，我自己知道，我并没有感到学习是件难事，也没有感觉到学习让我吃了很多苦。相反，我很喜欢学习，学习中充满了乐趣。了解我的人都知道这一点。而且，父亲从来就没有逼迫过我学习，他反而经常提醒我，不要让我的学习成了生活的负担，而享受不到生活的乐趣。

命运待我不薄

　　我是 1809 年 12 月 12 日通过莱比锡大学的入学考试的，并且顺利地接到了入学通知书。第二年的 1 月 18 日，父亲带着我去那里报到。那天，校长乔斯博士接见了我们。校长热情地说："你好，卡尔先生。欢迎来到莱比锡大学。我终于见到传说中的神童了。"

　　当时我礼貌地回答到："谢谢。见到您我也非常荣幸。"校长又对我父亲说："威特先生，你的儿子真是谦逊，这有点出乎我的意料。之前我以为他会跟其他的神童一样狂妄傲慢呢。"我接着说："乔斯博士，您这样说让我感到很为难啊。我只是一个努力学习的孩子而已，或许有一些成绩，但是那些都微不足道。您叫我神童，实在令我惭愧不已。""你不用那么谦虚的，大家都知道你是神童啊。"乔斯博士如此说道。"不，我除了比同龄人更加努力刻苦以外，并没有什么特别之处。"

　　在接下去的谈话中，校长涉及了很多学术领域，我们谈了很多相关的话题。谈话结束之后，乔斯博士对父亲说："你的儿子果然名不虚传。我感觉好像不是在跟一个 9 岁大的孩子在谈话，他渊博的知识让我忘记了他的年龄。"之后，他又和父亲谈论了好多关于我的教育情况的话题。会面结束之后，乔斯博士向莱比锡的权贵们写了一封推荐信，他在信中写道：

　　卡尔·威特是洛赫村的牧师威特博士的儿子。刚刚 9 岁的他已具备了十八九岁的青年们无法比及的学识和智慧。这是他父亲对他实行了早期教育的结果。

可以说，小卡尔的早期教育是成功的。他接受过很多学者的考核，学者们无不惊叹他的学识。小卡尔甚至还在国王面前接受过考试。卡尔·威特已经具备了文学、历史和地理等各方面的渊博知识。他父亲的教育方法的效果令人惊叹不已。

这个让人惊叹不已的少年与一般的神童不同。他身体健康，开朗活泼，不傲慢，懂礼貌。这样的天才少年实在是难能可贵。只要今后稍加教育，他的前途不可估量。

我还与卡尔的父亲威特谈论了他的教育方法，我对他的教育方法非常佩服。那些教育方法特点都很鲜明，教育理念更是我闻所未闻的。但是，我想，任何一个具有理性的人都不会怀疑这些方法的有效性。

在这封信的结尾处，他写道：

卡尔目前的成就完全是他父亲后天教育的结果。希望社会各界能够关注这种教育方法，并尽可能地在教育领域推广，这将会是一项美好的事业。

乔斯博士的信引起了社会各界的巨大反响，人们对我们的情况很同情，纷纷慷慨资助我的教育费用。当地政府的有关部门还重新安排了父亲的工作，发给他双倍的工资以保障我的学业能够顺利完成。

我想，我真是一个幸运的人。

让学习充满乐趣

后来，父亲为了得到国王的辞呈许可，带我去了卡塞尔。王宫大臣们都非常欣赏我的学识，他们向国王提议，想让我留在国内读大学。通过大臣们的极力推荐，国王亲切召见了我。最后，国王下诏让我在哥廷根大学就读。

在哥廷根大学的四年，我的知识面迅速扩展，对学习和生活有了更加深刻的理解。我系统学习了古代史、政治史、物理学、数学、化学、植物学、解剖学、生物学等方面的课程，成绩也很优秀。很多人见到我这么小就能够取得如此优异的成绩，都非常怀疑。于是，质疑的声音就开始四处"游走"了。"卡尔如果不是天才，那么他就是在父亲的逼迫下苦读才成今天这个样子的。""这个孩子真是可怜，他看起来就像一个学习的机器。"还有这样的言论："他的父亲对他一定非常严厉，这样的人根本不配作一个父亲，简直不顾孩子的死活。"

不管别人如何谈论我的学习，我自己知道，我并没有感到学习是件难事，也没有感觉到学习让我吃了很多苦。相反，我很喜欢学习，学习中充满了乐趣。了解我的人都知道这一点。而且，**父亲从来就没有逼迫过我学习，他反而经常提醒我，不要让我的学习成了生活的负担，而享受不到生活的乐趣。**

在大学期间，我的学习也是非常愉快的。在用心学习的同时，我还经常和同学们打成一片，有我自己的交际圈。圈内的同学都是志趣相投的，我们一起弹琴、聊天。我还经常参加学校的各种课余活动，生活丰富多彩。

由于小时候父亲就注意培养我多方面的爱好，除了书本上的知识外，我在艺术方面也有一定的修养。很小的时候，我就学会了钢琴和吉他。从那时候起，音乐就成为我的第一爱好，在音乐中我感受到了巨大的快乐。上大学后，由于钢琴太大携带不便，我便将全部的课余精力都投入到了吉他上面。

吉他可用来伴奏、独奏，还能够弹出连贯的乐曲，又有和声。这样的独特魅力并没有引起当时音乐界的注意，人们只认为它是一种民间乐器而已。随着时代的进步，越来越多的人发现，吉他具有非常诱人的魅力，使得它在乐器排行榜上的位置渐渐提升。现在人们所谓的"乐器王子"指的就是吉他。它也成为与钢琴、小提琴并列的三大乐器之一。

刚入学的时候，我对大学校园充满了好奇，但我又怕自己不能在大学里取得好的成绩，所以我就想把所有的精力都投入到学习上，其他什么爱好我都不去管了。当时，父亲发现我有了这样的想法后，就找我谈话。一天，他很平常地问我："卡尔，最近你的吉他弹得如何了？"我说："我不想弹了。""为什么？""我上大学了，课业任务重，我要全心全意地学习啊。""这样说的话，你以后也不再需要吉他了？音乐也不需要了？"我犹豫地回答："这个……不过……不完全这样的。""你认为音乐现在对你来说不重要，是吗？"我嘴上没说，可心里却是这样认为的。父亲认真地对我说:"卡尔,你不要忘记我跟你说过的话,学习的目的就是要让自己快乐,如果为了学习而学习,那样的生活是不快乐的,到最后你会得不偿失。""可是我……我该怎么办呢？""如果你还对音乐感兴趣,那就要继续坚持;如果你已经不再喜欢音乐了,那就放弃它。"

此后,我又开始弹吉他,并不是全身心地投入学习了。我对学习与爱好之间的关系有了更为深刻的认识。由于弹吉他,我还结识了很多的朋友。我们一起谈音乐,弹吉他。那些日子,我对音乐史和吉他的历史地位有了更深入的理解。我熟悉了索尔、朱里朱亚、泰勒加、阿爪多等非常优秀的吉他音乐家以及他们的作品,我还学会了《泪水中的帕凡》、《阿尔汉布拉宫的回忆》等优美的曲子。现在,我还经常给我的孩子弹奏这些音乐,我也希望他能够在音乐中享受上帝所创造的一切美好的东西。

我也曾经偏科过

米开斯维里先生曾经专程来拜访过我们。他是大学的数学教授,知道我的数学成绩非常突出,热心地劝说我父亲让我在数学领域内发挥自己的特长,培养我成为一名数学家。当时,父亲没有随便地答应他。父亲说:"您是数学领域的权威专家,你的提议当然很有说服力。但是,我现在还不想决定卡尔未来的专业方向,毕竟他还很小。非常感谢您对卡尔的厚爱。"

当时教授很不理解,他认为趁早开发孩子的专业是很好的一件事情,会更加有利于我以后的发展。但父亲坚持认为,在18岁之前,他是不会让我选择专业的。父亲的想法是,这段时间应该努力扩展知识面,更广泛地涉猎各种领域。教授说:"难道您不希望您的儿子成为一名优秀的数学家吗？他在数学方面有惊人的天赋。"父亲说:"卡尔的专业由他自己来决定。在18岁之后,如果他依然对数学感兴趣,到时候我会支持他专攻数学。可是目前就决定他的专业,我认为为时尚早。"

米开斯维里博士的好意就这样被父亲谢绝了。但是教授还是不同意父亲的观点。他对我说:"卡尔,好好学,我等你来找我。"在以后的学习生活中,米开斯维里博士还是一如既往地关心我,给我提供各种帮助,他并没有因为父亲的回绝就改变对我的态度。

我从哥廷根大学毕业以后,又进入海德堡大学学习法学。在我离开哥廷根的时候,米开斯维里博士来给我送行。他语重心长地对我说:"卡尔,你父亲的观点是正确的。你现在还小,应该学习更多的知识。虽然你没有选择专攻数学,而是选择了法学,我还是非常高兴。不过,希望你不要忘记有时间也研究研究数学,因为它是世界上最迷人的学问之一。"

当我开始学习法学的时候,就对它产生了浓厚的兴趣。我把全部精力都投入到了学习法学中。这样,我就放松了其他学科的学习。当时,我有了偏科的倾向,就要成为一个偏科生了。第一学期的成绩单并不尽如人意。除了法学是优等外,其他科目的学习成绩都是一落千丈,这样的结果是不能让人满意的。

父亲看到通知单后,很快就找到我,平静地问我对这样的成绩有何看法,我当时羞愧难当,低头不语。父亲说:"卡尔,你是个聪明的孩子,错在什么地方你应该很清楚。"我点点头说:"我不该把全部精力都放在法学上,更不应该忽视其他学科的学习,这就导致了现在的结果。"父亲告诉我这只是表象,我并没有认识到根本原因。

父亲对我说:"根本原因是你的自负心理。你一向学习成绩优异,这就让你有了自大的感觉。对于全新的法学领域你觉得比较陌生,于是就全身心地投入;对于其他的学科,你认为一直很好,也就不用心去学习,轻视了它们。实际上,你这样的想法是错误的。成绩再好的科目,如果不勤加学习,会和逆水行舟一样,不进则退。这才是取得如此不佳成绩的根本原因。"

父亲的话让我更加深刻地认识到了自己的错误。这次的数学成绩也不是很好,这让我想起了米开斯维里博士对我的忠告:"希望你不要忘记有时间也研究研究数学,因为它是世界上最迷人的学问之一。"

此后,我养成了三思而后行的做事习惯,不再只看到事物的表面,而注意其深层的根本原因。这样,我在以后的生活工作中,更加踏实勤奋,愿意为学习和工作不断付出我的精力和生命。

我的初恋

我获得博士学位的时候才 16 岁，之后便留校教书了。在他人眼中，我只会学习和工作。其实并不是这样的。我也和普通的年轻人一样，谈过恋爱，有奇特又正常的内心情感世界。在海德堡大学读书期间，我第一次体验到了爱情。虽然那次所谓的初恋并不是真正意义上的，可是我仍然把它当成是自己的初恋。

初恋是单纯又美好的，想起它就让人激动不已。这种单纯并不是无知或浅薄，而是我们每个人都必须经历的。我的初恋来得相对早些，那时我才 15 岁，过 4 个月就满 16 岁了。

或许是由于我已经获得了一个博士学位，同时还即将获得另一个博士学位，没有人过多地干涉我的感情，包括父亲在内。但是这仍然引发了人们的争论。听到他们的议论，我总感觉就像针刺一般，心里很痛苦。但是，按照一般的看法，别人议论我也是可以理解的，毕竟同龄的孩子都还在念中学。

对于这件事情，父亲的宽容和理解让我非常感激。父亲有一次问我："卡尔，你确定你喜欢那个女孩吗？""她是我唯一喜欢的人。""那你知道你爱她什么吗？""她漂亮，一见到她，我的心里像揣了一只小鹿一样，突突直跳。"父亲说："我非常羡慕你，因为你体验到了爱情的甜蜜。"我听出父亲并不反对我谈恋爱。于是我说："可是，别人都说我这么小就谈恋爱，一定很不正经。你不这么认为吗？""卡尔，**不要在乎别人的看法。你要坚信自己没有做什么错误的事情。你不能够左右人们的想法和观点，所以他们看法的对错与否并不重要。**我是你的父亲，我相信你。因为我一直认为你是个品德高尚的人，不管别人如何议论纷纷，我都坚信你不会犯错。"

我趁机问道："那么你认为，在我这个年纪谈恋爱是正常的事情了？"父亲和蔼地说："是啊。每个人都需要爱情，都要经历谈恋爱的过程。除非他冷若冰霜，对感情麻木不仁。如果我和你妈妈没有爱情怎么会结婚呢？又怎么会有你呢？"父亲说着笑了起来。父亲又说："我支持你的想法，尊重你的感情。但是我还是要问你一些问题，给你提提醒。"接下来，父亲问了我如下几个问题：你现在几岁了？你眼中的爱情是什么？你能够保证你所爱的人一生拥有幸福吗？

你确定她也是同样爱你的吗？你知道她的想法吗？

　　面对父亲的这一系列问题，我无从回答。可能有人认为那很简单，但那时我知道父亲为什么要问我这些问题。这些并不是用简单的"我保证"、"我确定"就能够回答的。父亲见我无法回答，就对我说："我对感情的认识要比你深刻一些，因为你经历的还很少。我相信你是认真的，但是认真并不是对待事物的唯一态度。从女孩的立场来看，她总是希望她的爱人是个顶天立地的男子汉，能有一番作为。作为男人，你爱她，就应该让她拥有幸福的生活，这是你的责任。但是目前你还没有这个能力来担负这个责任。你要学会控制自己的感情，否则，后果会很不幸的。"

　　在谈话的过程中，父亲并没有指责我的意味，也没有评价我谈恋爱的事情。他只是以一个过来人的身份讲述他对感情的理解。正因为父亲的这次谈话，我开始重新审视我的这段感情。不久，我就停止了对那个女孩子的追求，又重新开始集中精力学习了。

第九章
父亲对我人生的忠告

孩子,你要敞开自己的心扉,全力接受它的滋润吧。对任何可以获得智慧的学习或是研究都不要轻易放弃。诗人德米登有句诗说的好:"什么也没有比品尝真理更幸福,享受真理的幸福让人终生难忘。"

1818年7月9日,是我18岁的生日。从这天起,我就是个成年人了。父亲一直以来都以我年龄太小为由,不让我独自去意大利留学。这一天,他决定同意了。过去的17年里,我都是在父亲的陪伴下度过的,学习、生活、上大学。这是我第一次离开父亲,也意味着我要一个人面对将来的生活。

其实,父亲的教育并没有就此终止。我在意大利留学期间,父亲经常给我写信,总计有80多封。他仍然以他循循善诱的方式开导我的生活和学习。我这里选择其中几封信,以飨读者,希望你们和我一样,可以从中受到启发。

学校教育依然不能忽视

亲爱的卡尔:

从你的来信中我得知你又开始研究但丁了,我感到很高兴。即便是你想终生都研究但丁我也不会反对的。我支持你的决定。

自从哥廷根大学毕业之后,我对你的研究方向一直很用心地思考。如果你想早日成名,最好的办法就是从你熟悉的领域开始。经过再三的考虑,我最终还是决定让你放弃这条便利的途径,以免你过早地因为专业受限而成为一个偏才,从而影响到你的整个知识架构。我决定让你学习法学,并不意味着这就是你未来的研究方向。我只是希望你能够学习你感兴趣的知识。为此,还谢绝了一位教授的好意。但我当时对他说过,只要你满18岁,你就可以自己决定自己的专业方向了。

你已经取得了博士学位,按理应该开始你自己的研究了。但是,我想说,你还不能忽视你的学校教育。毕竟，学校教育是我们获取知识、认识世界的一个有效而便利的途径。你之前都没有进过学校，上大学也有我在身边陪伴，所以，对于学校的世界你还不是很了解。你现在一个人在意大利留学，正好可以弥补这个空白。

我要提醒你的是，学校教育与我们自身的兴趣和信仰是没有关系的，容易让人感到很失落。当你对正规教育感到疲倦时，千万不要因为太累而放弃了学校教育。只要你坚持下去，你就会发现你的境界又有了新的提升，这都是因为知识积累的结果。量变引起质变。

每个人都会经历这个过程。因为学问之路并非坦途，它没有捷径可走，也不能冒进。要脚踏实地地走好每一步。独立研究是每个学者的心愿，但是也要花时间去学习正规的系统教育。如果放弃正规教育，那后果是相当危险的。正规教育对于学问的发展发挥着很重要的作用。

其实，学习的目的最终是要获得智慧。我对你的最大期望就是希望你成为一个有智慧的人。知识只是对于事物的客观认识，而智慧是无形的，它是无法用语言形容的。这样看来，有知识的人不一定有智慧，但是有智慧的人一定是知识渊博。追求智慧是我们在学习过程中必须不能放松的事情。追求智慧的方法有很多，如游历、读书等。你要记住，不能固执地以为有一种可以获得全部智慧的途径。追求智慧的途径是多样的。

孩子，你要敞开自己的心扉，全力接受它的滋润吧。对任何可以获得智慧的学习或是研究都不要轻易放弃。诗人德米登有句诗说的好："什么也没有比品尝真理更幸福，享受真理的幸福让人终生难忘。"

儿子，我希望你能够体会到这种享受真理的幸福。

不能没有人生导师

亲爱的儿子：

你在来信中描述了你的几位教授。我也有了一个初步的了解。在这些教授中，我认为马勒教授很适合做你的人生导师。

你也许并不赞成我的建议，甚至会反感。我知道你认为自己已经长大了，要主宰自己的生活，不再需要任何人来指引你了。你很想从父辈的阴影下走出来，以为自己已经具备了应付一切的能力。但是你要知道，一个人由孩子过渡到成年人，这个时期非常重要，稍有不慎就会陷入危险。有的人进入了社会，全靠自己的能力来应对，不久就会发生质的变化，甚至变得放荡、狡诈、无所适从。

你还记得我跟你说过的那个贵族朋友的儿子吧。他从小受到良好的教育，谦逊端庄，这都是因为有导师在培养他的缘故。在他16岁那年，我一见到他就立马喜欢上了这个孩子。我好像还让你以他为榜样呢。当这个孩子满18岁那年，他的父亲就放心地让他去巴黎求学，因为他认为孩子已经成人了。这个孩子的导师也给他推荐了几位巴黎的老师，希望他能够得到他们的指点，但却被孩子和他父亲回绝了。结果这孩子一到巴黎就结识了一群骄奢淫逸的少年，整日游手好闲，与他们为伍，鬼混在一起。他开始走向了一条邪路。

那帮狐朋狗友教会了他许多在这个年龄被禁止做的事情，给他灌输了很多的罪恶观念，他被巴黎的花花世界迷惑住了，先前培养的良好德行全部被他无形中抛弃了。他开始赌博、酗酒，出入各种色情场所……当他以前的导师在巴黎碰到他时，看见他堕落的样子，非常痛心。他根本听不进导师的任何劝说。导师很无奈地告诉了孩子的父亲。当那父亲赶到巴黎时，他的儿子债台高筑，还得了梅毒，奄奄一息地躺在宾馆的床上。那些所谓的哥们朋友这个时候都开始侮辱他，取笑他。原来，这一切都是为了引诱他上钩的。一个前途非常光明的青年就这样"报废"了。那个孩子后来很后悔，他说："如果当初听了导师的话，就不会有今天的下场了。"这可是前车之鉴啊！

我知道，在这18年里，你学会了很多东西，也懂得了很多为人处世的道理。但是还有很多事情是你不明白的。你还需要继续学习。当然了，选谁做你的导师那是你的自由，马勒教授只是我的建议，你可以选择其他的教授做导师。但你选择的人一定要通情达理，深谙世情。如何懂得世情是人生最重要的一件事情。这不是通过读书就能够懂得的。有了导师的指点，你才能够获得其中的大智慧。

最后，我提醒你两件事情：一是选择好的导师，二是交友要谨慎。如果能做到这两点，我就放心了。

要行万里路

亲爱的儿子：

从你的来信中得知你一切都好，你的母亲放心多了。她一直担心你，怕你在外国吃不习惯，身体有所不适。我多次告诉过她，意大利是个美食王国，我倒是担心你贪图口腹之欲而荒废了学业呢。你的来信说明，我们的担忧是多余的。

身体健康对一个人来说非常重要。除了要注意饮食外，还要加强锻炼，多参加体育运动。体育运动非常有利于身体健康，这是显而易见的，千万不能因为一些运动的负面影响而抨击体育运动。

做体育运动是感受大自然、融入大自然的最好途径。一旦投身于体育运动之中，你就会发现一些追求真理之外的乐趣。古希腊人就是具有运动的理念，所以他们非常赞扬裸体的健康美。那是古希腊天才汇集的时代，有哲学家，也有运动健将。

健康的身体可以让人享受很多的乐趣，比如出门旅行就需要健康的身体。我们知道，旅行可以增长一个人的阅历和丰富一个人的经验，磨练身体和意志，学到许多书本以外的知识。还记得小时候我带着你四处旅行吗？那时候你知道许多孩子不知道的东西。

我是个穷牧师，虽然花在旅行上的费用并不多，平时我们还要省吃俭用，才能攒够旅行的钱。尽管每次旅行都住在最便宜的旅馆里，但我认为这已经足够让你感受生活了。对此，我从来都不会后悔。

曾经有人批评过我，认为旅行是一种浪费，还不如买些书籍来开拓视野；甚至有人认为正是由于我带你过多地旅行而担负不起你上大学的费用。这些人如此说的原因就在于他们没有感受过旅行的魅力，只是满足于眼前的安居乐业，他们哪里知道旅行中的乐趣和重要的意义呢？对于我们来说，那种探险的冲动，对奇迹的渴望，还有对山的那一边的神秘向往等就像是回声一样，时时刻刻地环绕在我们的脑海。

过去，是我带着你出门旅行；现在，你可以独自出门去旅行了。你要知道，旅行的经历是你人生中的一笔宝贵财富。我曾经有过一次记忆犹新的旅行。在我还是一个神学院的学生时，有次去和同学们外出旅行。那时是隆冬季节，我们到达圣布鲁斯山脉的山口后发现大雪封山了，放眼望去，白茫茫的一片。这边的修道士劝我们不要再前行了，因为前面就是非常危险的雪谷和150多英里的荒芜地带，还时常有灰熊出没。听说很多人葬身于此。

但是我们正值青春年少、血气方刚的时候，也不顾修道士的劝阻，一个劲地往前走。这中间的艰难和危险是可想而知的。有时候全靠车夫及时地把车轮从悬崖边上抢救回来。我们大家当时都非常害怕，以为这下我们是有去无回了。当我们最后冲出暴风雪的时候，再见到晴朗的天空和那连绵起伏的山峦的时候，我们都为眼前的景象所折服。我们跪向太阳，感受着上帝在这一刻的神力，我们感觉离上帝好近好近。从那时候起，我就觉得要把终生都献给无上荣耀的上帝。这就是旅行的力量，你会看到或感受到别人不知道的景象。

在旅行时，不能害怕其中的艰苦，更不能浮光掠影地走马观花，那不是真正的旅行。你要不惧艰难地旅行，那样你才能理解到刻在古迹上的怀古情怀，才能领略到大自然的魅力，才能够体会到千姿百态的生活方式，才能知道生命原来是如此的弥足珍贵。

所以，平时要多旅行，不要整天呆在书斋里。那样会让你的感觉变得迟钝，你的眼界也会变得狭窄。很多大学生就是这样度过的，整天宅在宿舍里，足不出户，一成不变。这样的日子会让你为了保持现状而失去了梦想的能力，生活也没有活力，犹如一潭死水。总之，你还是要多出门去四处走走，在旅行中可以发现各种新鲜有趣的事物。

旅行中所受到的艰辛和苦难相对于你在其中所获得知识和智慧来说，是那么的微不足道。但在外旅行时一定要注意安全。

瞎子丘比特

亲爱的卡尔：

　　你来信告诉我你感情的烦恼，想让我帮你出主意，我很高兴。这说明你已经是个大人了。现在我们之间交谈起来越来越像一个成年人与成年人之间的交谈。你已经不是个小孩子了，可是在你母亲眼里，她一直把你看成一个长不大的小孩子。这次看到你的信后，她激动地哭了。

　　关于爱情，我们应该如何看待它呢？它是上帝的花朵，神秘莫测又甜美痛苦。关于爱情有什么样的作用，关键就要看你是如何看待爱情的。

　　爱情是怎么回事呢？人们都以丘比特的神话作为原始的解释。传说丘比特的箭射中了两个人才会产生爱情。这样的说法并不靠谱。丘比特是个瞎子，他经常胡乱放箭。所以，很多爱情的产生没有具体的什么原因，看起来就是无缘无故发生的，很自然而然的。这样看，现实的情况与神话传说是一样不可理喻的。

　　你应该了解爱情的这个特点，因此，当有一天你发现你的爱人不再爱你的时候，不要讶异，这并不意味着你有什么不好和不对的地方，换言之，只是由于丘比特的箭没有射中她这么简单。当你发现有人爱上了你但你却并不爱她的话，你也要学会拒绝的技巧。丘比特的箭虽然没有射中你，但是却注意到了你。你不可以得意忘形。瞎子丘比特常常失手，你没有什么值得骄傲的地方。

　　爱情并不一定都是永恒的。长厢厮守的情况不是没有，但是并不全是。两个坠入爱河的人开始失去爱情，那是因为爱神不再眷顾你们了，彼此不应该相互责备。这样是没有任何效果的，你改变不了。一旦失去了，就再也挽回不了了。爱情，不能强求。

　　儿子，你只要记住一点：是爱情选择了你，而不是你选择了爱情。如果不能明白这个道理的话,你会很容易犯错的。我曾经有两个年轻的朋友,一个叫汉斯,家中富有,大学毕业后在一家银行工作。他深深地爱上了一位贵族小姐,可那位小姐并没有对他表示出好感,他只是她的疯狂的追求者之一。忽然从有一天起,那位小姐对他百般献媚,选择了汉斯。过了不久,小姐又爱上了别人,刚刚体会到幸福滋味的汉斯不能接受这样的事实。姑娘提出分手,并让汉斯忘记她,去追求新的幸福。但是汉斯还没有反应过来。他痛苦极了,他试图再追求她,可是她说的已经很明白了。

汉斯的心理受到了巨大的创伤,最后由于不堪心理重负,亲手杀了那个他深爱的姑娘和她的爱人,然后又自杀了。这真是一个悲剧啊。

还有一个叫温斯顿的人,平时我们很少碰到,所以一见面他就跟我谈他的一切。在少年时代,温斯顿也像那个年龄的所有年轻人一样,对爱情充满了憧憬和向往,他梦想着有一天能够找到自己的另一半,那个形象在他心里是那么温暖美好,仿佛就是他生活的全部幸福所在了。后来,他认识了一个女孩,她非常符合他心中的情侣形象。两人初恋过后就结婚了,随着时间的推移,他们爱情的激情也被日常生活的鸡毛蒜皮冲淡了。最后他们不得不离婚了。他又找了一个女友,但是他发现她不适合他。这样,他就一个接一个地换。他最终都没有找到自己心中的完美爱人。

我讲的这两位朋友的爱情经历都非常不幸,你也可以从中看出来,爱情里充满了陷阱,如果你逃不过这些陷阱,那么你就不可能体验得到爱情的幸福。其实,对待爱情的方式很简单,只要求你心胸开阔就好。当爱神降临到你的头上时,你不要逃避,应该全身心地投入,将那浓浓的爱意毫无保留地带给那位向你示爱的女孩,以及周边的人。一旦爱情消失了,你也要接受这个事实,不至于为此而伤心欲绝乃至从此一蹶不振,甚至做出伤害你爱的人和他人的事情来。

此外,还要注意爱情和学业之间的关系,不能因为爱情而荒废了学业。我要说的就是这些了,祝你好运,儿子!

面对死亡，热爱生命

亲爱的儿子：

从来信中得知，你的好友去世了，我也表示哀悼。不知道你从悲伤中解脱了没有，其实，我们每个人都要面对死亡，我不会例外，你也不会例外。

在你身处丧友之际，我这样说是不是显得很冷酷？我要告诉你的只是不要惧怕这样的事实。上个月，我们这儿的莫拉波尔老爷爷去世了，当时我知道你还在伤心之中，就没有告诉你，我想你现在应该知道了。

莫拉波尔老爷爷活了95岁，他是我们村里活得最长的老人了。我没有见过像他那样安然面对死亡的人。当时，他没有任何的恐惧，一副安详的面容。去世前，他的身体就开始恶化了，但是他还是坚持给孩子们讲故事，你还记得小时候你去他的森林小屋里听故事吧？你小时候非常喜欢去。

我在这里告诉你这些，就是希望你知道，人在死亡面前不能丧失尊严。在我20岁那年，我居住的尼德姆小城发生了瘟疫，当地死了很多人，一时间无法按照仪式正常埋葬，只能随便挖个坑，掩土而埋，草草结束。当时我也被传染了，我以为我就这样要结束这一生了。我还这么年轻，生活才刚刚开始，可是我却只能默默地等待死亡的来临。我当时对生存已经彻底绝望了。

就在一个清晨，我在悲哀中看到了日食。当时随着太阳被吞噬，世界变得一片黑暗，一切都笼罩在黑暗之中，仿佛上帝的力量降临。牛群卧地，鸟儿静悄悄地停在树枝上。一切是那么的安静，没有风，没有任何响声，只有无尽的黑暗。就在那一刻，我不再害怕死亡了，也不再需要上帝的拯救了，那种感觉不能用语言来形容，奇妙无比。我只能告诉你的是，那是一种超脱死亡和黑暗的奇妙感受。

在你这个年龄，你肯定不愿意直面死亡，甚至都不想去思考死亡，因为死亡会夺走你所爱的人。可是你想过没有，死亡的力量和上帝的一样强大，我们没有必要惧怕它。我们应该视死如归，就是把死亡当作是生命的回归一样，这样你就不会再惧怕死亡了。

儿子，珍惜生命，热爱生命，并不是就要惧怕死亡。这就是我在对待死亡的问题上要告诉你的。